자발적 탄소크레딧 시장 101

Carbon Credit Market

자발적 탄소크레딧 시장 101

박동원, 채희근, 김지영, 최지선,
유종근, 최수원, 김성욱, 김태선 지음

두드림미디어

탄소시장은 국제기구나 정부가 온실가스 배출권을 할당하고 과부족분에 대해 시장-메커니즘을 이용, 국가 온실가스 감축 목표를 달성하는 규제적 탄소배출권 시장(Compliance Carbon Market, CCM)과 기업, 지자체, 개인 등이 자발적으로 온실가스 감축 프로젝트를 추진해 확보한 감축 실적(Credit)을 거래하는 자발적 탄소크레딧 시장(Voluntary Carbon Market, VCM)으로 구분된다.

최근 들어 자발적 탄소시장이 주목을 받게 된 계기는 파리 기후변화 협정 체결 이후, 제26차 유엔기후변화협약 당사국 총회(COP26)에서 국제 탄소시장 세부 이행지침이 채택된 것에 기인한다. 이는 국가 간 탄소크레딧을 거래하는 탄소시장을 보다 투명하고 통일된 국제규범을 만들어주는 계기가 되었다.

파리협약 제6조는 시장 메커니즘(제6.2조, 제6.4조)과 비시장 메커니즘(제6.8조)에 기반한 국가 간 협력에 대한 합의 내용을 담고 있는 조항으로 국가 간 협력을 통해 각국의 온실가스 감축 목표(Nationally Determined Contribution, NDC) 달성과 함께 자발적 탄소크레딧 시장(VCM)과의 연계 가능성을 열어 놓았다.

한편 국내 2030년 국가 온실가스 감축 목표인 NDC의 경우 2018년 727.6

백만 톤 대비 291.0백만 톤을 감축하는 것으로 목표(40.0% 감축)가 설정되었다. 특히 흡수 및 제거 부문에서 국외 감축의 경우, 전체 감축 목표 중 12.9%인 37.5백만 톤으로 목표가 상향 조정됨에 따라 자발적 탄소크레딧 시장(VCM)에 대한 관심이 고조되고 있다.

최근 대한상공회의소에서 실시한 여론 조사에 따르면 기업들의 자발적 탄소크레딧 활용 목적은 '탄소중립 달성'(45.0%)과 'ESG 활동 홍보'(43.6%), '상쇄배출권 확보'(26.2%), '국제 이니셔티브 참여 및 대응'(17.4%) 등의 순으로 나타났다.

이처럼 대내외적으로 탄소시장은 격동기를 맞이하고 있다. 특히 탄소국경조정제도(CBAM), RE100 캠페인, ESG 경영 등의 환경 규제가 신보호무역 장벽으로 급부상하고 있다. 경제주체(정부, 기업, 개인)들이 중심이 되어 선제적이고 발빠른 대처가 필요하고 이에 대한 해법은 자발적 탄소크레딧 시장에서 찾아야 한다.

본서는 글로벌 탄소시장 관점에서 글로벌 기후환경 정책과 환경 규제에 따른 에너지 및 산업 패러다임의 변화, 그리고 자발적 탄소크레딧 시장의 필요성과 역할 등 거대 담론을 담고 있다.

전반부에서는 교토의정서 및 파리협약 관련 글로벌 기후환경정책의 변화와 에너지 시장구조 재편에 따른 수소경제로의 이행 필요성, 자발적 탄소크레딧 시장 현황을 상세하게 기술하고 있다.

중반부에서는 자발적 탄소크레딧의 대표적인 수요처인 CORSIA 프로그램과 IMO의 온실가스 감축 로드맵을 살펴보고, 공급 측면에서 REDD+에 대한 구체적인 감축 방법론 등을 설명하고 있다.

후반부에서는 탄소배출권에 대한 세무 및 회계처리를 살펴보고 탄소크레딧 확보를 위한 감축 프로젝트들의 경제성 분석 및 한계감축비용 산정 사례를 상세히 설명하고 있다.

본서는 실무적인 차원에서 자발적 탄소크레딧 시장의 이해 증진을 위해 옴니버스 형태로 구성되었다. 자발적 탄소크레딧 시장(VCM)은 규제적 탄소배출권 시장(CCM)과 달리 온실가스 감축 프로젝트에 기반을 둔 시장인 만큼 본서를 통해 탄소시장 전반을 이해하는 데 있어 다소나마 도움이 되었으면 한다.

대표 저자 **김태선**

PART 1.
교토의정서와 파리기후협약

박동원

기후변화와 온실가스

　기후변화란 기온과 강수량과 같은 기상 요소들이 장기간에 걸쳐 전반적으로 변하는 현상을 일컫는다. 고(古)기후학에 따르면 지난 1000년간 유럽의 기후는 중세온난기와 15~19세기 중반까지의 소빙하기(Little Ice Age)라는 기온 등락이 있었다. 그러다가 1800년대 중반 이후부터는 지구 기온이 전반적으로 상

[자료 1-1] 지구 기온 장기 변화 추이

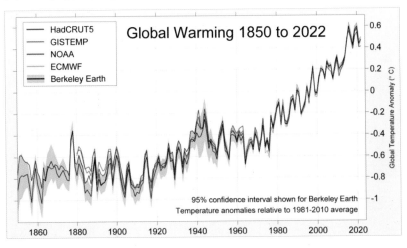

출처 : Berkeley Earth, 2023. 10

승추세를 이어가고 있는데, 많은 과학자와 기상학자는 인간 활동에서 나오는 (Anthropogenic) 온실가스를 그 원인으로 지목하고 있다.

1. 온실가스 문제에 대한 인식의 변화

탄소배출에 관한 초기 연구로는 노벨상 수상자인 스웨덴의 스반테 아레니우스(Svante Arrhenius)의 1896년 논문을 꼽을 수 있다. 기후민감도 개념을 적용해서 대기 중 이산화탄소가 증가할 경우의 기온 상승을 계량적으로 산출한 것이다. 1938년에는 영국의 가이 캘런더(Guy S. Callendar)가 장기간의 기온변화와 대기 중 이산화탄소 집적도에 대한 실증분석을 통해 탄소배출 증가와 지구온난화 간의 상관관계를 증명했다. 1940년대 중반부터 1970년대까지는 기온이 안정화되는 추세를 보이면서 지구온난화에 대한 논의가 수그러들었다.

1980년대 평균기온이 다시 상승하자 1988년 미국 NASA의 기후과학자인 제임스 핸슨(James Hansen)은 탄소배출이 온난화를 초래해 심각한 위협이 되고 있다고 주장했다. 그의 상원 증언은 정치인들에게도 자극을 주어 그해 말 UN에 '기후변화에 관한 정부 간 협의체(Intergovernmental Panel on Climate Change, IPCC)'를 설치하는 계기가 되었다. 이후 UN은 국제기구로서 환경문제의 비중을 높여 1992년 6월 브라질 리우 지구정상회의(Earth Summit)에서 리우선언('환경과 개발에 관한 리우선언')을 발표했고, 기후변화에 대응하기 위한 '기후변화협약(UN Framework Convention on Climate Change, UNFCCC)'을 채택했다.

2. 지구온난화와 기후변화의 영향

- **폭염 일수 및 강도의 증가** : 평균기온이 상승하면 여름철 이상(異常) 고온이 사람에게 고열로 인한 병변을 일으키고, 해충의 활동범위를 확장해 질병을 확산시킨다. 2023년 6~8월의 기온은 지난 30년 평균보다 0.66℃가 높은 16.77℃를 기록했고, 정점인 8월 기온이 가장 높았던 10개 연도는 대부분 2010년 이후였다.

- **극한적 기상이변의 빈발** : 지구온난화는 태풍, 가뭄, 홍수와 같은 극한적 기상 현상의 빈도와 강도를 증가시킨다. 기상이변은 인명뿐 아니라 사회기반시설의 광범위한 손실을 가져온다. 해수면 온도의 상승은 태풍의 빈도 및 강도에 영향을 준다. 지표 공기가 뜨거워지면 토양이 건조해지면서 가뭄 현상이 더욱 악화된다.

- **해수면의 상승** : 기온 상승은 해수면의 열팽창(Thermal Expansion)으로 해양수의 부피를 증대시킨다. 여기에 만년설과 극지방의 빙하가 녹으면서 해양으로 유입되어 해수면 상승으로 이어진다. 해안지역의 침수가 증가하고 저지대의 범람 가능성이 커질 뿐 아니라 해안 주변의 사회기반시설을 파괴해 위협이 가중된다.

- **자연 생태계의 붕괴** : 기후변화는 자연생태계와 생물다양성(Biodiversity)에도 영향을 미친다. 기조적인 기온 상승은 동식물종(種) 분포의 변화, 서식지의 상실, 심지어는 멸종 위험의 증가로 이어진다. 해수 탄소농도 상승으로 해양 산성화(Ocean Acidification)가 심해지면, 산호초 소멸 등 해양생물의 다양성을 훼손할 수 있다.

- **식량 생산 감소** : 기온과 강수 패턴의 변화로 농작물 성장기가 변화되고, 무상기일(Frost-free Season)이 장기화되어 해충과 질병이 증가한다. 가뭄에 따른 물 부족은 농작물 수확의 감소를 초래해 안정적 식량 생산을 위협한

다. IPCC에서는 현 기온추세라면 21C 말에 밀 생산량이 20~30%나 줄어들 수 있다고 전망했다.

3. 글로벌 온실가스 배출 현황

부문별 배출 현황

지난 50년간 전 지구의 탄소배출을 보면 2008년 글로벌 금융위기와 2020년 코로나19 시기를 제외하고는 거의 매년 증가세를 보이고 있다. 2022년에는 잠 정치 기준으로 약 361억 톤(CO_2 환산, 이하 동일)을 배출해 다시 1.5% 정도 증가한 것으로 추정된다. 부문별로 보면 전력생산(power)이 전체 배출의 39.3%, 산업부 문이 28.9%, 육상운송이 17.9%의 배출원으로 나타났다.

[자료 1-2] 글로벌 탄소배출 추이(1970~2022)

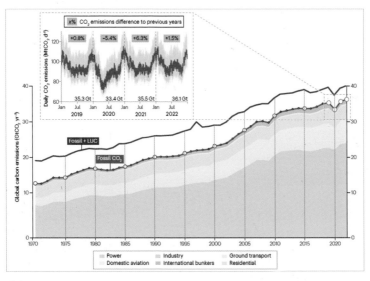

출처 : nature reviews earth & environment, 2023. 4

[자료 1-3] 국가별 탄소배출 추이(1950~2022)

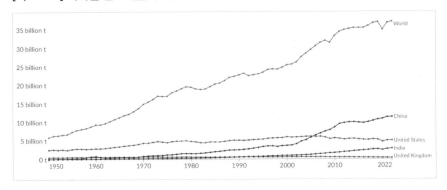

출처 : nature reviews earth & environment, 2023. 4

국가별 배출 현황

2006년에 미국의 온실가스배출량을 넘어선 중국이 2022년 114억 톤을 배출해 전 세계 배출량의 30%를 차지했다. 이는 2위인 미국보다 2배 이상이며, 중국은 1인당 GDP 기준 배출량에서도 미국의 절반 정도로 증가하고 있다. 공식 인구수 1위로 올라선 인도가 2010년부터 러시아를 추월해 3번째를 나타내고 있다. 그러나 온실가스가 대기 중에 수십~수백 년 잔류하는 점을 고려하면, 누적배출량이 더 큰 영향을 끼친다고 볼 수 있다. 23개 선진국의 온실가스 누적배출 비중은 나머지 150여 개 국가의 누적배출과 비슷하다. 개도국이 선진국의 책임과 지원을 요구하는 근거이다.

[자료 1-4] 선진국과 개도국의 역사적 누적배출량 비교

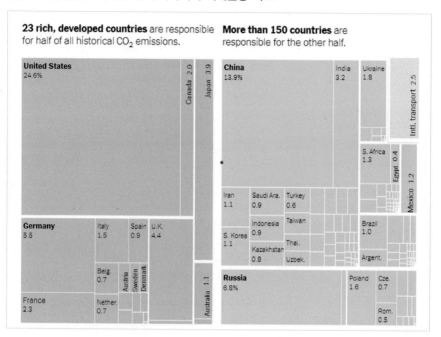

출처 : Global Carbon Project

UNFCCC

UN은 1980년대부터 UN환경계획(UNEP)과 세계기상기구(WMO)를 통해 환경과 기후 문제에 대해서 논의해왔다. 1988년에 UN 총회의 결의로 '기후변화에 관한 정부 간 협의체(IPCC)'를 설치해 본격적으로 기후변화의 위험을 평가하고 대책을 다루기 시작했다. 이어서 1992년 유엔기후변화협약(UNFCCC)을 채택했고, 1994년 3월에 공식적으로 발효되었다. UNFCCC에 가입한 국가는 2022

[자료 1-5] UN 산하의 IPCC와 UNFCCC 조직 구조

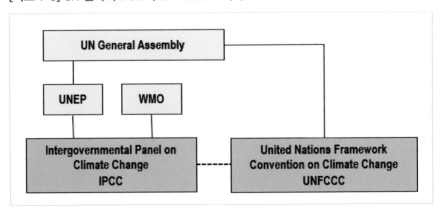

출처 : UNFCCC 각 항목

년 7월 기준 198개국이며, 우리나라는 1993년 11월에 국회 비준동의를 얻어 1993년 12월에 UN에 비준서를 기탁함으로써 가입했다.

UNFCCC 모든 정책에 반영되는 기후변화 대응 활동의 원칙은 다음과 같다.

- 선진국과 개도국이 '공동의 그러나 차별화된 책임(Common But Differentiated Responsibilities, CBDR)에 따라 각자의 능력에 맞는(Respective Capabilities, RC)' 온실가스 감축 의무 부담 원칙
- 개도국의 특수한 사정 배려 원칙
- 모든 국가의 지속가능한 성장(Sustainable Growth) 원칙

UNFCCC 체제하에서 처음으로 현실화가 된 하부조약이 바로 1997년 제3차 당사국총회(COP3)에서 채택된 교토의정서(Kyoto Protocol)다. 교토의정서에 의해서 선진국들에 비로소 구속력이 있는 온실가스 감축 의무가 부여되었다. 교토의정서의 뒤를 이어 2015년 12월 프랑스 파리에서 열린 COP21에서는 2020년 이후 새로운 기후변화체제를 수립하기 위한 파리기후협정(Paris Agreement)이 체결되었다. 온실가스 배출에 책임이 큰 선진국만이 감축 의무가 있었던 교토체제와 달리 파리협정은 개도국까지 의무 범위를 확장시킴으로써 더욱 광범위한 신(新)기후체제가 출범하게 되었다.

1. UNFCCC의 운영구조

UNFCCC의 최고 협의 및 의사결정 기구는 당사국총회(Conference of the Parties, COP)다. COP는 매년 1회 각국의 환경 또는 기후변화 관련 장관급이 참여해 UNFCCC의 이행을 촉진하고 진행 상황을 모니터링한다. 1995년 3월 독

일 베를린에서 개최된 제1차 당사국총회(COP 1), 교토의정서가 채택된 COP3, 파리협약이 체결된 COP21 등이 마일스톤(Milestone)이라 할 수 있다. 의장국은 6개 대륙 순환방식으로 해마다 새로 추천되며, 정치적 리더십을 최대한 동원해 COP 회의를 운영한다.

[자료 1-6] UNFCCC 주요 당사국총회(COP) 요약

연월	COP/이벤트	주요 의제 및 결정 사항
1994년 6월	Rio Earth Summit	- 1992년 제의된 UNFCCC가 발효(197개국) - COP 설치 및 연례 개최로 기후변화 관리 합의
1995년 3월	COP1, Berlin	- Berlin Mandate 채택 - UFCCC 서명 당사국 간의 최초 회의 개최
1997년 12월	COP3, Kyoto	- 교토의정서(2005년 2월 발효) - 선진국 간 감축과 배출권거래제 도입 합의
2010년 11월	COP16, Cancun	- 미국, EU, 중국 등 80여 개국 2℃ 목표에 합의 - 개도국 감축 지원을 위한 GCF $1천억 조성 합의
2011년 11월	COP17, Durban	- 중국, 인도, 미국의 EU 감축 목표 제안 거부 - 2015년까지 합의 및 교토체제 연장에 동의
2012년 11월	COP18, Doha Agreement	- 교토체제 2020년까지 연장, 캐나다 탈퇴 - 선진국의 개도국 지원 합의문 구체화
2015년 11월	COP21, Paris Agreement	- 선진국, 개도국이 모두 참여하는 최초의 기후협정 - 2℃/1.5℃ 목표감축을 위한 NDC 제출 의무 - 2017 미국의 협정 철회 선언(2021년 1월 재가입)
2018년 12월	COP24, Katowice	- IPCC 새 보고서(2030년까지 1.5℃ 기준 감축) 승인 - 강화된 NDC 필요성에 기본적 합의
2021년 11월	COP26, Glasgow Climate Pact	- 파리협정 이행규칙 타결(국제 탄소시장, 투명성 등) - Glasgow Dialogue, 2030 NDC 재검토 및 강화
2023년 11월	COP28, Dubai	- 전 지구적 이행점검(GST) : NDC 중간 평가 - 재생에너지 확대, 화석연료 사용 감축(Phase-down)

출처 : 저자 작성

UNFCCC는 참여국을 부속서Ⅰ(Annex Ⅰ)국가, 부속서Ⅱ(Annex Ⅱ)국가, 비(非)부속서Ⅰ(Non-AnnexⅠ)국가로 구분해 의무사항을 다르게 규정하고 있다. 모든 참여국은 온실가스의 배출·흡수현황에 대한 공통의무가 있으며, 국가군(群)별로

온실가스감축·재정지원·기술지원 등에 대한 의무를 특정하고 있다. 통상 COP가 개최되는 동일한 기간과 장소에서 '교토의정서 당사국총회'인 CMP와 '파리협정 당사국총회'인 CMA도 개최된다.

[자료 1-7] UNFCCC 당사국 구분 및 특정 의무

구분	부속서 I (Annex I)국가	부속서 II (Annex II)국가	비(非)부속서 I (Non-Annex I)국가
국가	협약체결 당시 OECD 24개국, EU, 동유럽국가 등 40개국	Annex I 국가에서 동유럽국가를 제외한 OECD 24개국 및 EU	Annex I 국가에 포함되지 않는 기타 국가
의무	온실가스 배출량을 1990년 수준으로 감축 노력	개발도상국에 재정지원 및 기술지원 의무	국가보고서 제출 등 협약상 일반적 공통 의무

출처 : 저자 작성

UNFCCC는 COP/CMP/CMA 회의체들의 의사결정 지원을 위해 과학기술 자문부속기구(SBSTA)와 이행부속기구(SBI)라는 양대 부속기구를 비롯한 다수의 위원회/조직/사무처를 설치해 운영하고 있다. SBSTA의 핵심업무는 온실가스 감축량을 과학적으로 측정할 수 있는 기술적 방법에 대한 정보를 제공하고 조언하는 것이다. SBI는 UNFCCC기본협약과 교토의정서와 파리협정의 온실가스 감축 목표를 이행할 수 있는 구체적인 방법들과 효율적인 진행 방안을 논의하는 조직이다.

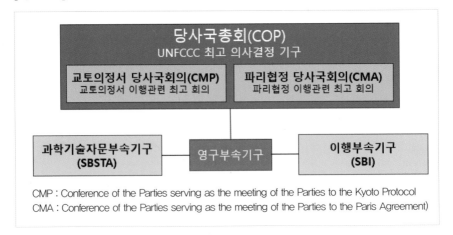

출처 : 저자 작성

2. 기후변화에 관한 정부 간 협의체(IPCC)의 역할

기후변화에 관한 정부 간 협의체(Intergovernmental Panel on Climate Change, IPCC)는 1988년 유엔환경계획(UNEP)과 세계기상기구(WMO)가 공동 설립한 국제기구로, UNFCCC와 동일한 참여국으로 구성되어 있다. IPCC는 기후변화의 과학적 근거와 환경·사회경제적 영향, 온실가스 감축 및 기후변화 적응(Adaptation)에 대한 지식과 옵션을 평가하는 것을 목적으로 한다. 1990년 1차 평가보고서(Assessment Report, AR) 이후 지금까지 6~7년마다 보고서를 발행해오고 있다. 이외에도 기후변화와 관련된 특정 주제에 대한 특별 보고서(Special Report)와 온실가스 인벤토리 작성 방법론 보고서(Methodology Report)도 발행하고 있다.

국제적 이해관계가 복잡한 UNFCCC체제에서 IPCC가 전 세계 과학적·기술적 연구결과를 종합평가한 내용은 기후변화 관련 국제적 거버넌스 협상의 바탕이 된다. IPCC의 보고서 중 2018년에 승인된 〈지구온난화 1.5℃ 특별보고서(SR1.5))는 기념비적인 보고서로 평가된다. SR1.5에서는 산업화 이전 수준 대비 평균기온 상승을 2℃와 1.5℃로 할 경우의 영향을 비교해 1.5℃ 목표가 필연적임을 논증했다. 이는 2015년 파리협정에서 '산업화 이전 대비 2℃/1.5℃ 상승 억제'로 합의했던 목표를 사실상 1.5℃ 목표로 강화하는 과학적 근거가 되었다. IPCC의 최근 보고서는 지난 6차 평가주기(2015~2023년) 동안 발간한 다음의 3개 SR과 3개 실무그룹(WG)평가보고서를 통합적으로 서술한 〈IPCC 제6차 평가보고서(AR6) 종합보고서〉(2022년 3월 승인)이다.

- SR1.5 : 1.5℃ 지구온난화 특별보고서(2018)
- SRCCL : 기후변화 및 토지 특별보고서(2019)
- SROCC : 변화하는 기후의 해양과 빙하권 특별보고서(2019)
- WG I : 기후변화의 과학적 근거(2021)
- WG II : 기후변화의 영향·적응·취약성(2022)
- WG III : 기후변화의 완화(2022)

교토의정서

1. 교토의정서 채택 과정

1997년 12월 UNFCCC COP3에서 채택된 교토의정서는 온실가스 누적에 책임이 큰 선진국들이 경제적 부담을 안더라도 기후변화 문제를 외면할 수 없다는 인식에 따라 극적으로 합의되었다. 채택 후 교토의정서는 전 세계 온실가스 배출량의 55% 이상을 차지하는 국가들과 55개국 이상의 비준을 받아 2005년 2월에 효력을 발휘하게 되었다.

[자료 1-9] 기후변화협약(UNFCCC)과 교토의정서 비준 및 발효

협약	발효 시기	비준국가 수	한국 비준일
기후변화협약	1994년 3월 21일	198개국	1993년 12월
교토의정서	2005년 2월 16일	192개국(1차 170개국)	2002년 11월

출처 : 저자 작성

교토의정서에서는 우선 선진국에 해당되는 UNFCCC 부속서 Ⅰ(Annex Ⅰ) 국가를 대상으로 온실가스 감축의무를 부과해 교토의정서 부속서 B(Annex B)에 명시

했다. 1차 공약기간(2008~2012)이 경과한 후의 평가를 보면 부속서 B 국가들은 감축 목표를 초과하는 22.6%를 기록해 의정서의 효과를 입증했다.

2. 교토의정서에 의한 온실가스 감축 정책

감축대상 온실가스의 종류, 배출부문, 배출원의 범위(Annex A)

기후변화의 원인으로 파악된 온실가스 중 이산화탄소(CO_2), 메탄(CH_4), 아산화질소(N_2O), 불화탄소(PFC), 수소화불화탄소(HFC), 불화유황(SF_6) 등 6종류를 감축대상으로 규정했다(2차 공약기간인 2013년부터는 삼불화질소(NF_3)를 추가). 온실가스 배출 감축을 위한 측정과 보고의 대상이 되는 부문을 ① 에너지 부문, ② 산업공정 부문, ③ 솔벤트 및 기타 제품 사용 부문, ④ 농업부문, ⑤ 폐기물 부문 등 구체적으로 명시했다.

감축의무 부담 국가 및 감축률(Annex B)

UNFCCC Annex I을 준용한 교토의정서 Annex B 국가들에 각 1990년 배출량 대비 감축률을 규정해 전체적으로는 평균 5.2% 감축하는 목표에 합의했다. 1997년 EU(당시 EEC) 회원국이었던 15개국 사이에서는 개별국가의 감축률을 재분배해 전체 합산된 목표만 달성하면 되도록 허용했다.

[자료 1-10] 교토의정서 Annex B : 국가별 온실가스 감축 목표(1차 공약기간)

감축 비율	국가		
-8%	EU 15개국(오스트리아 -13%, 벨기에 -7.5%, 덴마크 -21%, 핀란드 0%, 프랑스 0%, 독일 -21%, 그리스 +25%, 아일랜드 13%, 이탈리아 -6.5%, 룩셈부르크 -28%, 네덜란드 -6%, 포르투갈 +27%, 스페인 +15%, 스웨덴 +4%, 영국 -12.5%), 동유럽 EIT 8개국, 리히텐슈타인, 스위스, 모나코		
-7%	미국	+1%	노르웨이
-6%	캐나다, 헝가리, 일본, 폴란드	+8%	호주
-5%	크로아티아	+10%	아이슬란드
0%	뉴질랜드, 러시아, 우크라이나		

출처 : 저자 작성

'교토메커니즘'의 도입

교토의정서에서는 당사국들이 비용 효율적인 방법으로 감축 의무를 달성할 수 있도록 시장원리를 도입했다. 배출권 시장을 성립시킨 이 제도를 '교토메커니즘' 또는 '유연성(Flexibility) 체제'라고 부른다. 탄소세의 소득역진성 같은 부작용이 없이 온실가스 배출을 하나의 시장 상품으로 치환한 획기적인 방안이었다. 교토메커니즘의 유연성 체제로 공동이행제도(Joint Implementation, JI), 청정개발

[자료 1-11] 교토메커니즘 도입 내용

구분	의정서 조항	주요 내용	크레딧
공동이행제도 (JI)	제6조	Annex I 국가가 다른 Annex I 국가에 투자해 온실가스 배출을 감축시킨 경우, 그 감축량 중 일부를 자국의 감축실적으로 인정	ERUs
청정개발체제 (CDM)	제12조	Annex I 국가가 Non-Annex I 국가에 투자해 온실가스 배출을 감축시킨 경우, 그 감축량 중 일부를 자국의 감축실적으로 인정	CERs
배출권거래제도 (IET)	제17조	감축의무국에 개별 온실가스 배출 할당량을 부여한 다음 당사국들 간에 배출 이행상황에 따라 배출권을 거래할 수 있도록 허용(Cap-and-Trade 개념)	AAUs RMUs

출처 : 저자 작성

체제(Clean Development Mechanism, CDM), 배출권거래제(International Emissions Trading, IET)가 도입되었다.

3. 교토메커니즘 ❶ : 공동이행제도(Joint Implementation, JI)

교토의정서 제6조에 규정된 JI는 Annex B 당사국이 다른 Annex B 당사국에서 온실가스 감축을 위한 투자를 실행한 경우, 거기서 발생한 감축분 일부를 ERU(Emission Reduction Unit)라는 배출권으로 얻는 제도다. JI 프로젝트가 적격성을 승인받으려면 배출원(Source)에서 배출량을 감소시키거나, 흡수원(Sink)을 개발 또는 확대해 감축한 사실이 인정되어야 한다. 또한 그 프로젝트를 실행하지 않아도 발생할 수 있는 감축량에 추가해 감축이 이루어진다는 사실(추가성, Additionality)을 입증할 수 있어야 한다. 공동이행제도는 의정서 1차 공약기간 동안 ERU 3억 단위가 발행되어 감축 효과가 누적 3억 톤에 그쳤다. 3분의 2는 러시아에, 나머지 3분의 1도 동유럽에 투자되었다. 소련 붕괴 후의 동유럽국가(Economies in Transition, EIT) 에너지 부문 전환·폐쇄 프로젝트에 투자된 것이 대부분이다.

4. 교토메커니즘 ❷ : 청정개발체제(Clean Development Mechanism, CDM)

교토의정서 제12조에 근거한 감축 방안으로, 선진국이 개도국에서 감축 사업을 시행하면 CER(Certified Emission Reduction)을 발급받아 선진국의 감축 실적으로 인정해주는 제도다. 개도국 입장에서 자본과 기술을 이전받을 수 있어서 선진국과 개도국 간의 형평성 논란을 완화할 수 있다. 2023년 5월 현재 총 CDM 등록 건수는 7,842건인데, 이중 CER 발행이 승인된 프로젝트는 총 3,583건이고, 누적 CER 발행 규모는 약 23억 톤이다. 중국이 전체 프로젝트의 약 48%를 유치했고, 인도(21.5%), 브라질(4.4%)의 순서를 보였다. 우리나라에 유치한 CDM 프로젝트는 90건으로 건수로는 10위를 차지했지만, CER 발행량은 4위로 효율은 가장 높다.

[자료 1-12] CDM 프로젝트 등록 현황(좌)과 국가별 CER 발행 현황(우)

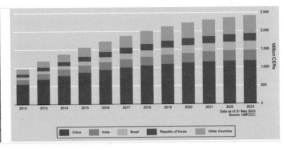

순위	Host Party	Projects 수
1	China	3,764
2	India	1,685
3	Brazil	344
4	Viet Nam	258
5	Mexico	191
6	Indonesia	148
7	Thailand	144
8	Malaysia	143
9	Chile	112
10	Republic of Korea	90

출처 : UNFCCC CDM Insights

교토의정서 1차 공약기간 마지막 해인 2012년에는 CDM 제도를 활용하려는 막바지 신청이 급증해 3,293건에 이르렀으나, 다음 해인 2013년에는 10분의 1인 332건으로 급감했다. 이후 관심이 줄어들어 2020년 이후에는 모두 4건의 신청이 이루어졌을 뿐이다. CDM 사업의 투자 매력이 급락한 이유는 ① 측정·보고·검증(MRV) 등 절차에 드는 비용이 많이 들고, ② CER 발급의 확실성이 담보되지 않으며, ③ 배출권 시장에서 CER의 수급이 정책적인 요인에 의해 지나친 변동을 보인다는 점 때문이다.

5. 교토메커니즘 ❸ : 배출권거래제도(International Emission Trading)

국가마다 배출할 수 있는 온실가스 한도를 부여해서, 이 한도를 초과하는 국가는 다른 국가로부터 배출권을 구매한다. 반대로 한도에 여유가 발생한 국가는 잉여 배출권을 판매할 수 있도록 한 제도(Cap-and-Trade)다. '배출권'이라는 수단을 매개로 해 시장에서 감축한계비용이 결정(Pricing)되도록 한 가장 경제적인 방법으로 평가된다. 교토의정서 제17조의 규정에 따라 2005년 EU ETS를 설치했고, 2020년에는 EU와 스위스 간에 연계계약(Linking Agreement)을 체결해 거래소 간 거래가 이루어지고 있다.

배출권거래제도는 교토의정서 체제에서 도입한 제도 중 가장 효과적인 감축 정책으로 평가되고 있다. 2022년 세계 전체 배출량 370억 톤 중 약 17%가 배출권 거래 시장(Carbon Markets)을 통해 거래됐고, EU 배출량의 40%는 EU ETS에서 거래된 것으로 추정된다. 총 배출권 거래금액은 약 €8,500억($9,090억)에 이른 것으로 나타났다.

[자료 1-13] EU 배출한도, 실제 배출량, 누적잉여한도, EUA 가격 추이

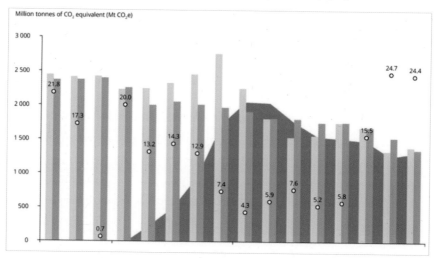

출처 : European Environment Agency, 2022. 1

EU ETS 1기(Phase 1, 2005~2007) : 준비 및 시험운영(piloting) 기간

유럽의회는 2003년 10월 총회에서 EU ETS의 창설과 교토의정서 1차 공약 기간에 적용될 배출권 거래에 관한 규정을 제정했다. 배출한도(Cap) 결정에서는 참여국이 국가할당계획(National Allocation Plan, NAP)을 제출하면 거기에 따라 배출권(EUA)을 배정했다. 국가 대부분에서는 과거 일정기간의 배출량을 기준(Grandfathering, GF)으로 주로 에너지 다소비 산업에 무상 배정했다. EU ETS 1기의 배출권은 발전소(20MW 이상)를 비롯해 1차 금속, 철강, 정유, 시멘트 등의 생산 활동이 대상이 되었다. 또한 컴플라이언스 사이클(Compliance Cycle)인 모니터링 → 보고 → 검증(MRV) 절차와 방법을 확립했다.

EU ETS 2기(Phase 2, 2008~2012) : 교토의정서 1차 공약기간

교토의정서 1차 공약기간과 동시에 운영된 EU ETS 2기에는 실질적인 배출 저감을 위해 총배출한도(Emission Cap)를 1기 시작 시점인 2005년보다 6.5% 감축해 배정했다. 2기에는 배출권 할당 방식이 종전의 완전 무상할당에서 총한도의 10%까지 경매에 의한 유상할당으로 변경되었다. 의무감축 미이행에 대한 벌금도 톤당 €40에서 €100로 대폭 상향되었다. 그러나 2기가 시작된 2008년에 금융위기가 발발한 데다가, 예상외로 배출권 초과공급 사태가 이어짐에 따라 한때 €30까지 상승던 EUA가격이 3분의 1 이하로 급락하는 상황이 벌어졌다. 원래 과거 배출량기준(GF) 방식에 의해 배출한도가 관대하게 설정된 가운데, CDM사업과 JI사업에서 발행된 CER과 ERU가 시장에 판매물량으로 유입되었기 때문이었다.

EU ETS 3기(Phase 3, 2013~2020) : 교토의정서 2차 공약기간

EU ETS 3기부터는 배출한도 설정 방식을 참여국의 자발적 NAP가 아니라

EC 자체의 배출량 자료에 근거한 단일(Uniform) 배출한도 결정방식으로 변경했다. 따라서 전체 배출한도가 매년 1.74%씩 축소되어 2020년에는 2005년 대비 21%가 감축되도록 설계했다. 3기부터 경매를 기본할당방법으로 채택해 발전부문부터 모든 배출권을 유상할당하는 것을 원칙으로 변경했다(동유럽국가 전력 부문과 일부 산업 부문에 대해서만 예외). 2013년에는 EU ETS 1기 연평균 배출량의 80%를 무상할당했으나 2020년에는 무상할당 비율이 30%가 되도록 매년 균등한 비율로 감축해나가고, 2027년에는 무상할당을 전면 폐지할 계획이었다. 무상할당도 역사적 배출량(GF) 방식으로부터 표준 배출효율 벤치마크(BM) 방식으로 전환하기로 했다.

[자료 1-14] EU ETS 배출허용총량(2005~2020) 추이

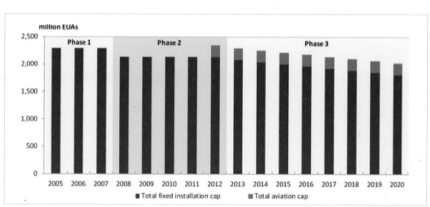

출처 : EU ETS Handbook, 2017

3기에는 기업의 탄소비용이 상승하면 온실가스 정책이 유리한 국가로 생산 시설을 이전하는 탄소누출(Carbon Leakage)에 대한 논의가 본격화되었다. EU ETS는 탄소누출의 위험에 노출되는 산업 부문에 대해서는 무상할당 감축을 면제받도록 조치했다. EU ETS 2기의 가장 큰 문제점이었던 초과공급 물량의 이

월에 대응해서 9억 톤의 경매를 연기하는 조처를 했고, 시장안정화물량(Market Stability Reserve, MSR) 제도를 입안해 2019년에 도입했다.

EU ETS 4기(Phase 4, 2021~2030) : 파리협정체제 시작

신기후체제에 발맞추어 2021년부터 시작된 EU ETS 4기는 10년 동안의 총 배출한도 선형감축률(LRF)을 강화해 2024~2027년 기간에는 4.3%, 2028년부터는 4.4%로 상향했다. 2050년 탄소중립(Net Zero) 달성을 위해 2030년까지 온실가스 배출량을 55% 감축해야 한다는 'Fit for 55'계획 및 '유럽 그린딜(European Green Deal)'과 연결시킨 것이다(파리기후협정 참조). EU ETS 4기 동안에는 저탄소 에너지 부문의 혁신을 위한 지원이 더욱 강화되도록 프로그램을 계획했다. 신규진입자 예비분(New Entrants Reserve : NER) 중 3억 톤의 배출권을 유럽투자은행(EIB)에 위탁 판매해 그 수익을 탄소포집 및 저장(CCS)과 재생에너지 프로젝트에 지원하는 'NER 300' 프로그램 규모를 확대했다. 또한 동유럽의 에너지 부문 현대화를 지원하기 위한 현대화기금(Modernization Fund)을 설치해 2021년부터 연 2회 이상 출연하고 있다.

6. 교토의정서 체제의 연장 : 도하 수정안(Doha Amendment)

교토의정서는 2012년 1차 공약기간이 종료되고 2013년부터 2차 공약기간이 시작되었다. 그러나 캐나다, 러시아, 뉴질랜드, 그리고 대지진의 피해를 본 일본 등이 이탈해 참여국들의 배출량이 전 세계 배출량의 15%도 안 될 정도로 교토의정서 2차 공약기간의 의의는 약화했다. 따라서 COP17(2011년 더반)에서는 2020년부터 새로운 기후체제를 출범시키기로 결의('Durban Platform')했고, COP18(2012년 도하)에서 교토의정서의 연장을 위한 다음 중요 사항에 합의했다.

- 교토의정서 공약기간의 연장과 감축 목표 설정

- 탄소배출권의 이월 기준 설정

- CDM 크레딧(CER)의 취득 및 양도 제한

파리기후협정

최초의 다국적 기후조약인 교토의정서는 감축 의무 국가의 제한 등으로 지구 전체의 온실가스 배출량이 오히려 급증하는 문제점이 드러났다. 이에 따라 2011년 COP17(더반)부터 교토의정서 이후에 적용될 새로운 기후변화 대응 체제('신기후체제')가 논의되었다. 그 결과 2015년 12월 COP21에서 파리협정(Paris Agreement)이 채택되었다. 파리협정은 채택 후 불과 1년만인 2016년 11월에 발효(55개국 이상 및 온실가스 배출량의 합계 비중 55% 이상인 국가의 비준)되었다.

파리협정은 산업화 이전 대비 지구 평균기온 상승폭을 '2°C보다 상당히 낮은 수준으로 유지하되, 1.5°C 이내로 제한하기 위해 노력한다'라는 목표를 명시했다. 모든 참여국이 '국가결정기여(Nationally Determined Contributions, NDC)'라는 감축·적응 목표를 설정해 5년마다 제출해야 한다. NDC 방식의 가장 큰 특징은 국가별 감축 목표를 UNFCCC가 아닌 당사국이 자발적으로 설정하고, 선진국과 개도국 모두 대응에 참여해야 한다는 점이다. 다만 UNFCCC의 원칙인 '공통의 차별화된 책임(CBDR)' 원칙이 계속 적용되므로 국가별 감축 목표와 그 기준은 차이가 있다.

[자료 1-15] 교토의정서와 파리협정의 비교

구분	교토의정서	파리협정
채택 회의	일본 교토, UNFCCC COP3	프랑스 파리, UNFCCC COP21
채택, 발효	1997년 12월 채택, 2005년 2월 발효	2015년 12월 채택, 2016년 11월 발효
참여국	서명 : 82개국(1999년 최종) 비준 : 192개국 감축 의무 : 주요 산업선진국 38개국	UNFCCC 당사국 : 198개국(EU 포함) 서명 : 195개국 비준 : 195개국
적용 시기	1차 공약기간 : 2008~2012 2차 공약기간 : 2013~2020	2021년 이후
범위	주로 온실가스 감축에 초점	온실가스 감축, 적응, 이행수단(재원, 기술이전, 역량배양, 투명성 등) 포괄
협정목표	직접적 : 온실가스 배출량 감축	간접적 : 기온 상승 1.5℃ 이하로 제한
이행 지속성	매 공약기간 협상 필요	종료시점 없이 주기적 이행상황 점검
불이행 징벌	징벌적(미달성량의 1.3배를 다음 공약기간 배출할당량에서 차감)	비징벌적(비구속적) 이행준수위원회(PAICC) 회부
의무 강화	구체적인 조항 없음.	진전원칙(매기간 NDC 후퇴 금지), 전 지구적 이행점검(5년마다)
목표설정 방식	하향식(Top-down)	상향식(Bottom-up)
주요 내용	• 기후변화의 원인인 온실가스 정의 • 온실가스 감축률 목표치 차별적 부여 (Annex B, 선진국 대상) • 1차 공약기간 중 온실가스 총배출량을 1990년 수준보다 최소 5% 감축 • 유연성 제도(교토메커니즘) 도입(공동이행, 청정개발, 배출권 거래)	• 평균기온 상승폭을 2℃/1.5℃로 제한 노력 • 선진국이 우선적 감축 책임을 지고, 개도국의 기후변화 대처 지원 • 선진국과 개도국이 책임 분담해 기후 위험 방지에 동참 • 선진국은 2020년부터 개도국의 기후변화 대처 재원 $1,000억 조성
한국	감축의무 부과대상 국가에서 제외	당사국으로 참여(2016.11. 비준)

출처 : 저자 작성

2015년 12월 파리기후협정이 채택된 후 후속 시행규칙을 마련하기 위해 임시작업그룹(Ad Hoc Working Group on the Paris Agreement, APA)이 가동되었다. 그 결과 파리협정의 실질적 이행에 필요한 규칙의 대부분은 2021년 영국 글래스고(Glasgow)에서 개최된 COP26에서 합의에 이른 것으로 평가된다.

[자료 1-16] 파리협정 채택 후 UNFCCC 주요 당사국회의(COP) 개요

당사국 총회	개최 시기	개최지	주요 논의/합의 사항
COP21	2015년 11월	프랑스 파리	– 파리기후협정 채택 – 2℃·1.5℃ 기준 선진국·개도국 전체 신기후체제 출범
COP22	2016년 11월	모로코 마라케시	– 파리협정 세부이행 사항을 COP24(2018)까지 확정 – 장기 기후재원, 재정 메커니즘, 공공 재원의 관리
COP23	2017년 11월	독일 본	– 토지, 농업 관련 부문 NDC 방법론 – 석탄 사용의 단계적 퇴출(phase-out) 방안(PCCA)
COP24	2018년 12월	폴란드 카토비체	– 파리협정의 투명성·공정성 룰북(Paris Rulebook) 논의 – IPCC SR1.5 승인(1.5℃ 전제로 감축 추진 원칙)
COP25	2019년 12월	스페인 마드리드	– NDC 확대 등 협정 이행규칙 관련 지침 채택 – 국제 배출권 시장 관련 이행규칙 논의(CDM 이월 등)
COP26	2021년 1 11월	영국 글래스고	– 글래스고 기후 합의(Glasgow Climate Pact) – 2022년까지 SR1.5 기준의 NDC 상향 촉구 – 저감장치 없는 석탄발전소 단계적 폐지 – 2030년까지 메탄(CH_4) 감축 검토 방안 – 기후 재원 과제(선진국 재원, 국제금융기구 등)
COP27	2022년 11월	이집트 샴엘셰이크	– 손실과 피해 보상 재원 및 방안 협의 – 적응 목표 달성 프레임워크 설립 논의
COP28	2023년 11월	UAE 두바이	– 파리협정 이행 정도 평가(전 지구적 이행점검(GST)) – 손실과 피해 기금 첫 출연 및 출범 – 화석연료 단계적 폐지 → 감축 노력

출처 : 저자 작성

　　파리협정은 서문(Preamble)과 29개 조항(Articles)으로 구성되어 있다. 제2조 협정의 목표에 이어 행동(Action)에 대한 부분과 이행수단(Means of Implementation)에 대한 부분으로 크게 나누어진다. 그다음은 협정 준수를 위한 법적·행정적 의무 및 책임(Accountability)에 관한 부분으로 구성되어 있다. 행동 부분은 감축(Mitigation, 제4조)과 적응(Adaptation, 제7조)이 중요하고, 이행수단 부분은 기후재원(Finance, 제9조), 기술개발·이전(Technology Development & Transfer, 제10조), 역량배양(Capacity Building, 제11조) 등이 주요 규정이다. 전체적인 협정 이행의 바탕이 되는 투명성 체계(제13조)도 핵심적인 조항이고, 전 지구적 이행점검(제14조)과 협약·규칙·지침의 준수와 정보 보고(제15조)에 대한 사항도 명시되어 있다. 필수적인 보완 사항으로 산림 흡수원(제5조)과 시장·비시장 접근 방식을 활용한 국가 간 협력(제6조), 손실과 피해(제8조)에 관한 조항도 포함되었다.

[자료 1-17] 파리협정문의 구조

출처 : UNFCCC

1. 파리협정의 핵심 내용 ❶ : 글로벌 기온 장기목표

파리협정의 기온 목표(제2조)

　파리협정의 중요한 의의는 장기적 지구 기온 목표를 협정에 명시적으로 규정했다는 점이다. 장기기온목표로 2℃/1.5℃를 명시한 것은 그 직전 해에 승인된 IPCC AR5의 권고를 반영한 것이다. 그런데 IPCC는 파리협정 채택 후에 2018

년 SR1.5에서 대표적 농축경로(Representative Concentration Pathways, RCP) 분석을 통해 2050년까지 1.5℃ 상승으로 안정화하지 않으면 기후위험도가 회복 불가능한 수준에 이를 수 있다고 경고했다. 이후 파리협정 후속 과정에서는 1.5℃가 실질적인 기온 목표가 되었다. IPCC는 1.5℃ 목표를 위해서는 2030년 배출량을 2010년 대비 45% 감축하고, 2050년까지 순배출량을 '0'으로 만들어야 한다고 제언했다['넷제로(Net-zero)', '기후중립(Climate Neutrality)', '탄소중립(Carbon Neutrality)'].

[자료 1-18] IPCC 5차 평가보고서상의 지구 기온 상승 모델

출처 : 환경부, IPCC 특별보고서(SR1.5), 2018

글로벌 배출정점

온실가스는 장기간 대기 중에 머무르기 때문에 배출량이 전 지구적으로 이미 정점에 도달했는지, 언제 정점에 도달한 후 안정적인 감소세로 바뀔지가 중요하다. 그래서 파리협정은 제2조의 온도 목표와는 별도로 제4조 제1항에서 온실가스 배출정점(頂點 : Peak of Emissions)과 관련된 기준을 명시하고 있다. 21세기 중반까지는 배출이 최고 정점에 이르러야 21세기 후반에는 배출되는 온실가스

와 흡수되는 온실가스가 균형을 이룰 수 있다는 것이다. IPCC에서도 기온 상승을 2.5℃/1.5℃로 제한하는 모델 경로에서 전 지구 온실가스 배출량이 2025년 이전에 정점에 도달하는 것이 중요하다고 설명한 바 있다.

[자료 1-19] 대기 중 탄소농도와 연도별 탄소배출량 추이(1751~2022)

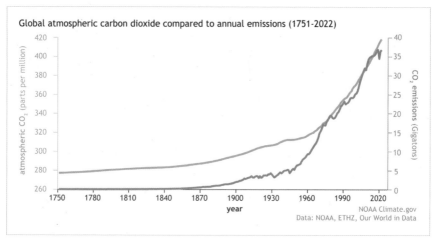

출처 : Our World in Data

장기 저탄소 발전 전략 (LT-LEDS) : 2050 탄소중립(Net Zero)

파리협정 제4조 제19항에는 모든 협약 당사국이 2℃/1.5℃ 목표를 추구하기 위한 장기 저탄소 발전 전략(Long-Term Low greenhouse gas Emissions Development Strategies, LT-LEDS)을 수립하도록 요구하고 있다. 현재까지 EU와 67개 국가가 LT-LEDS를 제출하였다. 또한 이와 관련해 COP24에서 '2050년 탄소중립 달성'이 선언된 이후 주요 국가들이 장기적인 탄소중립을 법률화했거나 제안 단계에 있다. EU집행부(EC)는 2050 탄소중립 계획을 담은 '유럽기후법(European Climate Law)'을 제정해 2021년 6월 EU의회의 승인을 받아 발효시켰다. 우리나라도 2021년 9월 '탄소중립기본법(약칭)'을 제정했다.

2. 파리협정의 핵심 내용 ❷ : 국가결정기여(NDC)

NDC의 의의

파리협정이 선진국과 개도국을 모두 온실가스 저감에 동참시키기 위해 채택한 방법은 제3조의 '국가결정기여(NDC)'다. 당사국 각자가 장기온도목표 달성을 위한 계획을 '자발적으로 결정'하는 기후변화 대응 목표다. 교토의정서는 국가별 감축 목표를 하향식으로 정했지만, 파리협정에서는 NDC 방식에 합의했다. 용어도 '공약(commitment)'이 아니라 강제력이 약한 '기여(Contribution)'로 변경이 되었다. 참여국은 5년마다 제출하는 NDC에 따라 이행정책을 추진하고, 5년 후 다음 이행기의 목표는 진전원칙(Progression)에 따라 상향시켜야 한다.

NDC 제출과 관리

협정 임시작업그룹(APA)의 후속작업 결과 제정된 2018년 COP24의 추가지침은 ① NDC의 특성, ② NDC의 명확성과 투명성을 위해 제공되어야 할 정보, ③ NDC의 산정 및 상세설명 등 세 가지 사항을 포함한다. 자발성이 특징인 NDC의 제출 및 이행 과정을 관리하기 위해 교토체제에서 드러난 운영·관리상의 문제점들을 업그레이드해 '강화된 투명성 체계(Enhanced Transparency Framework, ETF)'를 구축했다.

UNFCCC는 협정 당사국이 5년마다 제출하는 NDC에 대해서 적정성과 이행 여부를 검토하고, 2024년부터 2년마다 격년투명성보고서(Biennial Transparency Report, BTR)와 관련 정보를 요구할 수 있다. 또한 2023년부터 매 5년을 주기로 NDC가 얼마나 효과적으로 이행됐는지 평가하는 '전 지구적 이행점검(GST)'을 실시하게 된다.

[자료 1-20] NDC 제출, 관리 및 이행점검 사이클

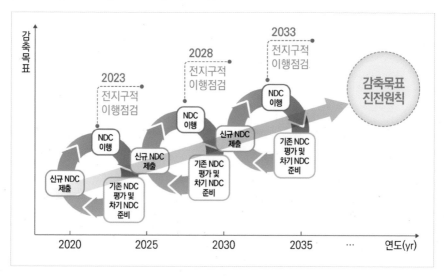

출처 : 환경부, 파리협정 함께 보기, 2022

NDC 제출 현황 및 예상 효과 분석

2023년 9월 기준으로 NDC등록부에 NDC를 제출한 국가는 협정 당사국(비준국) 195개 중 168개국인데, 이중 153개국이 1차로 NDC를 제출한 뒤 1회 이상 수정자료를 제출했다. NDC 유형(감축 목표기준)을 보면 배출 절대량을 기준으로 한 국가가 37.4%, 정상전망치(Business As Usual)를 기준으로 한 국가가 46.2%, 기타 감축정책이나 집약도, 배출정점 등을 기준으로 한 국가가 16.4%였다.

UNFCCC의 기후변화 정책에 가장 중요한 과학적 근거를 제시하는 IPCC는 2021년 AR6 WG1에서 당사국들이 제출한 NDC를 모두 이행해도 기온 상승을 1.5℃/2℃로 제한하는 경로(RCP)상의 2030년 배출량보다 상당히 높을 것으로 추정했다. IPCC는 이러한 배출격차(Emissions Gap)를 최소화하기 위해서는 2030년까지 온실가스 배출을 2019년 대비 43% 감축해야 한다고 제언했다.

[자료 1-21] 제출된 NDC를 감안한 기온 상승 경로(IPCC 6차 평가보고서)

출처 : IPCC Climate Change 2023 : Synthesis Report(기상청 번역)

3. 파리협정의 핵심 내용 ❸ : 국제 탄소시장(Carbon Markets)

시장 기반 접근 방식과 비시장 접근 방식

온실가스 감축비용은 개별 국가(기업)마다 다르기 때문에 배출 당사자들이 시장 메커니즘을 활용하면 전체적인 감축비용을 최소화할 수 있다. 동시에 더 높은 수준의 감축을 달성할 수 있다. 파리협정에서는 조항에 '시장'이라는 용어를 직접 삽입하지는 않았지만, 배출권에 대해 교토의정서보다는 더욱 포괄적이고 유연하게 적용할 수 있도록 규정하고 있다.

파리협정 제6조에서 당사국 간에 자발적으로 협력할 때는 배출권거래제도의 이용이 가능함을 규정하고 있다. 배출권의 국제협력방법은 크게 '시장 기반 접근 방식'과 '비시장 접근 방식'으로 구분했다. 시장 기반 접근 방식은 다시 ① 참여국 간에 자율적으로 다양한 방식의 협력이 가능한 협력적 접근 방식(제6조 제2항)과, ② 기존의 CDM처럼 파리협정 당사국 회의(CMA)가 관리하는 제6조 제4항 메커니즘으로 구분했다. 반면 비시장 접근 방식은 온실가스 감축을 위한 상호 간 협력은 가능하지만, 그 결과를 시장에서 거래하는 것은 허용되지 않는다.

국제 거래 대상 배출권 - ITMO와 A6.4ER

파리협정 제6조 제2항에서는 NDC 달성을 위해 국가 간 거래한 감축 실적을 '국제적으로 이전된 감축 결과(Internationally Transferred Mitigation Outcome, ITMO)'라는 새로운 용어로 명시했다. 종전 교토의정서에서 AAU, CER, ERU 등의 배출권을 특정했던 것에 비해서, 파리협정에서는 이전(거래) 가능한 배출권의 종류를 다양하게 개발과 적용할 수 있는 방식을 택한 것이다. 협력적 접근 방식의 대표적인 경우는 한 국가(기업)가 다른 국가에서 직접 감축사업을 수행한 후 그 감축결과에 해당하는 ITMO를 현지 국가(Host Party)에서 발급받아 자국의 NDC를 준수하는 데 사용하는 것이다. 또한 각국이 자발적으로 정한 NDC를 달성하기 위해 배출권 시장을 운영하는 경우에는 다른 국가의 배출권 시장과 연결해 ITMO로서 국가 간 이전이 가능할 것이다.

파리협정 제6조 제4항(A6.4)의 메커니즘은 교토체제 CDM의 후속 체계로 인식되고 있다. 이 조항에서 메커니즘 구축의 목적을 '온실가스 감축에 기여하고 지속가능한 발전을 지원'이라고 해, 이를 지속가능 발전 메커니즘(Sustainable Development Mechanism, SDM)이라고 부르기도 한다. CDM에서의 CER처럼 파리협정 하에서 A6.4에 따라 인정받는 감축 결과(Credit, 크레딧)을 '6.4조 감축분' 또는 'A6.4ER'이라고 부른다. A6.4ER의 경우에는 UNFCCC의 CMA가 운영하는 감독기구(Supervisory Body, SB)에 의해 관리되는데, A6.2에 의한 ITMO의 경우 해당 감축사업 당사국 간의 자율성에 따라 수행된다는 점과 다르다.

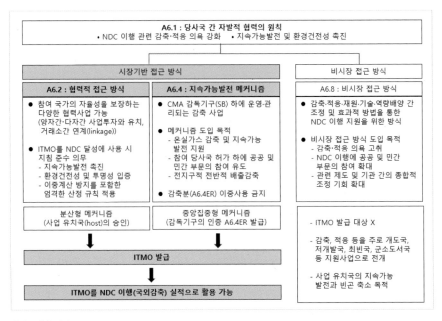

출처 : 저자 작성

배출권 거래의 투명성 – 상응조정 문제

ITMO를 이전받아 NDC 이행실적으로 인정받는 과정은 다음과 같다. 배출권 시장의 당사자는 ITMO의 판매국(Transferring Country)과 구매국(Acquiring Country)으로 구분된다. NDC(Emissions Target)를 보면, 판매국은 BAU 100Mt에서 20% 감축한 80Mt으로, 구매국은 BAU 110Mt에서 36% 감축한 70Mt으로 제출했다. 그런데 판매국의 실제 감축량이 50Mt라면 30Mt의 잉여가 발생하는데, 이를 과다 배출한 구매국에 ITMO로서 이전할 수 있다.

[자료 1-23] ITMO 거래와 NDC 상응조정(CA) 구조

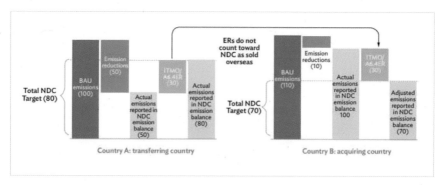

출처 : ADB, National Strategies for Carbon Markets under the PA, 2023. 11

판매국에서 감축사업결과(MO)를 승인하면 그만큼 자국 국가레지스트리에 추가된다. 이 감축결과를 구매국에게 이전(판매)하면 ITMO로 인정되어, 판매국의 레지스트리에서는 차감되고 구매국의 레지스트리에는 가산된다. 양국 레지스트리상 ITMO 이전/양수량과 각국 온실가스 인벤토리상 배출량을 가감하는 절차를 상응조정(Corresponding Adjustment, CA)이라고 하고, 상응조정을 거쳐 산출된 결과가 배출잔고(Emissions Balance)다. 상응조정(CA)의 핵심은 협력적 접근 방식을 적용한 참여국들이 실제 발생한 배출감축량에 대해서 이중계산하는 것을 방지하는 것이다.

규제시장/자발적 시장, 할당배출권(Allowance Credit)/상쇄배출권(Offset Credit)

탄소시장의 거래대상물인 탄소배출권을 크게 구분해보면, 의무감축 국가(기업)가 배출한도를 할당받는 과정을 통해 발생하는 할당배출권(Allowance Credit)과, 자발적으로 온실가스를 감축한 결과를 공인받아 거래하는 상쇄배출권(Offset Credit)으로 나눌 수 있다. 할당배출권을 거래하는 시장을 일반적으로 규제시장(Compliance Markets), 상쇄배출권을 거래하는 시장을 자발적 시장(Voluntary

Markets)이라고 부른다. EU ETS처럼 상쇄배출권을 일정 조건에 따라 할당배출권으로 전환해 거래하는 경우도 많다.

파리기후체제와 EU ETS의 혁신

파리협정의 발효에 따라 EU는 2019년 '유럽 그린딜(European Green Deal)'을 입안해 2050년 탄소중립 목표를 선언했다. 2021년 7월에는 그 일환으로 'Fit for 55'를 발표했는데, 2030년까지 온실가스 순배출량을 1990년 대비 55% 줄이겠다는 계획이다. 이에 따라 EU집행위는 다음 내용을 핵심으로 하는 EU ETS 혁신안을 마련해 2023년 4월 유럽의회의 최종 승인을 받았다.

- **EU ETS와 Fit-for-55 NDC 목표 정렬** : EU의 NDC 목표 상향에 발맞추어 ETS 배출허용총량(Allowance Cap)을 2030년까지 2005년 대비 62% 축소하는 것으로 강화했다. 한편 거래량 감소에 대비해서 2024년부터 해운산업을 포함시키고, 2027년부터는 육상운송과 건물의 온실가스 배출분(EU ETS2)도 포함시킨다.
- **시장안정예비물량(MSR) 제도 강화** : 시장안정예비물량(MSR) 제도는 경매이연(Backloading) 조치와 함께 시장의 유통물량을 직접 조절해 과도한 가격변동을 제한하는 정책수단이다. 배출허용총량 감축은 시장에 충격을 주므로, 가격 불안정을 예방하기 위해서 MSR 물량을 추가로 확보하고 1회 방출한도를 확대했다.
- **탄소국경조정제도(CBAM) 도입** : 탄소국경조정제도(Carbon Border Adjustment Mechanism, CBAM)를 도입하기로 했다. '탄소국경세'로 불리기도 하는 CBAM은 탄소유출(Carbon Leakage) 문제에 대한 대책이다. CBAM은 EU의 NDC 강화에 따른 탄소비용의 공정한 분담원칙에 따라 모든 국가에서의 수입품

에 적용한다는 방침이다. 관세를 부과하려면 수입품에 내재한 탄소비용을 책정해야 하는데, 이를 ETS 시장가격에 기초해 산정하도록 했다. 공정한 탄소비용 측정을 위해서 단계적으로 CBAM 대상 업종의 유상할당을 늘리고 무상할당을 폐지해나갈 예정이다.

4. 파리협정의 핵심 내용 ❹ : 기후변화 적응

기후변화 적응(Adaptation)은 온실가스 감축(Mitigation)과 함께 기후변화에 대응하는 두 축 중의 하나다. 한번 대기 중에 축적된 온실가스는 수십 년 또는 수백 년 동안 잔류하기 때문에 배출감축 노력과 함께 불가피하게 적응 노력을 병행해야 한다. 적응이란 현재 발생하고 있거나 미래에 발생이 예상되는 기후변화의 파급효과와 영향을 감소시키기 위해 자연적·인위적 시스템을 조절하려는 활동을 말한다.

교토체제에서의 적응

2001년 IPCC 3차 평가보고서(AR3)에서는 기후변화 적응 대책은 재정·기술·정치·사회·문화적 측면이 복합적으로 작용하기 때문에 현황 파악과 이행 효과의 측정이 어려움을 인정했다. 이후 AR4(2007)와 AR5(2014)부터 기후변화의 영향을 적응과 연결하는 개념으로 '취약성'과 '위험도'를 적용했다. 취약성(Vulnerability)이란 기후변화의 영향(피해) 중에 인간의 적응역량을 초과하는 정도를 말한다. 2001년 COP7에서 적응기금(Adaptation Fund)을 설치해 25개국의 지원금과 배출권 수익금을 조성했다. 또한 적응 재원은 주로 기후투자기금(CIF)과 녹색기후기금(GCF), 지구환경금융(GEF) 등을 통해서도 개도국에 공여되고 있다.

파리협정 적응 관련 규정

파리협정은 제7조에 적응 관련 사항들을 규정하면서 '적응에 대한 전 지구적 목표(Global Goal on Adaptation, GGA)' 개념을 정립했다. 구체적인 목표는 ① 적응역량 강화, ② 기후 회복탄력성(Resilience) 강화, ③ 기후변화에 대한 취약성(Vulnerability) 축소 등이다. 또한 제7항에서는 2010년 칸쿤 COP16에 의해 설립된 '칸쿤 적응 체계(Cancun Adaptation Framework)'에서 정한 국제협력, 정보공유, 기술지원, 개도국 지원 등의 활동 원칙을 참고하도록 했다.

COP24에서는 적응보고(Adaptation Communications, ADCOM)를 규정해 적응 관련 사항을 별도로 보고하는 체계를 만들었다. 적응보고의 수단(형식)으로는 ① NDC 또는 LGDS에 포함하거나, ② ADCOM 보고서를 감축 GST에 맞춰 보

[자료 1-24] 〈대한민국 기후변화 적응보고서〉 내용 요약

비전	국민과 함께하는 기후안심 국가 구현		
목표	• 2℃ 지구온도 상승에도 대비하는 사회 전부문의 기후탄력성 제고 • 기후감시·예측 인프라 구축으로 과학기반 적응 추진 • 모든 적응 이행주체가 참여하는 적응 주류화 실현		
3대 정책	1. 기후리스크 적응력 제고	• 미래 기후위험을 고려한 물관리 • 생태계 건강성 유지 • 전 국토의 적응력 제고	• 지속가능한 농수산 환경 구축 • 건강피해 사전예방 체계 마련 • 산업 및 에너지 분야 적응역량 강화
	2. 감시·예측 및 평가 강화	• 종합 감시체계 구축 • 시나리오 생산 및 예측 고도화	• 평가도구 및 정보제공 강화
	3. 적응 주류화 실현	• 기후적응 추진체계 강화 • 기후탄력성 제고 기반 마련	• 기후적응 협력체계 구축 및 인식제고
핵심 전략	기후탄력성 제고	취약계층 보호	시민참여 활성화	신기후체제 대응

출처 : 환경부, 파리협정 함께 보기, 2022

고하거나, ③ 격년투명보고서(BTR)에 포함해도 되는 등 융통성이 부여되어 있다. 우리나라는 2023년 3월 말 UNFCCC에 〈대한민국 기후변화 적응보고서(ADCOM)〉를 제출했다.

기후변화 적응 문제 현황

파리협정의 적응 관련 조항은 개도국의 지속가능발전(SGD)과 연결되어 있어서 원래부터 선진국의 개도국에 대한 재원·기술 지원이 전제된 사안이다. 최근에 열린 두바이 COP28에서도 적응 문제는 결국 적응 재원의 규모를 현재의 연 $1,000억보다 훨씬 더 확대해야 한다는 주장에 대해 합의에 이르지 못했다. 특히 유엔환경프로그램(UNEP)이 〈Adaptation Gap Report 2023〉에서 개도국의 적응 정책을 이행하기 위해서는 2030년까지 연간 $3,870억이 필요하다고 주장한 것은 선진국과 개도국 간의 의견 차이를 더욱 크게 만들었다. 이에 따라 적응 문제를 다룰 국제 거버넌스의 수립 시기가 2030년으로 후퇴할 것이라는 관측이 나왔다.

5. 파리협정의 핵심 내용 ❺ : 기후재원(Climate Finance)

UNFCCC의 COP를 포함한 모든 회의에서는 항상 기후 재원 문제가 관건이 된다. 파리협정도 제9조에서 기후대응 이행수단의 하나로 선진국들이 개도국들의 감축·적응과 관련해 재원을 제공해야 한다는 점을 명시하고 있다. 기후재원은 기후투자기금(CIF), 녹색기후기금(GCF), 지구환경금융(GEF) 등을 중심으로 조성 및 공여된다. 국제 개발금융기관(World Bank, IDB, AfDB, ADB, EBRD)을 통한 재원도 기후대응 목적으로 많이 지원된다.

글로벌 기후재원 흐름

선진국은 2년마다 재원제공계획을 제출해 개도국이 재원 규모를 예측해서 계획을 수립할 수 있도록 해야 한다. 제공한 재원에 대해서 격년투명성보고서(BTR)에 포함해 보고하게 되어 있다. 글로벌 기후재원은 2019~2020년 평균 $8,030억이 사용된 것으로 집계되는데, 이전 기간인 2017~2018년보다 12%가 증가한 규모였다. 신재생 에너지를 포함한 청정에너지 관련 투자가 43%로 가장 큰 비중을 차지하고 있고, 가장 많이 증가한 부문은 주로 건물·인프라의 에너지 효율 개선을 위한 투자($340억 증가)와 지속가능 운송 부문($280억 증가)이었다.

[자료 1-25] 부문별 글로벌 기후재원 흐름(2017-2020)　　　　　　　(단위 : $십억)

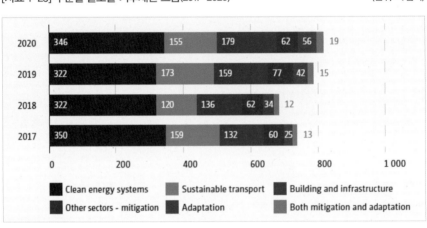

출처 : UNFCCC SCF BA 2022

기후재원 공여 유형

기후재원의 주된 공여자인 OECD의 기후재원 보고서에 따르면 2021년 선진국이 개도국에게 조성해 공여한 기후재원은 총 $896억에 달했다. 전년 대비 7.6%가 증가한 실적인데, 2018~2020년의 평균증가율인 2.1%보다 상당히 높은 수준이었다. 선진국 조성액의 81%인 $732억은 양자 간 또는 다자간 방식으로 주로 공적 기관을 통해서 이루어졌고, 민간기관 재원은 전체의 16%인 $144억이었다. 기후재원 중 공적 지원 $732억의 공여 형태는 차관(Loan)이 전체의 3분의 2 이상인 $496억을 차지했다. 무상원조(Grant)가 27%인 $201억, 자본투자(Equity Investment)는 3% 정도로 미미한 수준이었다.

[자료 1-26] 기후재원 공여·조성 실적(좌)과 공적 기후재원의 공여 유형(우)(단위 : $십억)

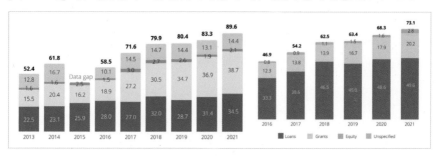

출처 : OECD, Climate Finance Provided and Mobilised by Developed Countries in 2013~2021

새로운 기후재원 목표(NCQG)

2021년 COP26에서는 기존의 재원 조성 목표인 $1,000억을 최저액으로 해 기후재원 규모를 새로 정하자는 '신규합산목표(The New Collective Quantified Goal, NCQG)' 설정에 합의했다. 2023년 COP28 전까지 NCQG를 의제로 7차례 기술전문가 회의가 열렸으나 합의안 도출에는 실패했다. 선진국들은 기존의 연 $1,000억 목표를 기반으로 2024년 말까지 NCQG를 수립하기 위한 작업 방식 및 절차 등에 대해 합의했다. 다만 투명하고 객관적인 위험성 평가와 이행계획 확인을 위해 목표합의에 신중한 입장이다. 개도국은 기후재원의 3분의 2가 차관방식이기 때문에 개도국의 부채 상황을 더욱 악화시키고 있다는 주장이다.

6. 파리협정의 핵심 내용 ❻ : 투명성 및 이행 점검

파리기후체제는 NDC를 비롯한 정책 대부분을 자발성에 의존하고 있기 때문에 상호신뢰 구축과 효과적인 이행을 위해서는 투명성이 중요하다. 그래서 교토의정서보다 강화된 투명성 체계(Enhanced Transparency Framework, ETF)'에 관한 사항을 규정하고 있다. 투명성에 관한 제13조는 NDC에 관한 조항인 제4조에 이어 가장 많은 항(項)으로 구성되어 있다. 그만큼 투명성이 파리협정의 이행과 유지를 위한 핵심요소라는 의미가 반영된 것으로 보인다.

강화된 투명성 체계(ETF)

UNFCCC 모든 당사국은 1994년부터 국가보고서(National Communications, NC)를 제출해오고 있다. 교토의정서가 채택되면서 선진국(Annex I)에는 추가로 '국가 인벤토리 보고서(National Inventory Report, NIR)'를 제출하도록 했다. NIR은 각 당사국의 온실가스에 대한 종합적인 통계를 보고하는 것으로, 배출원(source)과 흡수원(sink)의 현황과 매년의 배출량과 흡수량에 관한 정보가 포함된다. 2010년 COP16의 '칸쿤 합의(Cancun Agreement)'에 따라서 선진국은 기존의 NC와 NIR 외에 격년보고서(BR)를, 그리고 개도국은 기존의 NC에 격년갱신보고서(BUR)를 추가로 제출하기로 했다.

파리협정의 NDC 목표 설정 및 이행의 자율성을 감안하면, 투명성 관리야말로 파리협정 체제가 성공적으로 작동하도록 만드는 핵심이자 중추라고 할 수 있다. 협정 채택 이후 2018년 COP24에서 협정 제13조를 구체화해 '투명성 관련 체계의 방식·절차·지침(Modalities, Procedures and Guidelines for the Enhanced Transparency Framework, MPG)'을 확정했고, 2021년 COP26에서는 MPG 보고 형식에 합의했다. 따라서 파리협정의 모든 당사국은 2024년부터 2년마다 일률적으로 격년투명성보고서(BTR)를 통해서 자국의 온실가스 배출량과 흡수량, 감축 목표의 이행과 달성 현황, 기후변화 적응 행동, 재원·기술·역량배양 등과 관련된 내용을 보고해야 한다.

[자료 1-27] 교토의정서와 파리협정의 보고·검토 체계 비교

구분	교토의정서		파리협정	
	선진국 (Annex I 국가)	개도국 (Non-Annex I 국가)	선진국(Developed Country Parties)	개도국(Developing Country Parties)
보고 (Report)	• 국가보고서(NC) • 국가인벤토리보고서 (NIR) • 격년보고서(BR)	• 국가보고서(NC) • 격년갱신보고서 (BUR)	• 국가보고서(NC) • 격년투명성보고서(BTR)	
			• 국가인벤토리보 고서 (NIR)매년/ BTR 포함	• 국가인벤토리보 고서(NIR) 격년~ 3년
검토 (Review)	• 국제적 평가 검토(IAR) – NC/NIR/BR에 대한 • 기술적 검토(TR) – 다자 평가(MA)	• 국제적 협의 검토 (ICA) – BUR 전문분석(TA) – 촉진적 의견 공유 (FSV)	• 기술전문가 검토(TER) • 진전 사항에 대한 촉진적 다자 심의 (FMCP)	

출처 : 저자 작성

ETF의 핵심 격년투명성보고서(BTR)

ETF의 적용을 위한 보고서의 핵심은 격년투명성보고서(BTR)로 초점이 맞추어져 있다. 적용 첫 회인 2024년부터 제출되는 보고서(BTR1)의 구성 내용은 ① 국가 온실가스 인벤토리 보고서(NIR), ② NDC 진전 추적 정보, ③ 적응 관련 정보, ④ 기후재원 등 지원 제공 정보, ⑤ 기후재원 등 지원 수혜 정보 등으로 되어 있다. NIR의 경우 선진국은 매년 제출해온 보고서인데 격년에는 BTR에 포함시켜 보고할 수도 있다. 개도국은 매년 보고할 의무는 없고, BTR을 제출하는 격년에만 보고하면 된다.

국가 온실가스 인벤토리 보고서	NDC 이행 및 달성에 관한 진전 추적 정보	기후변화 영향 및 적응 관련 정보	기후재원, 기술개발 및 이전, 역량배양 지원 제공에 대한 정보	기후재원, 기술개발 및 이전, 역량배양 지원 수요 및 수혜에 대한 정보
모든 당사국 제출 의무	모든 당사국 제출 의무	제출 권고	(선진국) 제출 의무 (기타) 제출 권고	개도국 제출 권고
최빈개도국 및 군소도서 개도국에게는 개별 역량에 따라 제출 여부를 결정할 수 있는 재량권 부여				

출처 : 환경부, 파리협정 함께 보기, 2022

전 지구적 이행점검(Global Stocktake)

파리협정의 제14조에서는 기후대응 정책의 성과를 점검하는 전 지구적 이행점검(Global Stocktake, GST)에 대한 조항을 설치하고 있다. GST는 당사국 개별이 아닌 '전체의 노력'이 장기적으로 협정 목표 달성 경로를 어떻게 진행하고 있는지 살펴보는 체계이다. GST는 2023년부터 5년마다 실시하는데, 이는 NDC의 제출 주기도 5년으로 설정되어 있기 때문이다. GST는 '정보수집 및 준비 → 기술평가 → 결과물 검토'의 절차를 거쳐 진행된다. 점검 주제는 ① 온실가스 배출 및 흡수량, ② 감축 노력, ③ NDC 이행의 영향, ④ 적응 노력의 현황, ⑤ 기후재원 및 지원 노력 등으로 되어 있다. 2023년 11월 COP28에서 발표된 첫 번째 GST의 결과를 보면, 전체 온실가스 감축 실적이 IPCC SR6의 분석처럼 1.5℃ 상승 경로에서 상당히 벗어난 것으로 분석되었다. 이에 따라 COP28에서는 온실가스 감축 노력을 강화하고 기후 적응 목표로서 기후회복력(Resilience) 체계를 도입해야 한다는 'UAE 합의(UAE Consensus)'를 채택했다.

PART 2.
에너지 및 산업 패러다임 변화와 수소경제

채희근

탄소중립을 위한 부문별
주요 실행 전략

일반적으로 '탄소중립의 추진'이라고 하면 석탄, 석유, 천연가스 등의 화석연료에서 태양광, 풍력 등의 재생에너지로 바꾸고 플라스틱 사용을 줄이며 전기차를 늘리는 정도로 이해하고 있다. 그러나 이는 실제로는 훨씬 더 복잡하고 방대한 이야기다.

넷제로(Net Zero) 또는 탄소중립(Carbon Neutral)*을 위해서는 결국 인간이 사용하는 에너지와 기본 물질이 탄소계 화석연료에서 더 친환경적인 비탄소계로 대전환해야 한다. 이는 18세기 산업혁명 이후 수백 년간 이어온 우리의 사회와 산업 시스템을 획기적으로 바꿔야 한다는 것을 의미한다.

각 국가가 자발적으로 제시한 국가 온실가스 감축 목표(NDC, Nationally Determined Contribution)와 후속정책에는 주요 부문별로 감축 목표, 로드맵, 세부 전략까지 모두 망라되어 있으며, 세부 감축 실행 방법에는 공통적인 측면이 많다.

---

* 넷제로(Net Zero)는 온실가스 순배출량을 0으로 하는 것으로 탄소중립(Carbon Neutral)보다 더 포괄적인 의미. 그러나 온실가스의 상당 부분이 이산화탄소이기 때문에 요즘은 넷제로와 탄소중립을 거의 동일시하고 있음. IPCC(기후변화에 관한 정부 간 협의체)가 발표한 '지구온난화 1.5℃ 특별보고서'에서 2050~2052년 탄소중립, 2063~2068년 넷제로를 달성해야 한다고 제시함.

이 장에서는 이러한 온실가스 감축 정책과 전략들이 초래할 에너지와 산업 패러다임의 변화, 그 속에서 수소경제의 역할, 그리고 이에 대한 대응 과제 등을 중장기적인 관점에서 조망(Bird Eye View)할 예정이다.

탄소배출권을 세부적으로 다루기에 앞서, 먼저 에너지와 산업 관점에서의 패러다임 변화를 큰 틀에서 조망함으로써 전체적인 맥락을 이해하는 데 도움이 될 것이다.

1. 탄소중립을 위한 부문별 주요 실행 전략

온실가스를 가장 많이 배출하는 발전, 산업, 교통/운송 부문이 우선 감축 대상

국제에너지기구(IEA)에 따르면 전 세계 이산화탄소 배출량은 2021년 기준으로 발전 부문이 29%, 산업 부문이 29%, 교통/운송 부문이 15%, 농업/토지 부문이 20%, 건물 부문이 7%를 차지한다.

[자료 2-1] 전 세계 부문별 이산화탄소 배출량 비중(2021년 기준)

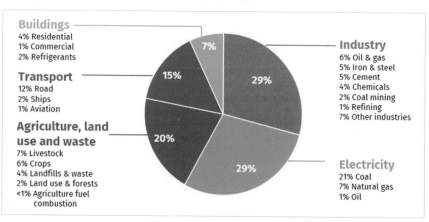

출처 : Rhodium Group(IEA 자료 재인용)

국제에너지기구(IEA, OECD 산하), 국제재생에너지기구(IRENA, 국제연합 산하) 등 각종 국제기관이 각 국가의 발표 자료를 취합해 작성한 전 세계 분야별 온실가스 감축 로드맵을 보면, 화석연료를 많이 사용해 온실가스 배출량이 많고 감축 효과가 높은 발전, 산업, 교통/운송 부문들이 우선 감축 전략 대상이 되고 있다.

이 중에서도 발전과 자동차 부문이 상대적으로 더 단순하고 온실가스 감축이 용이해 산업 부문보다 우선 감축 전략으로 시행되어왔다. 반면 산업 부문은 공급망(밸류체인) 구조와 국제 교역 등이 복잡하고 기존 제품 및 생활 방식을 대대적으로 변화시켜야 하므로, 온실가스 감축이 상대적으로 더 어려운 측면이 있다. 재생에너지와 전기차의 보급이 확대되면서 발전과 자동차 부문의 감축이 어느 정도 성과를 내고 있어 최근에는 산업 부문의 감축을 본격적으로 독려하기 시작했다.

[자료 2-2] 2050 탄소중립을 위한 분야별 이산화탄소 감축 로드맵

Notes: $GtCO_2$ = gigatonne of carbon dioxide; PES = Planned Energy Scenario.

출처 : IRENA(World energy transition outlook, 2023)

탄소중립을 위한 4대 실행 전략 :

에너지효율 향상, 친환경에너지 확대, 전동화(Electrification), 탄소포집활용저장

보통 감축 목표와 전략은 앞서 언급한 부문별로 수립되는데, 각 부문의 실행 전략들을 종합해보면 크게 ① 에너지효율 향상, ② 저탄소&무탄소 에너지의 확대, ③ 전동화(Electrification), ④ 탄소포집활용저장(CCUS, Carbon Capture, Utilization and Storage) 적용 확대의 이 네 가지로 요약될 수 있다.

각종 시스템의 에너지효율 향상은 가장 쉽고 비용이 적게 드는 온실가스 감축 방법이다. 그리고 석탄, 석유, 가스에서 태양광, 풍력, 원자력, 수소의 저탄소&무탄소 에너지 확대로의 패러다임 변화는 '전기에너지 사용과 전동화(Electrification)' 확대가 필연적으로 수반된다. 또한 화석연료 사용을 점점 감축하더라도 상당 기간 병행이 불가피하기 때문에, 탄소포집활용저장(CCUS) 설비의 구축 확대도 필요하다.

주요 국제전문기관들이 예상한 2050년 탄소중립까지의 탄소감축 기여도를 살펴보면, 에너지효율향상, 저탄소 친환경 발전, 전동화, CCUS, 수소경제 등이 주요 비중을 차지할 것으로 예측된다.

[자료 2-3] 주요 부문별 글로벌 탄소감축 전략 개요

세부 부문		글로벌 탄소감축 추진 전략		
		단기(~2030)	중기(2031~2040)	장기(2041~2050)
공통		에너지효율 향상 및 소비 저감		
발전 부문		− 석탄발전 대폭 축소 − 재생에너지, 원자력 확대 − 수소·암모니아 실증 완료 및 초기 확대(연료전지/화력혼소)	− 화력발전 대폭 축소 (*2030년 화석발전피크 목표) − 재생에너지/원자력/수소·암모니아 확대	− 화력발전 최소화 − 재생에너지/원자력/수소·암모니아 주력
산업 부문	생산 공정	− 전기에너지/전동화/히트펌프 확대 − 탄소포집활용저장(CCUS)실증 및 확대 − 수소·암모니아 혼소 실증 및 상용화	− 전기에너지/전동화/히트펌프 대폭 확대 − 탄소포집활용저장(CCUS) 확대 − 수소·암모니아 확대	− 전기에너지·전동화의 최대화 − 화석연료활용공정 최소화 및 탄소포집활용저장(CCUS)극대화 − 수소·암모니아 성숙
	원료 소재	− 비탄소계 원료소재 연구개발	− 비탄소계 원료소재 개발 및 실증	− 비탄소계 원료소재 본격 양산
교통 운송 부문	자동차	− 하이브리드카·전기차 확대 − 이퓨얼(e-fuel, 인공합성연료) 실증개발	− 전기차 대중화 − 내연기관 자동차에 이퓨얼 양산 본격 적용	− 내연기관 판매 중단 (이퓨얼은 허용)
	선박 항공	− 바이오/이퓨얼 연료실증 및 상용화 − 암모니아 추진선박 연구개발	− 바이오연료 확대 − 이퓨얼 본격 상용화 및 혼합비율 확대 − 암모니아 추진선박 상용화, 전동화 개발	− 2050년 탄소중립 달성 (바이오, 이퓨얼연료 최대한 사용, 전동화 확대)
농업/토지 부문		− 질소계 화학비료 감축, 바이오매스 확대, 유기농 확대, 태양광 사용 확대, 순환경제 확대 등		
건물 부문		− 태양광·수소연료전지 설치 확대, 히트펌프난방 확대, 지열 활용, 에너지효율 설계, 스마트빌딩관리시스템 등		

출처 : 저자 작성

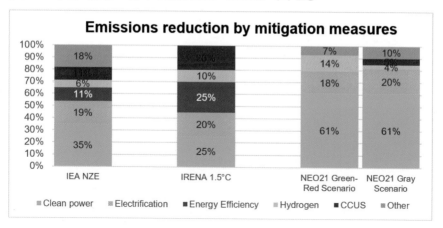

출처 : Aspenia online, 'Which roadmap for energy transition?(2021.12)'
(IEA, IRENA, BNEF 전망자료 인용)

국내 주요 탄소중립 추진 전략 :

발전 믹스, 산업공정 및 연료/원료. 건물/모빌리티 등의 저탄소화

국내 탄소중립 전략은 크게 ① 발전 부문 에너지 믹스의 저탄소 전환, ② 산업 부문의 생산공정 및 연·원료 저탄소화와 활성화, ③ 건물/모빌리티/농축산/산림·습지 등 국토의 저탄소화, ④ 탄소중립 핵심산업 및 기술 육성으로 요약할 수 있다.

이를 통해 2030년까지 2018년 대비 전환(발전) 부문은 45.9%, 산업 부문은 11.4%, 건물 부문은 32.8%, 수송 부문은 37.8%의 탄소를 감축할 계획이다. 이는 상당히 공격적인 목표로 보인다. 큰 틀은 유럽 등 글로벌 전략과 유사하나, 세부적으로는 발전 부문에서 재생에너지의 일방 추구보다는 지리적·경제적 현실을 반영해 다양한 저탄소 에너지원을 추구하는 전략 등이 일부 차이가 있다.

[자료 2-5] 국내 부문별 2030 탄소감축 실행 전략

부문	현재	미래	세부 항목	2021년	2030년
에너지	화석연료 기반 생산	저탄소 신기술 기반 생산	원전발전 비중	27.4%	32.4%
			신재생에너지 발전 비중	7.5%	21.6%
산업	탄소집약적 산업구조	산업의 저탄소 전환	배출권거래제, 배출효율기준 할당	65.0%	75.0%
건물	에너지 다소비 건물 다수	성능개선을 통한 에너지효율 향상	그린리모델링(누적)	7.3만 건 (2022년)	160만 건
			제로에너지 건축물 (누적)	2,950건 (2022년)	4.7만 건
수송	내연기관 중심 수송체계	무공해차 중심 수송체계	무공해차(전기차, 수소차) 등록 비중	1.7%, 43만대 (2022년)	16.7%, 450만대
농축산물	농작물 재배, 가축 사육 과정에서 온실가스배출	저탄소 농축산 기술개발 보급, 어선의 연료전환 개선	스마트온실	7,076ha (2022년)	1만ha (2027년)
			스마트축사	6,002호 (2022년)	1.1만 호 (2028년)
			메탄저감사료 보급	0%(2022년)	30%
폐기물	일회용품, 포장재·용기 등 사용으로 폐기물 발생 증가	전 주기 원천 감량, 자원순환 활성화로 재활용률 향상	생활폐기물 재활용률	56.7%	83.0%
			사업장폐기물 재활용률	84.4%	92.5%
수소	수소차, 연료전지 등 제한적 활용. 그레이수소 중심 생태계	모빌리티 등 수소활용처 확장, 청정수소 중심 생태계	수소차	27,933대 (2022년)	30만대
			청정수소발전	0% (2022년)	2.10%
흡수원	30~40년대생 숲이 전체 산림의 2/3, 갯벌복원 저조	산림 순환경영·보전으로 흡수능력 강화, 갯벌복원 확대	숲 가꾸기 면적	21만ha	32만ha
			갯벌 복원(누적)	1.5㎢	10㎢
CCUS	선진국과의 기술격차 및 투자 미비	기술혁신을 통한 탄소의 대규모 포집저장 신산업 창출	기술 수준 (최고국가 대비)	80% (2020년)	90% (2025년)

출처 : 탄소중립·녹색성장 국가전략 및 제1차 국가 기본계획(2023년 4월)

탄소중립을 향한 에너지 패러다임의 변화와 그 핵심 의의

1. 최종 에너지 소비 관점에서의 글로벌 패러다임 변화

글로벌 에너지 패러다임 변화의 핵심은 친환경전력, 바이오에너지, 수소, 전동화

국제전문기관들은 화석연료 위주의 에너지 패러다임을 저탄소&무탄소 기반의 친환경 전력(Electricity), 바이오에너지(Bio Energy), 수소(Hydrogen) 위주로 재편하는 글로벌 2050 탄소중립 시나리오를 제시하고 있다.

OECD 산하 국제에너지기구(IEA)에 따르면, 2020년 기준으로 최종에너지 소비 비중을 주요 연료별로 나누어보면 석유 37%, 전력 20%, 천연가스 16%, 석탄 12%, 바이오(Bio)에너지* 11% 순이다.

IEA는 2050년 탄소중립 달성 시나리오에서 화석연료를 줄이고 신재생에너지를 확대해 2050년 최종 에너지 소비 비중을 전력 49%로, 바이오에너지 15%, 석유 12%, 천연가스 6%, 수소 6%로 제시하고 있다.

국제연합(UN) 산하 국제재생에너지기구(IRENA)는 좀 더 공격적인 시나리오를

---

* 바이오에너지는 농림 부산물, 산업체 부산물, 유기성 폐기물 등 바이오매스로부터 생산하는 에너지

제시하고 있는데, 2050년 전력 51%, 바이오에너지 18%, 수소 12%, 석유와 천연가스를 각각 4%이다.

[자료 2–6] 주요 전문기관들의 2050년 연료별 최종에너지 소비 비중 전망

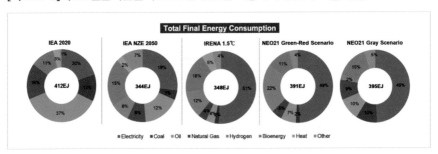

– 주 1 : NEO21은 BNEF New Energy Outlook 2021 보고서
– 주 2 : 농림 부산물, 산업체 부산물, 유기성 폐기물 등 바이오매스로부터 열분해하거나 발효시켜 얻는 에너지로 재생에너지로 분류되고 있음.
출처 : Aspenia online, 'Which roadmap for energy transition?(2021.12)'(IEA, IRENA, BNEF 전망자료 인용)

[자료 2–7] 전 세계 연료별 발전량 전망

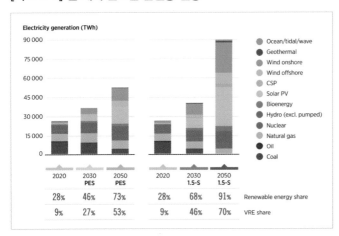

– 주 1 : PES (Planned Energy Scenario)는 G20 국가들이 발표한 정책 목표를 토대로 추정한 것
– 주 2 : 1.5–S는 2050년 1.5℃ 탄소중립 시나리오 달성 전망 기준으로 추정한 것
– 주 3 : VRE (Variable renewable energy)는 태양에너지, 풍력, 수력 등 자연 변동성 있는 재생에너지를 의미
출처 : IRENA, 'World energy transition outlook(2023)'

2. 에너지 패러다임 변화는 청정 전기에너지 및 디지털 사회로의 대전환

탄소계 화석연료의 열/전기에너지 → 재생에너지/원자력/수소 중심의 청정 전기에너지 기반 디지털 사회로의 대전환

에너지 패러다임 변화의 가장 큰 골격은 '탄소계 화석연료 중심의 열 또는 전기에너지' 기반사회에서 재생에너지/원자력/수소 중심의 청정 전기에너지 기반 디지털 미래 사회'로의 대전환이다.

중장기적으로 석탄, 석유, 천연가스 등 화석연료 에너지 축소와 재생에너지(태양광, 풍력, 수력) 원자력, 수소에너지'의 확대는 필연적으로 각종 '전기에너지 및 전기동력' 사용의 확대가 수반되며, 탄소중립 여정에서 매우 중요한 역할을 할 것이다.

또한 전기동력을 사용하는 전동화는 환경 측면은 물론 시스템의 에너지효율과 구조(공정 및 부품 단순화) 측면에서도 내연기관 시스템보다 강점이 있다.

전기에너지를 활용한 전동화는 각종 산업, 운송/교통, 건물, 생활 부문에서 화석연료를 사용하는 기존 열에너지 및 내연기관 시스템을 상당 부분 대체할 전망이다. 즉, 산업생산 공정에서는 전기동력식의 보일러, 히트펌프, 로봇 등이, 가정/빌딩용 난방설비에서는 전기동력식 히트펌프 등이, 자동차, 항공, 선박 등이, 모빌리티에서는 전기차, 전기동력추진 항공기(장기과제), 전기동력추진 선박(장기과제) 등의 전동시스템이 점점 전통 화석연료 가열식 시스템을 대체할 것으로 전망된다.

이러한 에너지 패러다임 변화는 가속화되고 있는 디지털/AI 기술의 발달과 접목되며 진정한 스마트팩토리, 스마트홈, 스마트시티, 스마트팜 등으로 진화된 디지털 사회 구현을 앞당길 전망이다.

[자료 2-8] 전 세계 연료별 발전량 전망

출처 : 저자 작성

3. 국제기관들은 화석연료 사용량의 정점을 2030년으로 예상

IEA, IRENA, BNEF 등 국제기관들은 2050 탄소중립 시나리오에서 화석연료 사용의 정점을 2030년으로 전망하고 있다.

석탄은 정점을 지나 이미 감소 추세에 있으며 향후 급격하게 감소할 전망이며, 석유와 천연가스는 2030년 정점을 지나 점진적인 감소 추세에 들어갈 것으로 내다보고 있다.

현실적으로 석유는 다양한 산업에서 기초 원료로 활용되기 때문에 급격한 사용 감축이 어렵다. 천연가스도 현실적으로 난방은 물론 석탄 발전을 대신해 기저발전원 역할을 하기 때문에 급격한 사용 감축이 어렵고 탄소중립 여정의 과도기에 상당 기간 역할을 할 것으로 예상된다.

4. 국내 발전 부문 동향 및 전망

제10차 전력수급기본계획(2023년 1월)

국내 역시 에너지 및 산업 패러다임 변화로 전력 수요가 지속해서 증가할 것으로 추정된다. 2023년 1월 산업통상자원부가 발표한 제10차 전력수급기본계획(매 5년 주기로 발표)에 따르면, 국내 총발전량은 2021년 576TWh에서 2030년 622TWh, 2036년 667TWh으로 증가할 전망이다.

발전원별 계획을 보면, 화석연료 비중은 크게 낮추고, 대신 재생에너지 비중은 크게 확대하며 원자력과 수소·암모니아 비중도 늘릴 계획이다.

신재생에너지 비중은 2021년 7.5%, 2022년 9.2%에서 2030년 21.6%, 2050년 30.6%로 확대할 계획이며, 석탄 비중은 2021년 34.3%에서 2030년 19.7%, 2036년 14.4%까지 낮출 계획이다. LNG 비중은 2021년 29.2%에서 2030년 22.9%로 점진적으로 낮추고, 2036년까지는 9.3%로 크게 낮출 계획이다. LNG는 탄소중립 여정의 과도기 연료로 중요한 역할을 할 수밖에 없는 현실을 반영한 것으로 보인다. 한편, 원자력 비중은 2021년 27.4%에서 2030년 32.4%, 2036년 34.6%로 늘릴 계획이며, 수소·암모니아를 활용한 혼소 발전과 수소연료전지 발전도 확대할 계획이다.

[자료 2-9] 제10차 전력수급기본계획(2023년 1월)

■발전량

(TWh)	원자력	석탄	LNG	신재생*	수소 암모니아	기타	계
2019년	146	227	144	36		9	563
2020년	160	196	146	37		13	552
2021년	158	198	168	43		9	576
2030년	202	123	142	134	13	8	622
2036년	231	96	62	204	47	27	667

■발전량 비중

	원자력	석탄	LNG	신재생*	수소 암모니아	기타	총계
2019년	25.9%	40.4%	25.6%	6.5%		1.6%	100%
2020년	29.0%	35.6%	26.4%	6.6%		2.4%	100%
2021년	27.4%	34.3%	29.2%	7.5%		1.6%	100%
2030년	32.4%	19.7%	22.9%	21.6%	2.1%	1.3%	100%
2036년	34.6%	14.4%	9.3%	30.6%	7.1%	11.1%	100%

– 주 1 : 2022년 신재생 비중은 9.2%
– 주 2 : 상기 수소·암모니아는 가열을 통한 혼소 화력발전. 다음 수소연료전지는 수소–산소의 화학반응 과정에서 발
생하는 전기를 활용한 발전을 의미
– 주 3 : 암모니아는 수소로부터 생산되며, 액화&운송이 용이한 장점. 수소경제의 일부분

■신재생에너지 내 세부 발전량

(GWh)	태양광	풍력	수력	해양	바이오	수소 연료전지	IGCC	소계
2022년	27,391	3,381	3,961	457	12,481	5,491	2,377	55,939
2023년	31,812	3,881	3,983	457	13,329	6,827	2,377	62,667
2027년	47,747	10,562	4,095	457	13,329	12,044	2,377	82,671
2030년	58,921	38,887	4,219	457	13,329	15,956	2,377	134,146
2036년	82,185	77,282	4,559	459	13,365	24,172	2,384	204,406

■신재생에너지 내 세부 발전량 비중

	태양광	풍력	수력	해양	바이오	수소 연료전지	IGCC	소계
2022년	49.0%	6.0%	7.1%	0.8%	22.3%	9.8%	4.2%	100%
2023년	50.8%	6.2%	6.4%	0.7%	21.3%	10.9%	3.8%	100%
2027년	57.8%	12.8%	5.0%	0.6%	16.1%	14.6%	2.9%	100%
2030년	43.9%	29.0%	3.1%	0.3%	9.9%	11.9%	1.8%	100%
2036년	40.2%	37.8%	2.2%	0.2%	6.5%	11.8%	1.2%	100%

– 주 : IGCC는 석탄가스화복합발전으로 석탄을 고온, 고압에서 가스화시켜 활용하는 발전
출처 : 산업통상자원부

태양광, 풍력 등 재생에너지의 국내 자연지리적 여건은 다른 주요 국가들과 비교해 경제성, 효율성, 실질국토면적에서 불리하다. 또한 신규 원전도 방사능 폐기물 처리장의 장기 부족과 주민 반대 문제 가능성 등으로 적극적으로 확대하기가 쉽지 않은 것이 현실이고, 낮은 재생에너지 효율로 인해 그린수소의 생산 경쟁력도 열위하다(따라서 다량의 해외 그린수소 수입이 불가피할 전망).

따라서 석탄 대신 LNG를 과도기 브릿지로 활용하고, 재생에너지를 대폭 늘리되, 원자력, 수소/암모니아, 바이오에너지, 합성가스 등의 다양한 에너지원으로 보완해 추구할 수밖에 없을 것으로 보인다.

[자료 2-10] 글로벌 태양광 잠재력 지도 – 상대적으로 열위한 국내 현실

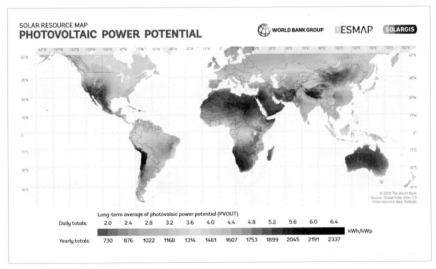

출처 : Global Solar Atlas
− 주 1 : 진한 붉은색일수록 잠재력이 높은 지역이며, 옅은 노란색과 푸른색일수록 잠재력이 낮은 지역
− 주 2 : 태양광 경쟁력이 높은 지역은 붉은 색으로 표시된 미국, 페루, 칠레, 중동, 북아프리카, 남아프리카, 중국 서부/북부, 호주 등

산업 부문의
탄소중립 전략과 전망

산업 부문의 온실가스 감축 전략

우선 생산공정의 저탄소 연료화 및 전동화 추진. 소재·원료의 비탄소화는 장기과제

앞서 언급한 것처럼 산업 부문에서는 화학, 철강, 시멘트 등의 분야에서 가장 많은 탄소를 배출하고 자동차, IT/가전, 건설 등 다른 산업의 기초 소재부품으로 활용된다. 이러한 탄소다배출 산업은 근본적으로 생산공정과 기초 원료를 바꾸어야 한다.

생산공정 측면에서는 에너지효율을 높이고 연료와 공정 첨가물을 화석연·원료에 많이 의존하는 구조를 저탄소 전기에너지와 비탄소계(수소 등)로 전환해야 하며, 기초 원료 측면에서는 화석원료(탄화수소계)를 비탄소계로 전환해야 한다.

이중에서 가장 어렵고 시간이 오래 걸리는 것은 후자인 원료 물질의 탈탄소이며 상대적으로 생산공정의 탈탄소가 더 용이하다. 원료 물질의 탈탄소는 대대적인 기초과학과 기술 R&D 투자가 필요해 매우 장기적인 과제일 수밖에 없다.

[자료 2-11] 국내 주요 산업별/에너지원별 온실가스 배출량

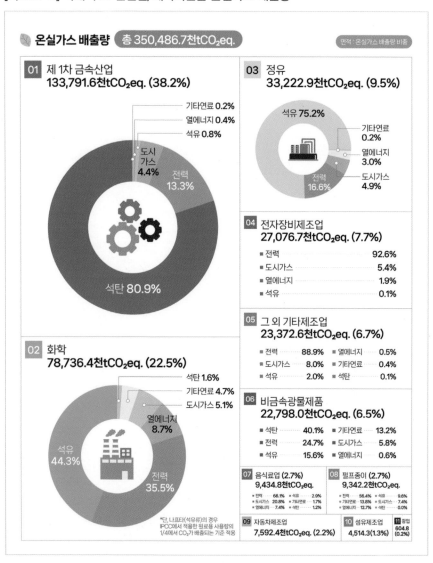

🍃 **온실가스 배출량** 총 350,486.7천tCO₂eq.

면적 : 온실가스 배출량 비중

01 제 1차 금속산업
133,791.6천tCO₂eq. (38.2%)

- 기타연료 0.2%
- 열에너지 0.4%
- 석유 0.8%
- 도시가스 4.4%
- 전력 13.3%
- 석탄 80.9%

02 화학
78,736.4천tCO₂eq. (22.5%)

- 석탄 1.6%
- 기타연료 4.7%
- 도시가스 5.1%
- 열에너지 8.7%
- 석유 44.3%
- 전력 35.5%

*단, 나프타(석유류)의 경우
IPCC에서 적용한 원료용 사용량의
1/4에서 CO₂가 배출되는 기준 적용

03 정유
33,222.9천tCO₂eq. (9.5%)

- 석유 75.2%
- 기타연료 0.2%
- 열에너지 3.0%
- 도시가스 4.9%
- 전력 16.6%

04 전자장비제조업
27,076.7천tCO₂eq. (7.7%)

■ 전력	92.6%
■ 도시가스	5.4%
■ 열에너지	1.9%
■ 석유	0.1%

05 그 외 기타제조업
23,372.6천tCO₂eq. (6.7%)

■ 전력	88.9%	■ 열에너지	0.5%
■ 도시가스	8.0%	■ 기타연료	0.4%
■ 석유	2.0%	■ 석탄	0.1%

06 비금속광물제품
22,798.0천tCO₂eq. (6.5%)

■ 석탄	40.1%	■ 기타연료	13.2%
■ 전력	24.7%	■ 도시가스	5.8%
■ 석유	15.6%	■ 열에너지	0.6%

07 음식료업 (2.7%)
9,434.8천tCO₂eq.

■ 전력	66.1%	■ 석유	2.9%
■ 도시가스	20.8%	■ 기타연료	1.7%
■ 열에너지	7.4%	■ 석탄	1.2%

08 펄프종이 (2.7%)
9,342.2천tCO₂eq.

■ 전력	56.4%	■ 석유	9.6%
■ 기타연료	13.8%	■ 도시가스	7.4%
■ 열에너지	12.7%	■ 석탄	0.0%

09 자동차제조업
7,592.4천tCO₂eq. (2.2%)

10 섬유제조업
4,514.3천(1.3%)

11 광업
604.8
(0.2%)

출처 : 한국에너지공단, 2022 산업 부문 에너지 사용 및 온실가스 배출량 통계

[자료 2-12] 산업 부문의 온실가스 감축 전략

세부 산업		중단기(~2030s)	장기(~2050)
산업공통 (생산공정/설비 측면)		에너지 및 공정효율 향상, 친환경 전력 등 저탄소에너지, 탄소포집 저장활용(CCUS), 히트펌프, 폐열회수시스템 등 확대	
철강	생산공정	고로 비중 축소, 전기로 비중 확대 추구	탄소중립 공정 확립
	소재·원료	수소환원제철(환원재로 석탄 대신 수소 투입)실증연구	수소환원제철 양산
석유 화학	생산공정	LNG, 폐플라스틱연료, 전기에너지 확대	탄소중립 공정 확립
	소재·원료	납사 원료의 바이오합성· 수소전환 연구	납사 원료의 바이오합성· 수소전환 양산
시멘트		석회석의 비탄산소재 전환에 대한 연구개발	석회석의 비탄산소재 전환 양산 적용
정유		COTC(Crude Oil To Chemical) 등 융복합화	CCUS 확대, 친환경 저탄소 에너지 추진(수소, 이퓨럴 등)
반도체/디스플레이		온실가스 저감장치 확대, 대체가스 연구개발	생산공정 온실가스 대체원료 양산 적용

출처 : 저자 작성

수소경제의
역할과 전망

1. 수소·암모니아 경제의 역할과 필요성

수소는 재생에너지의 저장성과 이동성 단점을 보완해주는 청정 에너지원

수소(H_2) 기체는 지구상에서 가장 가볍고 밀도가 낮으며 반응성이 높아 에너지로서의 잠재 가치가 높은 화학적 특성이 있다.

수소는 궁극적으로 미래 주력 에너지원이 될 재생에너지의 잉여구간에서 생산되어 재생에너지의 이동성과 저장성의 단점을 가장 잘 보완할 수 있는 청정 에너지원이다.

태양광, 풍력 등 재생에너지 자체는 환경적으로 장점이 많은 에너지원이지만 시간적·계절적으로 불규칙성이 크고 저장과 이동이 자유롭지 못하다는 큰 단점도 있다. 태양광의 경우 일조량이 높은 한낮 시간대에는 과잉 구간으로 전력생산을 멈출 수밖에 없고 밤에는 일조량이 없다. 따라서 낮 시간대 과잉 구간에는 남는 전기를 ESS(에너지저장장치) 배터리에 저장해 밤에 사용하기도 한다. 그러나 ESS 배터리는 방전 현상으로 장기 저장이 힘들고 중량과 부피가 커서 이동에 큰 제약이 있다.

수소는 궁극적으로 이러한 재생에너지의 잉여구간의 남는 전기를 이용해 물(H_2O)에서 수소를 추출하고, 이 수소를 필요한 시간과 장소에서 다시 전기나 열에너지로 변환해 발전, 산업공정, 교통/운송(자동차, 선박, 항공) 등 다양한 분야에서 활용할 수 있는 청정 에너지원이다.

현재 청정수소의 생산은 크게 화석원료($CnHn$)의 가열과 탄소포집장치를 이용하는 블루수소와 앞서 재생에너지(태양광/풍력 등)의 잉여구간을 이용해 물에서 친환경 추출하는 그린수소로 나누어진다. 아직 재생에너지로 생산되는 그린수소가 초기 단계여서 생산 원가와 효율성이 성숙할 때까지 상당 기간 화석원료와 탄소포집장치를 이용하는 블루수소가 마중물 역할로 병행될 전망이다.

[자료 2-13] 수소의 생산과 활용 개요

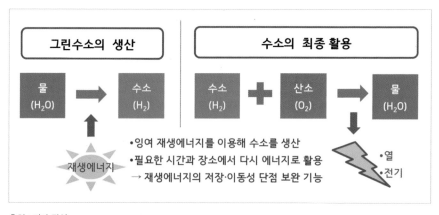

출처 : 저자 작성

〈수소의 생산과 활용 개요〉

■ 수소(H_2)의 화학적 특성과 에너지원 활용 시 장점
 • 지구상에서 가장 가볍고 밀도가 낮으며 반응성이 높아 에너지로서의 잠재 가치가 높음
 • 에너지원으로 활용될 때, 산소(O_2)와 반응하면서 물(H_2O) 만 배출되는 청정 에너지원

■ 무탄소 청정수소의 생산 방법
- 석탄/천연가스(C_nH_n) + 에너지투입 (보통 화석연료) + 탄소포집 → 블루수소(H_2)
- 물(H_2O) + 에너지투입 (※재생에너지의 잉여구간 활용) → 그린수소(H_2)

■ 수소의 활용 (탄소중립 에너지원으로 활용)
- 화학 반응 이용 : 수소(H_2)+산소(O_2) → 전기에너지 발생 + 물(H_2O) 배출
- 연소(폭발) 이용 : 수소(H_2)+산소(O_2) → 열에너지 발생 + 물(H_2O) 배출
- 합성연료 생산에 이용 : 수소(H_2)+포집탄소(C) → C_nH_n (e-fuel 인공합성석유)
  (※생산된 이퓨얼은 최종 사용 시 석유처럼 탄소를 배출하지만, 이퓨얼을 생산할 때 탄소를 이용하므로 전 지구적인 관점에서 이론상 탄소 넷제로인 탄소중립 연료로 평가됨)

■ 다양한 최종 활용 분야
- 전기에너지 활용 : 연료전지 발전, 전기 모빌리티(자동차, 중장비, 선박, 항공 등)
- 열에너지(연소) 활용 : 무탄소 화력발전, 산업공정 연료 (전소 또는 화석연료와 혼소)
- e-fuel(이퓨얼) : e-가솔린, e-디젤, e-메탄올, 항공유(SAF)로 모빌리티 등에 활용
  (※주로 전동화가 어려운 선박과 항공 분야에서 유용할 전망)

■ 수소의 액화 및 운송의 어려움 → 암모니아의 부상 → 수소·암모니아 경제로 확장
- 수소(H_2)는 액화(-273℃)하기 어려워 질소(N_2)를 합성해 암모니아(NH_3)를 만들어 활용

다양한 수소의 활용성과 거대한 밸류체인 → 단순 에너지원이 아닌 '수소경제'

수소는 산업공정, 에너지, 모빌리티, 화학소재 등 다양한 분야에서 석유/석탄/가스를 대체해 에너지원(열 또는 전기)이나 기초 원료 또는 첨가제로 활용될 수 있다.

산업용으로는 각종 산업공정의 연료나 원료로 사용될 수 있으며, 모빌리티(자동차, 중장비, 선박, 항공) 분야에서는 수소전기 모빌리티나 내연기관의 이퓨얼 연료(e-fuel : 수소+탄소로 만든 인공합성석유) 형태로 활용될 수 있다.

또한 발전용으로는 연료전지발전(발전소, 건물/주택용 열병합)과 기존 화력발전소에서의 화석연료와의 혼소(혼합 연소) 또는 전소(100% 사용)로 사용될 수 있다.

[자료 2-14] 수소·암모니아 경제의 구조

수소생산

- 석유화학 공정 (생산공정 자연발생) → 부생수소 (그레이수소)
- 화석연료(CH$_4$ 등) 가열해 추출 (천연가스, 석탄 등) → 추출(개질)수소 (그레이수소)
- 탄소포집 → (블루 수소)
- 잉여 재생에너지 활용 물(H$_2$O)에서 추출 (태양광, 풍력 등) → 수전해수소 (그린수소)
- 원자력의 잉여구간 활용금 물(H$_2$O)에서 추출 → 핑크수소 (실증연구단계)

*블루수소는 초기 마중물 역할로 그린수소로의 완전 대체까지 상당기간 병행 (국내에서는 2025년까지 4개의 중규모 블렌트 구축)
*그린수소는 계생되이 잉여구간 이용해 물에서 진제인 주출 → 향후 에너지원으로 재활용
*블루 수소는 계생되이 변환을 통해 불규되소, 저장/이동성이 단점을 보완하는 역할 수행
*현재 해외에서 소규모 생산 단계로 도율과 원가 개선 과제, 2027년 이후 생산 시작 목표)
(국내에서는 제안금, 제주에서 실증 테스트 중이며, 2027년 이후 생산 시작 목표)

저장/운송

- 기체
- 액체
  - 액화수소 -253℃
  - 액상수소 (LOHC)
  - 암모니아 (NH$_3$) -33℃ (수소+질소→암모니아)

수소 또는 암모니아 활용

수소 또는 암모니아

산업용
- 철강
- 석유화학
- 시멘트
→ 탄소계 재료, 공정 상 화석연료 일부를 수소로 대체

전력생산(발전)
- 연료전지 (수소+산소 화학반응 →전기 발생)
  - 소형·이동형 발전
  - 가정/건물용 발전 (적 소음, 저공해 전기+열 병합)
  - 연료전지발전소 (중소규모 분산형 정점)
- 수소 또는 전소 발전
  - 화력발전소에서 혼소 (배출탄소 감축 효과)

(*혼소 : 화석연료와 수소/암모니아 혼합 연소)

모빌리티
- 연료전지 (전기동력) → 자동차/중장비/선박/열차/항공

e-fuel
- 합성연료 (H$_2$+CO$_2$) → e-메탄올, e-가솔린, e-디젤, e-항공유 등

2. 국내외 수소경제의 최근 동향과 향후 전망

중장기 수소경제의 유용성이 부각되며 구축 동향과 목표 증가 추세

러시아-우크라이나 전쟁(이하 러-우 전쟁) 발발 이후 전 세계적으로 에너지 안보가 부각되며 화석연료보다 광범위한 지역에서 조달 가능한 수소경제가 더욱 주목받고 있으며 주요 국가들은 중장기 수소경제 확대 정책을 강화하고 있다.

중장기 수소경제 정책 로드맵을 발표하며 적극적으로 대응하는 국가들은 점점 늘어나고 있으며 이제는 주요 국가들 대부분이 수소경제 정책 로드맵을 이미 발표했다. 초기 EU 중심에서 일본, 호주, 미국, 캐나다, 중국 등 주요 국가들은 물론 신흥국과 산유국들로도 확산되며 수소경제에 대한 글로벌 공감대가 커지고 각종 신규 프로젝트도 늘어나고 있다(산유국들은 지리적으로 천연가스를 활용한 블루수소는 물론 태양에너지를 활용한 그린수소 생산 경쟁력도 높아 차세대 성장동력으로 기대).

이러한 수소경제 동참 국가들의 확산 분위기 속에서, 주요 리딩 국가들은 수소경제 보급 목표치를 상향하고 있다.

EU는 러-우 전쟁을 계기로 2022년 5월 에너지 및 핵심 산업 안보 향상을 위한 'REPowerEU'를 발표하며 2030년까지 수소 공급 및 활용 목표를 직전 1,000만 톤에서 2,000만 톤으로 2배 상향했고, 2023년 7월 독일 연립정부는 기존 '국가수소전략'의 목표치를 상향(그린수소 수전해 설비 구축 목표 2배로 상향) 개정했다.

미국은 2022년 8월 인플레이션감축법(IRA)를 발표하면서 청정수소 생산시설 구축에 대한 정부 지원을 확대했다. 일본은 2023년 5월 2017년 제정한 '수소기본전략'을 개정·발표하면서 중장기 수소·암모니아 공급 목표를 2030년까지 200만 톤에서 300만 톤으로 상향했으며, 한국은 2022년 말 발표한 '제10차 전력수급기본계획'에서 수소·암모니아를 활용한 발전 목표를 대폭 상향했다.

[자료 2-15] 기발표된 전 세계 수소 생산설비 구축 계획(누적)

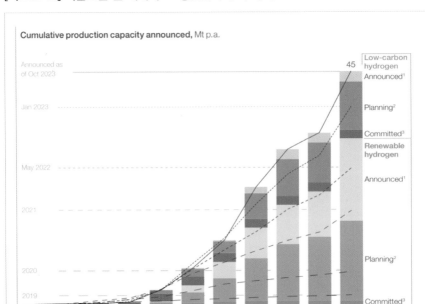

출처 : Hydrogen Council(Hydrogen Insights December 2023 Update)

글로벌 수소경제 전망

아직 수소경제는 초기 국면이라서 낮은 경제성, 대규모 투자 필요, 안전성 우려, 화석연료 병행 생산에 따른 탄소배출 등의 단점과 비판이 불가피하지만, 장기적으로는 친환경성, 재생에너지의 불규칙성/저장·이동성 단점 보완, 다양한 활용, 높은 전기 전환 효율, 에너지 안보 등 다수의 장점을 보유하고 있다.

많은 국가가 탄소중립과 자급가능 에너지안보 측면에서 정책적으로 재생에너지와 수소의 확대를 추진하고 있으며 재생에너지 잠재력 높은 다수의 신흥국과 산유국들도 그린수소의 수출 기대가 높기 때문에 수소는 글로벌 공감대 구축도 유리하다.

아직은 생산량도 적고 초기 인프라 구축 단계에 불과하지만, 수소경제 정책은 더욱 강화되고 실행 전략들이 진전되고 있어, 곧 수소경제 성장이 본격 시작될 것으로 보인다(따라서 초기 상당 기간 국가 정책적 의지가 성장의 중요한 열쇠다).

IEA(국제에너지기구)는 2050 탄소중립 1.5℃ 시나리오에서 글로벌 수소 수요가 2020년 85Mt(백만 톤), 2022년 95Mt에서 2030년 150Mt, 2035년 215Mt, 2050년 430Mt로 증가하고, 총 에너지 가운데 수소 및 관련 파생 에너지 비중은 현재 매우 미미하지만, 2040년 3%, 2050년 8%까지 확대될 것으로 전망하고 있다.

한편, 국제재생에너지기구(IRENA)는 2050 탄소중립 1.5℃ 시나리오에서 글로벌 연간 총 수소 소비는 2030년 15EJ(엑사줄)*, 2050년 63EJ로 각각 총 에너지 소비의 2%, 14% 비중으로 증가할 것으로 전망하고 있다.

[자료 2-16] 국제에너지기구(IEA), 국제재생에너지기구(IRENA)의 글로벌 수소경제 전망 1

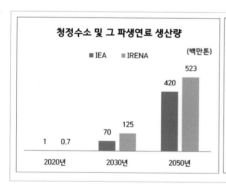

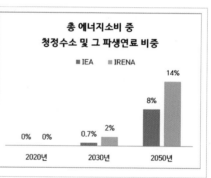

– 주 : 2050 탄소중립 1.5℃ 시나리오 기준
출처 : Global Energy Outlook 2023(IEA), World Energy Transitions Outlook 2023(IRENA)

* EJ(엑사줄)은 에너지(일)의 단위로 1J(줄)의 10억의 10억 배. 인간의 모든 활동과 산업에서 매년 소비하는 에너지의 양은 500EJ 정도다.

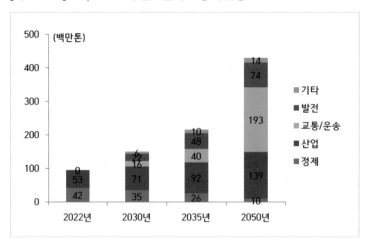

[자료 2-17] IEA, IRENA의 글로벌 수소경제 전망 2

- 주 : 2050 탄소중립 1.5℃ 시나리오 기준
출처 : IEA, 'Net Zero Roadmap, A Global Pathway to Keep the 1.5℃ Goal in Reach'(2023)

국내 수소경제 육성 전략과 정책 목표

글로벌 수소경제 확대 기조와 더불어 국내에서는 연료전지 및 수소전기차의 높은 기술 경쟁력을 활용한 산업의 육성, 재생에너지의 지리적 약점 보완 및 원자력 확대 부담 측면에서 장기적으로 수소경제에 큰 기대를 걸고 있다.

정권과 관계없이 수소경제 육성 정책은 변함없이 지속되고 있으며, SK, 현대차, 포스코, HD현대, 한화, 두산, 효성, GS, LS 등 국내 주요 대기업 그룹들은 글로벌 동향에 맞추어 전 밸류체인에 걸쳐 수소경제에 적극적으로 투자하고 있다.

	~2030년	~2040년	~2050년
세계 전망	〈인프라 구축 가속화 단계〉 – 블루/그린수소 공급 확대 – 액화수소/암모니아 해외 　유통 본격 시작 – 산업공정/발전/대형상용 　차 등에서 본격 활용 시작	〈대중화 초기 진입 단계〉 – 화석연료 규제 크게 강화 – 상당수 지역에서 그린 수소 　원가 화석연료 추월 – 블루수소 투자 둔화 – 다양한 분야에서 활용 　대중화, 활용 분야 확대	〈대중화 단계〉 – 화석연료 기반 발전 모두 　퇴출 – '재생에너지&수소, 원전' 　기반 발전 체계 완성 – 그린수소 위주 일반화
국내 세부 전망	[수소 생산/공급/유통 측면] – 블루수소, 액화플랜트 　확대 – 그린수소 생산 시작 – 해외 수소 수입 본격 시작 – 유통망 인프라 구축 　가속화	[수소 생산/공급/유통 측면] – 그린수소 위주로 공급 　확대(그린수소 50% 이상 계획) – 청정수소 수입 비중 70% 　이상	[수소 생산/공급/유통 측면] – 대부분 그린수소로 공급 　(그린수소 70% 이상 계획) – 청정수소 수입 비중 80% 　이상
	[수소의 최종 활용 측면] – 연료전지발전 의무 확대 　(2030년 수소발전 비중 2.1%) – 충전소, 수소차 점진적 　확대 – 산업공정에서 활용 시작 – 수소·암모니아 혼소발전 　시작 – 암모니아 수송선 투입 　시작	[수소의 최종 활용 측면] – 다양한 분야에서 활용 　적용 분야 확대 – 의무화, 보조금 의존 아닌 　자연 성장 단계	[수소의 최종 활용 측면] – '재생에너지, 수소, 원전' 　기반 발전 체계 완성 – 다양한 분야에서 활용 　대중화

출처 : 저자 작성

2019년 최초의 수소 로드맵 발표 이후, 2021~2022년 정부의 수소 공급량과 수소·암모니아 활용 발전 비중 목표가 상향되었다. 2030년 연간 수소공급 목표는 기존 194만톤에서 390만 톤으로 상향되었으며, 2050년 2,700만 톤의 목표가 신규로 제시되었다(청정수소의 수입 비중은 2030년 70%, 2050년 80% 이상을 예상).

2022년 말 발표한 제10차 전력수급기본계획에서 수소발전비중은 2030년 목표를 기존 1.9%에서 4.7%(수소연료전지발전 2.6%, 수소암모니아 혼소발전 2.1%)로,

2036년 목표를 기존 4.9%에서 10.7%(수소연료전지발전 3.6%, 수소암모니아 혼소발전 7.1%)로 상향되었다.

[자료 2-19] 국내 수소경제 정책 목표

	2022년	2023년	2030년	2036년	2050년
수소공급	47만 톤	–	390만 톤	–	2,700만 톤
* 청정수소	0톤	0톤	80만 톤	–	–
수소암모니아 발전량	5.5TWh	6.8TWh	29.0TWh	71.6TWh	–
* 수소암모니아혼소	0.0TWh	0.0TWh	13.0TWh	47.4TWh	–
* 수소연료전지	5.5TWh	6.8TWh	16.0TWh	24.2TWh	–
수소암모니아 발전비중	0.9%	1.2%	4.7%	10.7%	–
* 수소암모니아혼소	0.0%	0.0%	2.1%	7.1%	–
* 수소연료전지	0.9%	1.2%	2.6%	3.6%	–
수소차 누적 보급	29,733대	34,217대	30만대	–	–
* 수소버스	340대	582대	21,200대	–	–
수소충전소	229기	274기	660기	–	2,000기
* 액화충전소	0기	0기	280기	–	–

– 주 : 2023년 수소차 및 충전소 개수는 11월 누적 기준
출처 : 6차 수소경제위원회(2023.11), 10차 전력수급기본계획(2023.1), 산업통상부

에너지 및 산업 패러다임 변화 대응을 위한 과제

탄소국경조정제도 RE100 등 강화될 잠재 규제 리스크에 적극적으로 대비해야

한국은 수출 의존도가 높고 재생에너지 경쟁력이 낮아 점차 강화될 글로벌 탄소 규제 강화와 에너지 및 전동화 패러다임 변화가 큰 부담이 될 수밖에 없다. 따라서 전력 수요 증가 가능성, 발전 및 산업 에너지 믹스의 저탄소화, 기업 공급망 밸류체인의 관리 강화 등을 적극적으로 준비해야 한다.

EU는 2021년 탄소다배출 제품에 대해 일종의 관세처럼 탄소세를 부과할 수 있는 '탄소국경조정제도(CBAM)'를 발표했다. 현재 발표한 적용 업종은 철강, 알루미늄, 시멘트, 비료, 전력, 수소 등 6개이지만 많은 분석기관들은 점차 유기화학물, 플라스틱 등으로 추가 확대되며, 2030년대에는 상당수 업종이 포함될 것으로 전망하고 있다.

2023년 10월부터 2025년까지는 배출량 보고 의무만 있지만 2026년부터는 CBAM 인증서 구매 의무가 생긴다. 탄소배출 제품과 기업에 대한 규제는 EU뿐만 아니라 2027년 도입할 예정인 영국 외에 미국, 캐나다 등도 도입을 검토하고 있다.

또한 민간 영역에서도 글로벌 대기업들을 중심으로 자발적인 탄소중립 캠페

인인 RE100(재생에너지 100%)이 진행되고 있으며 협력사들에도 적극적인 참여를 압박하고 있다. 현재 해외 기업은 구글(2017년 달성), 애플(2021년 달성) 등 390개, 국내 기업으로는 삼성, LG, SK, 현대차그룹 계열사 등 36개로 전 세계 총 426개 기업이 가입 중이다(RE100 달성 목표 기간은 해외기업들은 2030년~2050년, 국내기업들은 대부분 2040~2050년).

국내 기업들은 현실적으로 국내외 탄소시장, REC 등의 활용 전략 매우 중요

향후 글로벌 환경규제 강화와 더불어 국가 간 보호무역과 일자리 확보 경쟁은 점점 더 심해질 전망이다. 국가를 초월해 청정에너지 및 저탄소 지역의 생산 입지가 새로운 중요 경쟁력 요소로 부상할 가능성이 커 보인다.

향후 탄소국경세, RE100 등 환경규제 강화에 대한 대응, 전 밸류체인에 걸친 탄소관리와 저감 등은 기업의 생존과 직결될 수 있다. 주요 제조업 경쟁국들 대비 재생에너지 경쟁력이 약한 국내 현실에서는 상당 기간 국내외 탄소시장과 REC 등의 크레딧 활용 전략이 매우 중요해질 것으로 보인다.

PART 3.
자발적 탄소시장 동향

김지영

자발적 탄소시장과
규제적 탄소시장 개념

우리나라 일반 시민이나 기업은 정부 규제에 순응적인 편이다. 오랜 주입식 교육의 산물 또는 유교문화권 국가 고유의 특성이 아닐까 싶다.

자유화 바람이 불던 1990년대 초뿐 아니라 지금까지도 한국기업의 회의 현장에서는 여전히 누군가 먼저 자발적으로 의견을 개진하는 모습을 찾아보기 힘들다. 게다가 보고받는 기획안이 선례가 없거나 업계 최초로 시도되는 경우라면 의사결정권자들은 대부분 승인하기를 꺼린다. 가장 많은 피드백이 "중간만 해라, 정부나 고객사가 규제하면 해라, 경쟁사가 하면 그때 검토해보라" 등이다.

보통 자사 온실가스 배출 경계 밖에서 추진하는 '자발적 감축 사업'도 그런 안건 중 하나다. 그동안 기업들의 관심 밖에 있었거나, 있다손 치더라도 CSR·상생협력·사회공헌 관점에서 추진된 경우가 대부분이다.

우리나라는 온실가스 감축 규제를 위해 2010년부터 2014년까지 온실가스·에너지 목표관리제를 시행하고, 2015년부터 온실가스 배출권거래제를 본격 시행 중이다.

전자는 주어진 목표를 지키지 못할 경우, 최대 1,000만 원 미만의 과태료를 내야 하고, 후자는 목표 미달성분에 배출권 시세의 3배를 곱한 금액(과징금과 유사을 내야 한다. 금액의 많고 적음을 떠나 과태료, 과징금 부과 자체는 기업 신뢰도 하락에 직격탄이 되기 때문에 규제 대상 기업은 기준에 부합하기 위한 활동을 최우선으로 할 수밖에 없다. 그 활동을 위해 형성된 시장이 바로 규제적 탄소시장이다.

규제 대응을 담당하는 환경·기후 관련 부서 관계자들의 자발적 탄소시장에 대한 관심이 부쩍 증가하고 있다. 고객사 요구나 수출국 규제 등 직접적인 외부 압력이 있는 경우는 국내 규제만으로 해결할 수 없는 부분을 자발적 탄소시장에서 해결할 수 있을지 고민하고 있다. 실제로 모 그룹사 담당자는 고객사로부터 2030년까지 제품 전 과정 배출량을 기존 대비 1/10로 감축하라는 요구를 받고 자발적 탄소시장에서 충족 가능한 범위를 타진 중이다.

또 탄소 감축 기술을 가지고 있는 중소기업들은 자사의 기술을 적용해 어떻게 감축 실적을 인정받고 시장에서 제대로 가치를 인정받고 판매할 수 있는지 궁금해한다. 수요와 공급이 증가함에도 불구하고 실제로 이들이 매칭되는 국내 '시장'의 형성은 아직 더디다. 국내 자발적 탄소시장의 조성도 늦어지긴 했지만 국내 시장 자체에 대한 과소평가나 회의적인 시각도 많은 상황이다.

그러나 시장의 거점이 '국내'일수록 수출 제품의 경제성은 물론이고 탈탄소 측면에서 유리하다. 자발적 감축 수요자들이 일단 해외 시장을 먼저 탐색하는 것은 쉽게 포착된다. 앞으로는 국내 자발적 감축 공급자와의 협력이 여러모로 득이 되는 상황이 벌어질 것으로 예상된다. 앞에서 사례로 든 제품 전 과정 1/10 감축을 요구한 고객사에 대응하기 위해 핵심 원료를 탈탄소 원료로 바꾸어야 한다면, 탄소 함량이 같은 제품이더라도 운송 거리가 긴 해외보다는 국내 공급업체가 더 유리해진다. 기타 탄소비용을 지불해야 한다면 수출국향 납세 형태가 아닌 국내 감축 기술에 대한 투자나 구매가 국익이나 기업의 사회적 기여 차원에서 환영받게 될 것이다.

자발적 탄소시장을 이해하려면 규제 시장과 넷제로 수출 규제를 함께 이해하는 것이 필요하다. 서로 관련된 내용과 영향을 먼저 비교해보자.

[자료 3-1] 규제적 시장과 자발적 시장의 비교

구분	규제적 탄소시장	자발적 탄소시장
의미	• 배출권거래제 할당 대상 기업이 배출량 과부족에 따라 할당배출권 거래	• 할당 비대상 기업·민간이 자발적으로 감축한 실적을 상쇄크레딧으로 전환해 거래
넷제로 기여	• NDC/넷제로 달성에 직접적 기여	• NDC/넷제로 달성에 간접적 기여*
거래 상품	• 할당배출권	• 상쇄크레딧
가격	• 일반적으로 자발적 크레딧보다 높게 형성되나, 바이오차·CCUS·DAC 등 직접제거·포집 등은 높게 형성	• 일반적으로 규제 배출권보다 낮게 형성되나 직접제거·자연기반 크레딧이 높은 가격에서 거래
크레딧 구매자	• 규제 대상 업체	• 기업, 정부, NGO 및 개인
거래 원리	• 배출량 과부족에 따라 배출권 거래	• 규제 대상기업 배출량 5% 내 상쇄 • 넷제로 이행, 투자 등 목적
거래플랫폼	• 대규모 물량은 대개 장외거래 • KRX가 배출권 거래 플랫폼 기능	• 중앙화된 시장은 없음 • 브로커나 민간 거래소를 통해 거래

* 파리협정 제6조에 따라 국가 승인을 거쳐 ITMO(Internationally Transferred Mitigation Outcome) 조건에 부합할 경우 NDC 활용 가능

출처 : 저자 작성

규제적 탄소시장의
개괄

　규제적 탄소시장(Compliance Carbon Market, CCM)은 국가가 정한 규제 대상 사업장이나 기업이 온실가스 배출에 관한 법률에 따라 배출허용 총량 내에서 할당 배출권을 거래해 국가 온실가스 배출 총량을 감축하는 목적으로 운영되는 시장이다.

　세계은행에 따르면 2023년 6월 기준 배출권거래제(ETS) 또는 탄소세(Carbon Tax) 등의 온실가스 감축 규제를 시행하는 국가는 전 세계 배출량의 약 23% 비중을 차지하고 그 중 ETS는 전 세계 18% 비중을 차지한다. 이는 EU ETS가 최초 출범했을 때보다 3배 이상 증가한 수치다. 현재 29개 권역이 ETS를 시행 중이고, 19개 권역이 추가 시행을 앞두고 있다. 자발적 탄소시장을 이해하기 위해, EU ETS 제도의 변천(강화) 배경과 내용을 먼저 살펴보자.

1. EU ETS와 탄소국경조정제도(CBAM)[*]의 관계

EU 집행위는 파리협정 이후 2021년부터 시작되는 신기후체제에 대비하기 위해, 2019년 12월, 2050년 탄소중립과 경제 성장 구현이라는 두 가지를 목표로 하는 '그린 딜(Green Deal)' 전략을 발표했다. 그 추진 방안의 일환으로 2030년 기후목표 계획이 수립되었고, 법적 발판이 되는 'Fit for 55^{**}'가 2021년 7월 공개됐다. 뒤이어 2023년 4월 18일, 'Fit for 55' 중 핵심 법안인 ETS 개정안과 CBAM이 동시에 채택됐다.

[자료 3-2] ETS 개정안

항목	내용
목표	2030년까지 2005년 대비 43%에서 62%로 목표 상향 조정
선형감축	매년 4.4% 감축(기존 : 2.2%)
시장안정 준비금	해지 한도 4억 달러 확대, 2030년까지 24% 수취 비율(Intake Rate) 연장
지원 기금	혁신 및 현대화기금 확대
탄소누출 방지	CBAM 대상 업종, 2026~2034년에 걸쳐 무상할당 단계적 폐지
해양	2024년부터 해양 부문 포함
항공	2026년까지 무상할당 단계적 폐지(2024년 75%, 2025년 50%, 2026년 0%)
ETS 2 신설	건물, 도로 운송, 기타 산업 직접배출 대상 별도 ETS 시스템 구축

출처 : Directive (EU) 2023/959 of the European Parliament and of the Council

[자료 3-3] CBAM 대상 업종 ETS 무상할당 폐지계획

2026년	2027년	2028년	2029년	2030년	2031년	2032년	2033년	2034년
97.5%	95%	90%	77.5%	51.5%	39%	26.5%	14%	0%

출처 : Article 10a(3) of Directive (EU) 2023/959, Official Journal of the EU 16th May 2023

* Carbon Border Adjustment Mechanism : 탄소배출 규제가 약하고 자국보다 탄소배출이 많은 국가 수출 품목에 대해 부과되는 관세, 규제 강도 차이로 인한 가격 차이를 보정하고자 EU가 역외 수입품에 부과는 무역 관세

** 2030년까지 온실가스 배출 55% 감축(1990년 대비)을 위해 13개 패키지 법안 포함

두 가지 법안이 함께 채택된 것은 당연한 귀결이다.

EU ETS 개정안 내 핵심 쟁점이 무상할당 폐지 부분이다. EU는 현재까지 업종 대부분을 대상으로 무상할당 정책을 유지하고 있었으나, 넷제로 달성에 지장을 줄 수 있다고 판단해, 무상할당을 폐지할 수밖에 없었다.

무상할당을 폐지하면 탈탄소 고비용의 EU 제품이 역외 고탄소 저비용의 수입품과 경쟁해야 하는 자명한 상황이 벌어지기 때문에, EU 규제 설계자들은 애초부터 이를 방지하기 위해 ETS 무상할당의 퇴장과 CBAM의 등장을 오버랩되도록 설계했다.

EU는 CBAM이 도입될 경우, 수입품과 EU 생산품에 동등한 탄소 가격을 부과해 무상할당이 없어도 탄소누출의 위험을 벗어날 수 있도록 CBAM의 도입 비율만큼 ETS 무상할당의 점진적 폐지계획을 수립했다.

[자료 3-4] EU ETS 무상할당 폐지 계획과 연계된 CBAM 시행 일정

EU ETS free allowances phase-out and CBAM phase-in

- 주 : 2050 탄소중립 1.5℃ 시나리오 기준
출처 : IEA, 'Net Zero Roadmap, A Global Pathway to Keep the 1.5℃ Goal in Reach'(2023)

EU는 수입기업에 대해 그만큼의 탄소 비용을 징구할 수 있게 됨에 따라 탄소 비용 부과라는 대외적 명분에 더해 세수(稅收) 증대라는 실익을 얻게 된다. CBAM의 목표가 표면적으로는 탄소누출 방지이나 실질적으로는 EU 재정 수입인 것이다.

향후 EU ETS의 무상할당 비율이 줄어드는 만큼 CBAM 인증서의 부담 비용도 증가할 것으로 예상해 우리 기업은 선제 대비가 필요하다.

우리나라 정부와 기업에 당부하고 싶다.

첫째, 산업계는 CBAM에 적용받는 업종 여부를 떠나 전 업종이 대응 태세를 갖춰야 한다. CBAM(배출량 정보, 검인증, 탄소비용 등) 요구사항에 대응할 수 있도록 데이터 관리, 업무 프로세스 개선 및 제품 탄소발자국을 낮추는 활동을 해야 한다.

둘째, 우리는 이미 ETS를 운영하고 있어 국내에서 지급한 탄소 비용 상쇄가 가능할 것으로 예상하기 때문에 정부는 CBAM에 대응할 수 있도록 ETS 관련 기능(유·무상할당 정책과 가격정책 등)을 개편해야 한다.

그리고 외교·통상 입장에서 수출기업이 저탄소 제품으로 탄소비용을 충분히 확보해 수출할 수 있도록 감축 지원 정책 등을 개선하고 현 규제뿐 아니라 앞으로 확대될 자발적 시장의 CBAM 인정도 지원해야 한다.

2. EU ETS 강화와 CBAM 대두

CBAM은 규제자 입장에서 EU ETS의 무상할당 폐지를 대신하기 위해 만들어졌지만, 피 규제자인 다배출국, 고탄소 제품 수출기업 입장에서 자발적 시장을 이용해 대응 가능한 방법이 있다. 규제 내용을 간략히 살펴보면, 대상 업종은 철강, 알루미늄, 비료, 시멘트, 전력, 수소 총 6종이다.

그러나 이미 대상이 아닌 업종임에도 불구하고 많은 국내 중견·중소 협력사들까지도 거래처로부터 CBAM 요건에 준하는 정보 제출을 요구받는 상황이다. 그리고 EU ETS의 무상할당 폐지 기한이 2034년이고 공식적으로 2030년 62% 목표를 내걸었으니 최소 2030년 전까지는 전 업종이 대응 체제를 갖추는 것이 필요하다.

[자료 3-5] CBAM 주요 내용

주요 내용	• 대상 품목 수입 시 내재된 배출량 1톤당 CBAM 인증서 1개 구매 의무화 전환 기간('23년 10월~'25년 12월) 동안 분기별 보고서 제출 의무만 부여 이후 본격 시행기('26년 1월~)부터 인증서 구입 및 제출 필요
대상 업종	• 철강, 알루미늄, 시멘트, 비료, 전력, 수소 등 총 6개 품목 – 확대 예상 업종 : 정유, 석유화학(유기화학, 폴리머 등), 플라스틱
적용 국가	• EU와 전력시장이 통합된 국가 또는 EU 회원국의 역외 영토 등을 제외한 EU로 대상 품목을 수출하는 모든 역외국
배출 범위	• 직접배출 : 철강, 알루미늄, 수소 • 직접 + 내재 배출 : 시멘트, 전력, 비료
검·인증	• 내재 배출량은 공인 인증기관(Verifier Accredited) 검증 필요 • 인증기관 관련 세부 기준은 추후 EU 집행위가 추후 결정

출처 : 저자 작성

CBAM 대응을 위해 필요한 두 가지 활동은 제품 전 과정 탄소 감축과 그 감축에 따른 탄소 가격 증빙 확보다. 이왕이면 감축을 위해 지불한 비용이 많이 들수록 좋겠다. 탄소 감축에 따른 배출량 산정은 가이드라인이 배포되어 혼란의 여지가 없지만, 탄소 가격은 현재까지 구체적인 요건이나 가이드라인이 없다.

그러나 이미 많은 전문가가 자발적 탄소시장의 필요성, 성장 전망 등에 대해 언급했고 CBAM의 탄소 가격에 대한 자발적 크레딧 인정 가능 여부에 대해서도 긍정적인 입장을 취하고 있어서 CBAM 대응을 위한 자발적 크레딧 활용 가능성은 매우 높은 편이다. 다만 그린워싱 이슈로부터 자유로운, 고(高)무결성의 신뢰도 높은 크레딧이어야 한다는 점을 공통으로 강조하고 있으므로 CBAM 외에도 고객사 넷제로 요구, 자발적 넷제로 이행 등에 통합 대응하기 위해서라도, 글로벌 자발적 탄소시장 이니셔티브(ICVCM*, VCMI**, SBTi*** 등)가 공통으로 제시하는 기준이나 크레딧 평가기관****의 High Rating 기준에 부합하는 크레딧을 확보하는 것이 필요하다.

3. ETS 목표의 NDC 수렴 여부

국내 ETS가 EU ETS를 벤치마킹해 설계했다고 하나 제도와 운영 측면에서는 여러 차이점이 있다. EU의 경우 EU 전체 NDC 목표는 1990년 대비 55%이고, EU ETS 감축 목표는 2005년 대비 62%이다. 최근에는 선형감축계수(Linear Reduction Factor)를 상향해 연 감축률을 2.2%에서 4.8%로 강화했다.

---

* 자발적 탄소시장 무결성 위원회(Integrity Council for the Voluntary Carbon Market) : 자발적 탄소시장 공급 측면을 담당하는 독립적인 거버넌스 기관, 자발적 시장 프로젝트 개발자 및 크레딧 공급업체 지원, 2023년 3월 고품질 크레딧을 정의하는 10가지 핵심 탄소원칙(Core Carbon Principles: CCP) 발표, CCP 자격을 신청하는 크레딧 프로그램을 위해 특별히 설계된 전용 '평가 플랫폼(Assessment Platform)'은 7월 발표

** 자발적 시장 무결성 이니셔티브(Voluntary Carbon Market Integrity Initiative) : 2021년 7월 영국 정부와 UNDP 후원으로 설립된 다자간 플랫폼, 크레딧 수요 측면의 신뢰성 확보를 목표로 함, 2023년 6월 28일 크레딧 신뢰성을 높이기 위한 무결성 이행 지침(Claims Code of Practice) 공개

*** 고품질의 탄소크레딧 사용을 통한 가치사슬을 넘는 배출량 완화(Beyond Value Chain Mitigation: BVCM)를 권고한 바 있으며 현재 BVCM 지침을 마련 중이다. 2021년 10월 발표한 '기업 넷제로 표준(Corporate Net-Zero Standard)'에서 기업이 과학기반 감축 목표 달성을 위해 탄소크레딧을 사용하는 것은 금지했으나, 전체 감축 목표의 최대 5%(Scope 1, 2) 또는 10%(Scope 3) 이내에서 잔여 배출량을 중립화하는 용도로 사용하는 것은 허용, 이 경우 직접대기탄소포집(Direct Air Capture: DAC) 및 저장, 조림, 재조림 등 제거 방식에 의해 산출된 크레딧만 허용 그러나 가치사슬을 넘는 배출량 완화(BVCM)를 위해서는 제거 방식 뿐만 아니라 고품질의 회피 방식 크레딧도 사용할 수 있음을 밝힘(고품질 관할권 REDD+, DAC, 지질학적 저장 등).*

*** Sylvera, Calyx Global, BeZero 등

우리나라 역시 2030년, 2018년 대비 40% 감축 목표를 반영해 배출권거래제 총배출허용량을 수립했다. 그러나 2023년 4월 발표된 탄소중립 기본계획안은 2021년 10월 발표된 2030 NDC 상향안에 비해 연도별 배출허용량이 오히려 늘어나 있다.

'Climate Action Tracker'라는 글로벌 연구기관은, 우리나라의 개정된 산업 부문의 감축률이 기존 14.5%에서 11.4%로 하향 조정된 것에 대해 부정적인 평가를 했다.

문제는 2028년까지 완만한 배출을 하다가 2029년의 5.295억 톤에서 2030년 4.366억 톤까지 1년간 0.929억 톤, 약 1억 톤을 감축해야 한다는 것이다. 기존 버전은 매년 선형감축으로 2,000만 톤 정도의 감축이 필요할 뿐이다. 즉 2030년 마지막 해 목표를 달성하는 데 기존 대비 5배에 달하는 노력을 해야 하는 셈이다.

[자료 3–6] 기존 NDC vs. 신규 NDC안

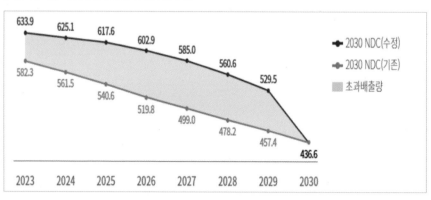

출처 : 2023년 9월 배출권거래제 개선 국회기후변화포럼, 플랜1.5 발표 자료

4. 탄소중립 달성을 위한 ETS 제도 개선

제3차 계획기간의 유상할당 비율은 대외 10%라고 공표되어 있지만, 전체 실질 비율은 2.6%[*]에 그쳤다. 그 중 전환 부문은 6.8%, 산업 부문은 3.0%에 불과하다. 이는 산업 부문 배출량의 대부분을 차지하는 탄소누출업종에 배출권을 전부 무상할당하기 때문이다. 해외 주요 ETS(EU, 미국 RGGI[**] 및 캘리포니아, 캐나다 퀘벡 등) 전환 부문 유상할당 비율 100%와 비교했을 때 그 격차는 매우 크다.

이에 탄소중립 전문가들은 탄소비누출 산업의 유상할당 비율을 단계적으로 상향하고, 탄소누출 산업의 유상할당을 개시해야 함을 주장하고 있다. 이외에도 탄소누출 업종 선정 기준 강화하고 가격 상·하한제 도입 등의 필요성을 제안하고 있다.

[*] 2.6%=14.7/570.1

[**] The Regional Greenhouse Gas Initiative : 미국 북동부 9개 주가 참여하는 ETS

자발적 탄소시장의
개괄

1. 자발적 탄소시장의 필요성

배출량을 줄이고, 생태계를 보호하며, 대기에서 탄소를 제거하기 위해 대규모로 새로운 기술을 배포해야 하는 긴급성이 그 어느 때보다 커지고 있다. 당장 아무 조치가 없다면 기후변화로 인해 전 세계 GDP는 약 14%[*] 감소하고 2050년까지 12억 명의 기후 난민이 발생할 수 있다.[**] 2021년 연간 기후 금융 투자 흐름은 2030년까지 필요한 것으로 추산되는 4조 3,000억 달러 중 20% 정도에 불과한 것으로 밝혀졌다.[***] 자발적 시장은 2030년까지 기후 자금 격차를 부분적으로 해결하기 위해 자본 흐름을 확장하고 할당하는 데 도움이 될 수 있다. 자발적 시장을 통해 2022년 탄소 저감 부문에 약 13억 달러가 투자되었다.[****] 2030년까지 500억 달러 이상 성장할 것으로 예상된다.[*****]

[*] Swiss Re, The economics of climate change: no action not an option, April 2021

[**] Zurich, There could be 1.2 billion climate refugees by '50. Here's what you need to know, June 2023

[***] European Parliament, Background information for the BUDG—CONT joint workshop on 'The Role of the EU Budget in International Climate Finance', January 2023

[****] Trove Research: VCM '22 in Review, YouTube, 18 January 2023

[*****] Taskforce On Scaling Voluntary Carbon Markets, Final Report, January 2021

또한 자발적 시장은 천연 탄소 흡수원을 생성 및 보호하고, 탄소 자체를 제거할 뿐 아니라 지역사회를 지원하는 기술을 개발할 수 있다. 탄소 평가업체 Sylvera에 따르면 현재 자발적 시장에서 공급되는 크레딧의 45%는 자연기반 솔루션이다. 그 중 98%는 남반구에서 발행되어 가장 절실히 필요한 전환 지역에 자금을 제공하고 있다.* 그리고 Sylvera 플랫폼의 자연보존 프로젝트는 생물 다양성 혜택 외에도 '양질의 일자리와 경제 성장', '성평등', '양질의 교육' 등 지역사회 지원이라는 이점도 함께 보여주는 것으로 나타났다.

2023년 11월 14일 발표된 UNFCCC 〈2023 NDC 종합보고서〉는 모든 당사국이 현행 NDC를 이행하더라도 1.5℃ 목표를 달성할 수 없다고 밝혔다. 1.5℃ 목표 달성을 위해 2010년 대비 2030년 배출량 45% 감축이 필요하나, 현행 NDC를 이행하더라도 배출량은 오히려 9% 증가한다는 결과가 나온 것이다.

NDC 미이행 시 2℃ 시나리오일 때, 2030년 기준 15.1(11.1~18.5) 기가톤을 감축해야 탄소중립 경로에 닿을 수 있고 1.5℃일 때는 약 22.9(21.3~27.9) 기가톤을 감축해야 한다. NDC 완벽히 이행한다고 하더라도, 2℃ 기준 11.6(7.6~15.1) 기가톤, 1.5℃ 기준 19.5(17.8~24.4) 기가톤 감축이 추가로 필요하다.

UNEP의 〈Emission Gap Report 2023〉에서도 동일한 분석 결과를 공개했다. 즉 ETS 등의 규제 시장 운영을 통한 온실가스 감축 목표 달성도 쉽지 않겠지만 달성한다고 하더라도 그 목표를 포함하고 있는 NDC 달성은 더욱 어려울 뿐더러 성공한들 탄소중립 경로에 이르기 위해서는 추가적인 감축이 필요하다는 것이다.

---

* Sylvera, The State of Carbon Credits 2022, 2023

[자료 3-7] UNFCCC 당사국 현행 NDC와 파리협정 목표 간 격차

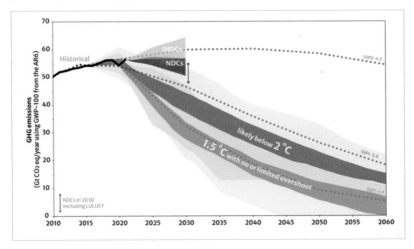

출처 : UNFCCC 2023 NDC Synthesis Report, 2023.11.14

앞의 내용을 바탕으로 〈MSCI Carbon Markets〉 보고서에서는 2050년 넷 제로 달성까지 자발적 시장이 최소 12%에서 최대 38%까지 기여할 수 있다는 전망을 발표했다.

[자료 3-8] Emission Gap에 대한 자발적 탄소시장의 기여

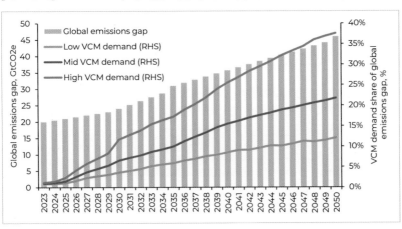

출처 : GenZero Carbon Market 2.0, 2023.12

2023년 11월 14일 안토니우 구테흐스(Antonio Guterres) UN 사무총장은 〈2023 NDC 종합보고서〉 발간에 맞춰, "전 세계 국가 기후 계획들이 과학적인 목표로부터 현저히 어긋나 있습니다. 선진국은 탄소중립 타임라인을 2040년으로 앞당겨야 합니다"라는 절박한 메시지를 전 세계에 타전했다.

규제 시장은 감축에 대한 체계화된 접근 방식을 제공하지만, 정치·경제적 제약으로 실질적인 감축을 이행하는 데 현실적인 어려움이 있다. 규제는 기업의 경쟁력에 영향을 미치고 물가 상승을 유발할 수 있어서, 장기 감축 목표를 최상위 기조로 강력한 Top down 방식의 규제를 시행할 수 있는 정부가 많지 않다. 이러한 규제 시장의 한계 때문에 갈수록 자발적 시장의 중요성이 주목받고 있다.

2. 자발적 탄소크레딧의 종류

기후완화 기술은 탄소 제거의 직·간접적 효과에 따라 감축(Reduction)·회피(Avoidance) 기술과 제거(Removal) 기술로 나뉘고, 기술을 적용하는 대상이나 원천의 종류에 따라 자연기반 솔루션과 기술기반 솔루션으로 구분된다.

감축(Reduction) 기술은 배출량 제한이나 배출원의 조정 등을 통해 배출을 제한하는 활동이나 과정으로, 감축 활동이 없을 경우의 베이스라인 배출량 대비 인위적인 감축 활동을 통해 온실가스 배출량을 줄이는 것을 의미한다.

회피(Avoidance) 기술은 다양한 감축 활동을 통해 대기 중 온실가스를 감축하거나 회피하는 활동으로 고탄소 배출활동을 저탄소 배출활동으로 대체해 배출량을 감소시키는 것을 의미한다. 에너지 효율 제고, 에너지 절약 강화, 비(比)화석 에너지원(신·재생에너지)으로 전환하는 활동 등이 포함된다.

제거(Removal) 기술은 감축 사업을 통해 대기 중의 온실가스를 제거하는 것으로 감축 사업이 제거한 탄소량에서 감축 사업이 발생시킨 배출량 및 베이스라인 배출량을 제외한 탄소량 또는 이미 배출되어 대기 중에 존재하는 이산화탄소를 일정기간 다른 물질(식생, 토양, 광물, 해양, 제품 등)에 저장하는 것을 의미한다. 조림 및 재조림, 토양 탄소격리, 토양 광물화, 탄소 직접 공기 포집(DAC) 등이 있다. 이 중에서 인위적인 토지 변화 및 산림 활동으로 인해 발생한 온실가스를 흡수원(산림 등)을 통해 제거하는 것은 흡수원에 의한 배출제거(Emission Removals by Sink)라고 한다.

[자료 3-9] 자발적 탄소 감축 프로젝트 분류

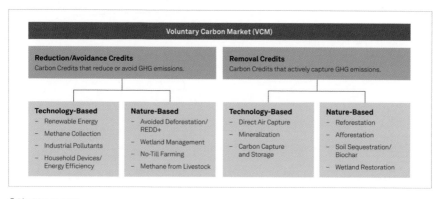

출처 : S&P GLOBAL

자연기반 솔루션(Natural based Solution, NbS)

국제자연보전연맹(International Union for Conservation of Nature, IUCN)은 자연기반 솔루션을 '사회적 과제를 효과적이고 적응적으로 해결하는 동시에 인간의 안녕과 생물다양성 혜택을 제공하는 자연 또는 변형된 생태계를 보호, 지속가능한 관리 및 복원하기 위한 조치'로 정의하고 있다. 온도 상승을 1.5°C로 제한하는 모든 IPCC 완화 경로에는 탈탄소화 외에도, 이러한 배출을 해결하고 반전시키기 위한 토지 이용 등에 있어서 매우 중요한 변화가 포함되어 있다. IPCC는 이를 직접적으로 '자연기반 솔루션'이라고 부르지 않지만, 이러한 경로에는 토지

외에도 삼림 벌채 중단을 포함한 자연기반 솔루션이 포함되어 있다.

기후변화 완화 전략으로서 자연기반 솔루션은 다양한 이점을 제공한다. 인간의 건강과 복지를 지원하는 숲, 농경지, 방목지, 습지 및 기타 해안의 생태계 서비스 유지 및 복원뿐 아니라 생물 다양성 보존 및 지속가능한 생계 개발이 포함된다(Anderson et al. 2019). 잘 설계된 자연기반 솔루션은 인간의 회복력을 향상시켜 사람들이 기후변화 영향에 대응할 수 있도록 도울 수 있다. 그런데 자연기반 솔루션이라고 해서 모든 이해관계자가 선호하는 것은 아니다.

2022년 4월 발간한 IPCC 기후완화 보고서(Climate Change '22: Mitigation of Climate Change)에서는 '감축하기 어려운 배출량 상쇄를 위해 이산화탄소 제거 기술 도입은 불가피하다'라고 밝히고 있다. 실제로 조림·재조림, 바이오차, 습지 복원, 토양 탄소격리 등은 100년 이상 탄소격리로 간주하고, 포괄적 '제거'로 분류해 IPCC 넷제로 경로의 마이너스 부분으로 반영되어 있다.

즉 자연기반 솔루션 중 제거기술은 넷제로 경로상에도 반영되어 있다는 의미다. 이미 전 세계 대부분 국가의 NDC에도 관련 목표분이 포함되어 있다. 그리고 SBTi의 Corporate Guideline에서도 제거기술은 상쇄로 인정한다고 기술하고 있다. 따라서 수요자는 자연기반 솔루션 중에서도 제거방식의 기술을 우선적으로 타진해야 한다(자연기반 솔루션의 제거 크레딧은 전체 발행량 중 최대 20%를 차지).

보스턴컨설팅그룹의 탄소시장 파트너 다니엘 오울링(Daniel Oehling)은 회피 크레딧의 중요성에 대해서도 이렇게 말하고 있다.

"우리는 회피와 제거 크레딧 모두에 모두가 참여해야 합니다. 기후 위기는 여러 가지 복합적인 성격으로 피해를 끼칩니다. 기상에 극단적인 영향을 미치고 멸종 위기에 처한 종의 생계에도 영향을 미치면서 열대 우림을 파괴하고 있습니다. 회피 크레딧은 이러한 맥락에서 중요한 역할을 할 수 있습니다."

기술기반 회피는 잠재적으로 가장 어두운 전망을 가지고 있으며, 재생에너지 프로젝트의 크레딧으로 인해 추가성을 입증하는 것이 점점 더 어려워지고 있다. 재생에너지 비용이 하락함에 따라 이들 크레딧 판매에 따른 수익도 감소하는 추세다. 기술기반 회피 투자가 이미 자연기반 회피 프로젝트로 선회하고 있음을 의미하기도 한다. 자연기반 회피 프로젝트 점유율은 2015년 20%에서 2021년 40%로 증가했다.*

자연기반 회피 프로젝트의 경우 가장 큰 품질 문제는 영속성, 누출 및 MRV이지만 이는 버퍼 풀과 같은 보호 장치 및 방법론의 개선을 통해 해결되고 있다. 예를 들어, REDD+(삼림 벌채 및 산림 황폐화로 인한 배출 감소)와 같은 프레임워크는 최대 11기가톤의 온실가스 감소 및 제거, 동료 국가에 비해 삼림 벌채 비율 감소, 생물다양성과 같은 공동이익에 긍정적인 영향을 미치는 것으로 나타났다.

제거 크레딧의 경우 영속성에 대한 비판은 실제로 자연기반 솔루션의 가장 핵심적인 문제다. 유기물에 CO_2를 영구적으로 저장하는 것은 본질적으로 광물과 암석의 지질학적 저장보다 완벽하게 보장하기가 더 어렵다. 그러나 프로젝트를 적절하게 관리하고 재해를 설명하기 위한 버퍼 풀을 생성하면 전반적인 영속성 문제가 크게 줄어들 수 있다.

기술기반 제거 프로젝트는 영속성 및 누출과 같은 다양한 품질 기준에 걸쳐 자연기반 제거보다는 상대적으로 낮은 토지 이용 강도와 환경적 규제 이점을 가지고 있다. 그러나 초기 기술과 높은 에너지 수요는 여전히 풀지 못한 숙제다. 그래서 이들 크레딧 가격은 현재 매우 높게 형성되어 있다(자연기반 제거 크레딧의 최대 50배). 따라서 기술기반 제거 크레딧 시장을 강화하려면 비용 곡선을 줄이기 위한 공공 부문 투자가 필요하다. 또한 새롭게 떠오르는 신용등급에서 고품질에 대한 표준화된 정의를 개발하는 것도 중요할 것이다.

* Gold Standard: Innovating in Carbon Removals; '22

[자료 3-10] 2015~2021년 프로젝트 종류별 크레딧 발행량

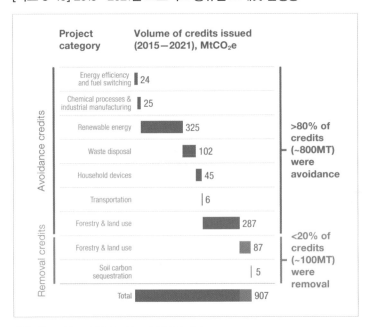

출처 : Climate Focus VCM Dashboard, BCG Analysis

[자료 3-11] 연평균 크레딧 발행 증가율

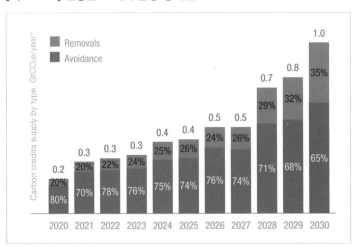

출처 : Climate Focus VCM Dashboard, BCG Analysis

직접공기포집(Direct Air Capture, DAC)

IPCC 6차 평가보고서 제3 실무그룹 탄소직접제거(Carbon Direct Removal, CDR) 편 Factsheet에 공개된 제거기술에는 자연기반 기술뿐 아니라 '직접공기포집(Direct Air Capture, DAC)' 기술도 포함되어 있다. 보고서에서는 CDR을 다음과 같이 정의하고 있다.

"대기에서 CO_2를 제거하고 지속적으로 저장하는 기술, 관행 및 접근 방식을 말하며 이는 넷제로 목표를 달성하는 데 반드시 필요하다. 즉각적이고 대규모 감축은 아니지만, 2100년까지 지구 온도를 2℃ 이하로 제한하는 모든 시나리오에 공통으로 적용되는 사항이다."

[자료 3-12] IPCC 6차 보고서 넷제로 경로

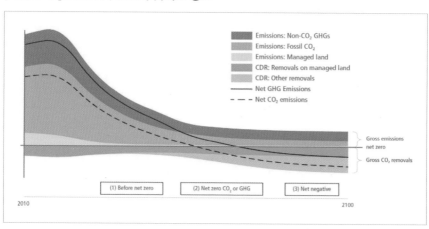

출처 : Cross-sectoral perspectives. In IPCC, IPCC AR6 WG Ⅲ, 2022

파리협정 제4조 제1항에서도 '산림을 포함한 온실가스의 흡수원과 저장고를 적절하게 보존하고 개선하기 위한 조치를 취해야 한다'라고 명시하고 있고 이미 상당수의 국가가 자국의 NDC에 제거기술을 포함하고 있다.

직접탄소포집 기술은 공장이나 발전소에서 배출되는 탄소를 포집·활용·저장하는 CCUS(Carbon Capture Utilization and Storage)와 비슷하지만, 굴뚝이라는 고정된 배출원이 아니라 공기 중에서 탄소를 포집하는 점에서 차이가 있다.

국제사회가 넷제로 달성에 DAC 기술이 공식적으로 필요함을 인정하면서 관련 산업 또한 급속도로 성장 중이나 글로벌 표준이나 방법론 개발 속도는 아직 더딘 편이다.

Puro.earth는 독자적으로 DAC를 포함해 BECCS(Bio-energy with Carbon Capture and Storage)*, 바이오차**, 풍화촉진*** 등 CDR에 대한 방법론을 개발 중이고 Climeworks도 ISO에 준거한 독자적인 DAC 방법론을 개발, 제3자 평가기관으로부터 인증을 취득한 후 Microsoft 등에 제거 크레딧을 제공했다.

2023년 11월 유럽의회는 탄소 제거 정량화·감시·검증을 위한 탄소제거 인증제도(Carbon Removal Certification Framework, CRCF)**** 도입을 승인하면서 관련 시장을 선도·선점하겠다는 의지를 대외 공표했다.

DAC 분야는 약 20년 전 신재생에너지 부문의 모습과 유사하다. 당시 신재생에너지 산업은 경제성이 낮아 전 세계 정부가 발전차액지원제도 등 다양한 지원책을 통해 성장 기반을 마련했던 것처럼, 선진국들은 발 빠르게 DAC 산업 육성 정책을 시행하고 있다. 미국은 인플레이션감축법(IRA)을 통해 CCUS와 DAC 사업에 톤당 180달러의 세제 혜택을 제공하고 4개 DAC 허브 설립에 35

---

* 식물 바이오매스를 수집하거나 수확한 후 이를 태워 전기를 생산하거나 바이오연료로 변환, 남은 바이오매스를 장기 탄소격리를 위해 바이오 숯으로 전환
** 바이오 숯을 토양에 추가하면 장기적인 탄소 흡수원 역할을 해 분해 과정을 통해 대기 중으로 이산화탄소로 방출될 수 있는 탄소를 저장
*** 현무암을 분쇄한 후 공기 중 이산화탄소와 반응시켜 탄산염으로 활용하거나 다시 땅에 묻어 풍화작용 증진
**** 2022/0394(COD) Union Certification Framework for Carbon Removals

억 달러 투자 계획을 발표했다.

유럽과 일본 역시 각각 100억 유로, 2조엔 규모의 기금을 투입할 예정이다.

그러나 이러한 투자에 대해 부정적인 시각도 있다. DAC에 에너지와 자원을 소모하는 것보다 그 비용을 화력발전소를 폐쇄하고 재생에너지를 확대하는 데 쓰는 것이 기회비용 관점에서 더 효과적이라는 것이다. 무엇보다 고농도 배출원을 통제하지 않고, 공기 중 희석된 이산화탄소 제거에 비용을 들이는 것에 대해 비판적이다. CCUS나 DAC가 전통적인 발전·에너지 업계와의 이해관계로 인해 화석연료 퇴출을 지연시키는 논리로 악용되고 있다는 지적이다. 그런 논란은 차치하고 DAC 기술이 넷제로 여정의 게임 체인저(Game Changer)가 될 수 있다면 종국에는 공정 비용을 낮추기 위해서라도 에너지 전환과 자원 투입 최소화는 해결해야 할 과제다. 지열발전이 최적지인 케냐가 최근 사업 대상지로 주목받고 있는 이유도 그러한 이유 중 하나라고 볼 수 있겠다.

자발적 탄소시장의
무결성 제고 노력

1. 자발적 시장의 자발적 규제

자발적 시장이 확대되면서 그 효과성에 의문을 제기하는 집단도 늘어나고 있다.

2023년 1월 영국 일간지 가디언과 독일 주간지 디차이트(Die Zeit)가 베라가 인증한 REDD+ 크레딧의 90%가 아무런 가치가 없는 무용지물이라고 폭로한 것이다. REDD+ 크레딧은 디즈니, JP모건, 셸, 구찌 등 글로벌 대기업도 구매한 베라의 대표적인 탄소 감축 프로젝트다. 그 사건으로 베라 회장까지 사임하고, 관련 방법론을 강화(인공위성을 활용한 첨단 기술로 데이터의 정확도를 높임)해 대외 공개하는 등 대내외적으로 쇄신하는 모습을 보여줬다.

그러나 그 사건은 그린워싱 우려를 증폭시키고 자발적 시장 전체를 위축시키는 단초가 되었다. 크레딧의 투명성과 무결성에 대한 이슈가 불거지자, 자발적 시장에 대한 글로벌 자금 유입에 제동이 걸리기 시작했다. 실제로 2021년까지 증가하던 자발적 크레딧 거래량은 2022년 들어서 감소세로 돌아섰다.

[자료 3-13] 자발적 탄소크레딧 거래 규모

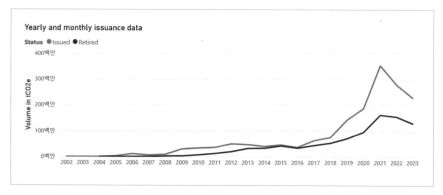

출처 : Cross-sectoral perspectives. In IPCC, IPCC AR6 WG III, 2022

이에 VCMI는 자발적 탄소크레딧의 신뢰성을 높이기 위한 '무결성 이행지침 (Claims Code of Practice)'을 공개했다. 무결성 이행지침은 기업들의 탄소중립 목표 달성 정도 및 탄소 감축 수준에 기반해 크레딧 사용 등급을 플래티넘, 골드, 실버 등으로 구분하고 기업들이 이행해야 하는 요구사항을 제시한다.

VCMI는 기업이 탄소중립을 위해 내부적으로 수행한 온실가스 감축은 배제하고 신청 연도의 잔여 온실가스 배출량을 기준으로 탄소크레딧 사용 상황에 따라 등급*을 부여한다.

기업이 등급을 받기 위해서는 기본기준 준수, 클레임 등급 선택, 고품질 탄소크레딧 충족, 제3자 검증 위한 정보 공시 등 4단계의 절차를 거쳐야 하고 이때 고품질 탄소크레딧은 ICVCM의 핵심탄소원칙(CCP, Core Carbon Principles)을 준수한 크레딧이어야 한다.

* 신청 연도 기업 잔여 온실가스 배출량 기준으로 고품질 탄소크레딧 비중에 따라 100% 이상 플래티넘, 50% 이상 골드, 10% 이상 실버 등급 부여

[자료 3-14] 핵심 탄소원칙

구분		내용
거버넌스	효과적인 관리 체계	투명성, 책임성, 지속적인 개선 등 크레딧의 전반적인 품질을 보장하기 위해 효과적인 프로젝트 관리 체계를 갖추어야 함.
	추적	프로젝트와 크레딧을 고유하게 식별, 기록 및 추적할 수 있는 레지스트리를 운영하거나 활용해 크레딧을 안전하고 명확하게 식별할 수 있도록 함.
	투명성	프로젝트는 모든 감축 활동에 대한 포괄적이고 투명한 정보를 제공해야 함.
	독립적인 검·인증	독립적인 제3자 검증을 거치고 검증을 위한 요건을 갖추어야 함.
배출 영향	추가성	프로젝트로 인한 감축 또는 제거량은 크레딧 수익으로 인한 인센티브가 없었다면 발생하지 않았을 추가적 감축 또는 제거여야 함.
	영속성	감축 또는 제거는 영구적이어야 하며, 역전될 위험이 있는 경우 그러한 위험을 해결하고 역전을 보상할 수 있는 조치가 마련되어 있어야 함.
	정량화 가능	감축 또는 제거는 보수적인 접근 방식, 완전성 및 완전한 과학적 방법을 기반으로 정량화되어야 함.
	중복계산 방지	감축 활동으로 인한 온실가스 감축 또는 제거는 이중 계산되지 않아야 함.
지속가능한 개발	지속가능한 개발	감축 활동이 사회·환경 보호에 대해 널리 확립된 업계 모범 사례를 준수하거나 이를 뛰어넘는 동시에 지속가능한 개발에 긍정적인 영향을 미칠 수 있도록 명확한 지침, 도구 및 규정 준수 절차를 갖추고 있어야 함.
	넷제로 기여	감축 활동은 2050 넷제로를 달성한다는 목표와 양립할 수 없는 수준의 온실가스 배출, 기술 또는 탄소 집약적 관행을 고착화하지 않아야 함.

출처 : 저자 작성

탄소크레딧이 CCP(Claims Code of Practice) 라벨을 획득하기 위해서는 ① 크레딧이 발급되는 탄소크레딧 인증기관의 무결성을 평가하는 프로그램 수준(Program Level) 평가와 ② 다양한 유형의 크레딧·프로젝트의 무결성을 평가하는 카테고리 수준(Category Level) 평가를 거쳐야 한다. 골드스탠더드는 2023년 10월 12일 최초로 프로그램 레벨 평가 신청서를 제출했고, 뒤이어 2023년 11월 21일 베라가 프로그램 평가 신청서를 제출했다.

COP28을 앞둔 2023년 11월 28일, ICVCM과 VCMI는 기업이 고품질 크레딧을 사용하는 방법과 이러한 크레딧 사용에 대해 소통하는 방법을 안내하는 클레임 실행 강령(Claims Code of Practice)을 다시 한번 종합적으로 정리해서 발표했다.

지침에 의하면 기업은 과학에 부합하는 단기 배출량 감소 목표를 설정·공개해야 하며, 늦어도 2050년까지 Scope 1, 2, 3 전체 배출량에 대한 넷제로 목표를 공개해야 한다. 또한 강력한 환경·사회적 보호 조치를 적용하는 실질적이고 검증된 온실가스 감축·제거 관련 고품질 크레딧을 구매해야 하고 그 사용에 대해 외부와 커뮤니케이션해야 한다고 정의한다.

그렇다면 넷제로 선언 기업들은 글로벌스탠더드가 인증했거나 CCP 라벨을 취득한 크레딧을 안심하고 구매해도 괜찮을까? 물론 환경성, 투명성 측면에서는 리스크가 없을 수 있겠지만 투자자 관점에서는 고려해야 할 사항이 더 있을 것 같다.

이러한 관점에서 프로젝트와 크레딧에 대한 종합적인 평가를 하고 신용등급을 매기는 역할을 하는 업체들이 늘어나고 있다. 크레딧이 주장하는 기후완화 효과에 대해서 재검증을 하고 장기적인 경제적 편익과 리스크, 신용 등을 종합적으로 판단할 수 있는 투자 지표를 제공한다. 해외는 Sylvera, BeZero Carbon, Calyx Global 등이 있다.

갈수록 레이팅 업체의 위상이 커지다 보니 이들과의 제휴를 통해 처음부터 무결성을 보장하고 프로젝트를 진행하려는 업체들이 많아지고 있다. 케냐의 DAC 업체 옥타비아 카본(Octavia Carbon)은 BeZero Carbon과 업무제휴를 맺고 DAC 부문 최초 크레딧 등급을 개발할 예정임을 밝혔다. 싱가포르에 본사를 두고 있는 ACX 거래소(Air Carbon Exchange)는 높은 등급의 크레딧에 대한 표준화된 계약을 도입하기 위해 2023년 12월 5일, Sylvera와 파트너십 체결을 발표했다. 즉 투자자에게 고품질 프로젝트로 자금을 유도·지원케 해 자사 거래소에서 거래되는 크레딧의 품질 향상뿐 아니라 궁극적으로는 시장 확대를 목적으로 하고 있다.

레이팅 기관	주요 내용
BeZero Carbon	• AAA부터 D등급까지 8점 척도로 평가 • VCS, GS, ACR, CAR, CDM, PVC 등 평가 • 추가성, 과잉발급, 비영속성, 누출, 왜곡된 인센티브, 정책 등 평가
Sylvera	• AAA에서 D등급까지 8점 척도로 평가 • VCS, GS, ACR, CAR, CDM, PVC 등 평가 • 탄소점수, 추가성, 영속성, 공동이익을 핵심 요소로 평가
Calyx Global	• 온실가스 등급과 SDG 등급을 구분해 평가 • 추가성, 과잉발급, 영속성, 중복청구 등 평가
Carbon Credit Quality Initiative	• 1~5까지 5점 척도로 평가 • VCS, GS, ACR, CAR, CDM • 온실가스 영향 식별, 이중계산 방지, 비영속성, 넷제로 전환, 제도적 장치, 환경·사회적 영향, 사업대상국 감축 목표 등 평가

출처 : 저자 작성

2. 자발적 탄소시장과 파리협정 제6조

파리협정 제6조는 온실가스 배출 감축을 위한 국제 탄소시장을 규정하고 있다. 감축 비용이 적게 드는 곳에서 감축사업을 진행하고 당사국들이 감축 실적을 주고받아 자국의 국가 온실가스 감축 목표(NDC) 달성에 활용하고 동시에 지구 전체적인 비용 효율성을 달성하자는 취지의 조항이다.

제6조 제2항은 '자발적 협력'에 관한 조항으로 양자·다자 형태로 당사국 간 협력을 통해 발행된 감축 실적에 관한 내용을 다루고 있다. 국가 간 합의로 이전되는 감축 실적(Internationally Transferred Mitigation Outcome, ITMO)은 NDC 이행, CORSIA 혹은 기타 목적 등으로 사용할 수 있다. 여기서 기타 목적은 기업 또는 기타 자발적인 기후 완화 활동을 의미하는 것으로 자발적 시장으로 해석이 가능하다.

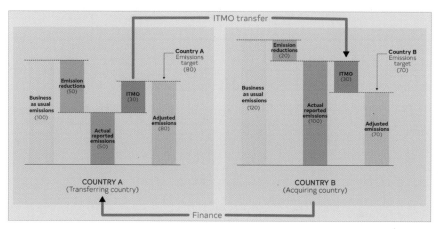

출처 : Vcm Primer

그런데 자발적 크레딧은 파리협정의 제6조에 따른 국가 승인 및 상응조정이 필수인가? 많이들 하는 질문이고 헷갈리는 부분이다. 섣불리 해외 자발적 감축 사업에 투자를 하거나 크레딧을 구매했다가 국내로 그 실적을 들여오지 못하면 큰일이기 때문이다.

자발적 탄소시장과 파리협정 제6조는 다양한 방식으로 공존할 수 있다. 이는 국가마다 상황과 우선순위에 따라 다른 접근 방식이 필요하기 때문이다. 따라서 모든 자발적 감축 사업이 파리협정 제6조에 따른 승인 및 상응조정이 필수인 건 아니지만, 호스트 국가(감축사업 유치국) 정부와 자발적 시장 관계자들이 정확히 무엇을 원하는지, 사업 개발 전 단계부터 명확하게 확인해야 한다.

국가는 제6조 제2항에 따라 자발적 탄소시장 활동의 전부 또는 일부의 ITMO 승인 여부를 결정할 수 있다. 예를 들면 호스트 국가가 자국의 경계 내에서 발생한 자발적 감축 사업의 크레딧을 자국 NDC에 포함시키기 위해, 승인하지 않을 수 있다.

제6조 제4항은 CDM을 파리협약의 새로운 체계로 전환하는 내용을 담고 있다. 일명 지속가능개발체제(Sustainable Development Mechanism, SDM)라고 알려져 있다.

기존의 운영 방식과 절차를 많이 준용했으나, 새로운 파리협정 체제에 맞춰 감축 실적 발급기간 축소, 호스트 국가의 책임 강화, 감축 실적을 계산하는 방법론 강화 등 다수의 규칙을 강화했다.

대부분 국가는 ITMO 이전 여부와 시기를 아직 결정하지 않았다. 또한 제6조 규칙을 주관하거나 이행하는 데 필요한 제도적, 행정적 요건도 아직 마련하지 못했다. 호스트 국가는 제6조 제2항의 협력적 접근법에 따라 자발적 시장을 포함하거나, 제6조 제4항에 따라 자발적 시장 승인을 제안할 수 있다. 이 경우, 자발적 감축 실적은 상응조정 대상이 될 수 있으므로, 호스트 국가 및 자발적 감축 프로젝트 개발자는 사전에 제6조 규칙 준수 여부를 확인해야 한다.

종합하면 자발적 크레딧이라 할지라도 ITMO 발행 조건에 부합한다면 NDC 이행 또는 CORSIA 제도 등에 포함되어 기타 목적만이 아니어도 활용할 수 있으며, 목적과 상황에 따라 일부러 ITMO 절차를 밟지 않을 수도 있다.

파리협정 제6조는 전반적으로 호스트 국가(대부분 개도국)의 권한과 이들 국가에 대한 지속가능성 기준이 강화되면서, 현재 국제 탄소시장은 개도국 우위로 재편되는 중이다. 개발도상국들은 법적, 제도적 틀 마련 등 제6조 사업을 적극적으로 유치 중이다.

칠레는 환경부 내, 프로젝트 및 거래 관리 전담 기관인 'Unidad de Carbono (Carbon Unit)'를 신설하고 프로젝트 승인 절차, 검증 요구사항 및 배출 회계 규칙 등에 관한 내용을 담은 법률(Decreto Ley No. 24,256)을 제정했다.

모로코는 국제 탄소 거래에서 발생한 수익을 재생에너지 및 에너지효율 사업에 지원할 수 있도록 전용 탄소기금(Fonds Carbone)을 설립했다. 또한 UN 해비

[자료 3-17] 자발적 시장과 파리협정 제6조와의 관계

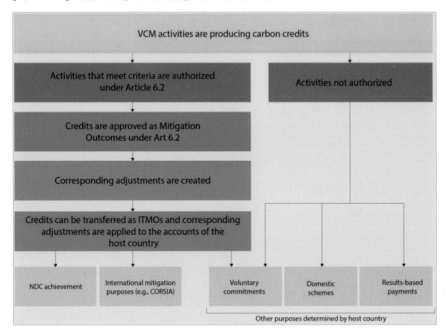

출처 : Vcm Primer

타트(Habitat)와 협력해 파리협정 제6조를 근거로 도시 기후 회복력 이니셔티브를 지원하는 프로젝트를 시범 운영하기도 했다.

우간다는 파리협정 제6조 이행을 위한 부처 간 조정위원회를 설립했다. 이해 관계자 참여 및 고충 처리 지침을 포함해 제6조 사업에 대한 강력한 환경·사회적 보호 장치를 개발했다. 사업 개발의 영향을 받을 수 있는 토착 공동체의 참여와 동의가 필수적인 프레임워크를 구축했다.

인도는 2023년 11월, 2070년 탄소중립 달성 전략을 담고 있는 'India's National Strategy for Low Carbon Development'을 발표했다. 이 전략에는 파리협정 제6조를 활용한 구체적인 계획이 포함되어 있다. 또한 'National Carbon Market Act'을 제정해 파리협정 제6조 관련 탄소시장의 설립 및 운영,

프로젝트 승인 절차, 검증 요건 등을 세부적으로 마련할 예정이다.

현재 많은 개발도상국이 파리협정 제6조 프로젝트를 준비하기 위해 취하고 있는 다양한 접근법을 보여준다. 법적 프레임워크 제정, 전담 기관 설립, 이익 공유 메커니즘 설계 등 적극적으로 준비하는 모습을 보면서, 자국의 기후목표 달성 및 역량 구축은 물론 새롭게 편제되는 국제 탄소시장으로부터 부당한 손실을 보지 않겠다(그리고 이익을 최대화)는 의지를 확인할 수 있다. 그간 선진국 기술 중심의 돈벌이 수단이던 감축제도는 개도국 중심의 실질적 지속가능한 개발이 될 수 있도록 변화한 것이다.

그동안 우리나라의 해외 감축사업의 국내 인증 절차는 너무 복잡하고 규정이 지나치게 세부적이라는 불만이 많았다. 지금의 국제 탄소시장은 교토체제에서의 갑과 을이 바뀐 상태다. 사업승인, 등록, 인증 등 지금처럼 복잡한 절차와 규정 대신 개도국과의협의하에 다양하고 자유로운 방식으로 추진될 수 있도록 간소화해야 한다.

이미 많은 선진국들은 비용 효율적으로 많은 감축량을 선점하기 위해 개도국 내에서 경쟁하고 있다. 특히 스위스, 일본, 싱가포르 등이 활발하게 체결국을 확대 중이고, 우리나라는 2023년 11월 말 기준, 베트남, 몽골, 가봉, 우즈베크 총 4개국과 협정체결을 완료, UAE, 페루, 모로코 3개국과는 체결 전 가서명 단계까지 진행한 상태이다.

다시 COP28 주제로 돌아와, 제6조 탄소시장에 대한 세부사항은 결국 채택되지 않은 상태로 끝나 차기 COP29 의제로 다뤄질 예정이다(제6조 제2항의 세부 이행규칙과 제4항의 제거 지침의 강화, 회피 및 보존 기준 강화, REDD+ 적용 여부 등).

UNFCCC가 주도하는 제6조 제4항 메커니즘이 정상적으로 가동될 때까지, 제6조 제2항에 따른 양자 간 거래가 당분간 파리협정 체제의 유일한 국제 탄소시장 방식이 될 것이다.

자발적 탄소시장 현황

1. 악재를 딛고 성장하는 자발적 시장

　자발적 탄소시장은 2018년 0.76억 톤에서 2021년 3.54억 톤으로 약 5배 증가했다. Mckinsey*, Shell·BCG** 등 전문기관은 자발적 시장이 지속해서 확대될 것으로 전망했다. 그러나 이듬해 2022년, 러시아의 우크라이나 침공과 COP27 탄소시장 주요사항의 미채택(상응 조정 시기·방법 등), ICVCM과 VCMI 지침·표준화 발표지연 등의 이슈로 성장세가 꺾이고 말았다.

　그러나 2023년 1월 가디언 베라 저격 사태라는 결정적인 악재까지 터졌음에도 불구하고 2023년 크레딧 총발행량은 2021년 실적에 근접, 다시 안정세를 회복 중이다. 2023년 발행 크레딧의 2/3는 자연기반 솔루션과 재생에너지 프로젝트가 차지하고 있다. 특히 쿡스토브나 정수 등 주민복지와 밀접한 프로젝

---

* 2030년까지 약 15배, 2050년 100배까지 성장, 10년 안에 규제 시장(CCM)과 비슷한 규모가 될 것으로 전망(A blueprint for scaling voluntary carbon markets to meet the climate challenge, 2021)

** 2021년 약 20억 달러(약 2조 5,000억 원) 규모에서 2030년까지 100~400억 달러(약 12~49조 원) 규모로 성장 전망(The voluntary carbon market 2022 insights and trends, 2023)

트가 파리협정 제6조에 부합하는 최초 자발적 크레딧으로 발급되면서 크게 증가했다.

[자료 3-18] 자발적 크레딧 발행 추이

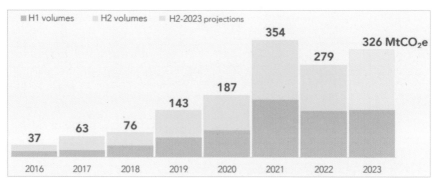

출처 : Climate Focus 2023

[자료 3-19] 발행 크레딧 종류

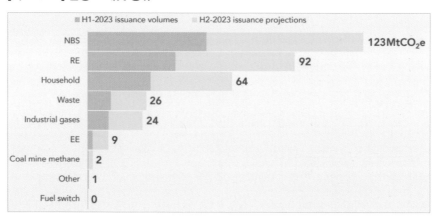

출처 : Climate Focus 2023

[자료 3-20] 발행 크레딧 비중 변화

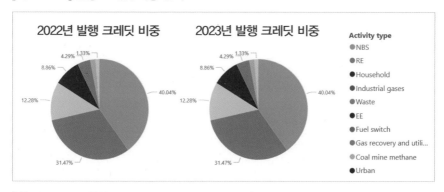

크레딧 종류도 다양하지만, 그에 따른 가격 편차도 매우 크다. 높게 형성됐던 제거와 자연기반 솔루션 크레딧의 가격이 새로운 프로젝트로 인한 공급과잉과 크레딧 신뢰도 하락 우려 증가, 세계 경제 둔화로 인한 크레딧 수요 감소 등의 이유로 2022년부터 하락세를 보인다. 그러나 방법론 개선을 통한 무결성 확보 노력, 글로벌 이니셔티브의 평가 프로그램 개발 등 자발적인 규제 강화로 자연기반 크레딧의 가격은 그 가치에 부합하는 수준으로 회복 중이다.

[자료 3-21] 발행 크레딧 종류

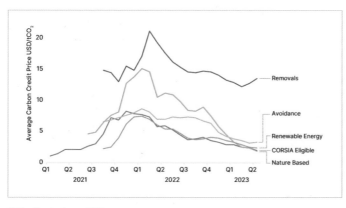

한국은 정부 차원에서 산림청과 농축산식품부가 각각 산림탄소상쇄사업 및 농업·농촌 자발적 온실가스 감축 제도를 운용 중이며, 사업에 참여하는 산주, 농민 등에게 인센티브를 부여하고 있다. 민간 차원에서는 대한상공회의소와 그리너리가 각각 자발적 감축사업 인증센터를 운영 중이다. 이외에도 프로젝트 개발업체를 통해 장외에서 개별적으로 개발·거래되는 경우도 많다. 대부분 검·인증 체계는 유사하나 국내 시장 활성화와 품질·무결성 개런티를 위해서는, 제3의 독립기관의 평가를 거칠 필요도 있다.

[자료 3-22] 국내 정부지원 산림·농업부문 자발적 탄소시장

구분	산림탄소등록부	농업·농촌 자발적 온실가스 감축사업
운영기관	산림탄소센터(산림청, 농림축산식품부)	한국농업기술진흥원(농림축산식품부)
운영기간	2015년 ~ 현재	2012년 ~ 현재
사업범위	국내 산림 부문	국내 농업 부문
사업현황	– 사업등록 : 615건(2023년 12월 기준) – 연흡수량 : 약 67만 톤(2023년 12월 기준)	– 사업등록 : 1,037건(2020년 12월 기준) – 연감축량 : 13.1만 톤(2022년 12월 기준)
지원금액	1만 원/톤(바이오매스), 1.5만 원/톤(기타)	1만 원/톤
등록부	https://carbonregistry.forest.go.kr	없음.
제3자 검증	사회공헌형은 미실시	사회공헌형은 미실시

출처 : 저자 작성

그리고 한국의 자발적 탄소시장은 아직은 한국 ETS 제도하에 배출권에 상응하거나 그 이하의 가치로 인정받기 때문에 할당배출권 가격을 기준으로 탄소크레딧 가격이 결정된다. 사실상 낮은 배출권 가격 때문에 감축단가가 높은 사업자가 정부 보조나 대기업·금융권 투자 없이 진입하기 어려운 시장이다.

2. 자발적 탄소시장의 가치 회복

영국 언론매체인 〈가디언〉의 베라 저격 보도는 자발적 시장 전체의 신뢰도를 떨어뜨렸다. 뿐만 아니라 자발적 크레딧을 사용하는 기업의 노력이 일방적으로 그린워싱으로 매도되는 부작용을 낳았다. 사실 한번 바닥으로 떨어진 신뢰도를 다시 만회하기는 쉽지 않다.

그런데 2023년 12월 14일, 〈가디언〉의 베라 저격 내용에 오류가 있었다는 기사가 보도되었다. 스페이스 인텔리전스(Space Intelligence)의 에드 미차드(Ed Mitchard) 교수진은 〈가디언〉의 REDD+ 프로젝트의 최대 94%가 가치가 없다고 주장하는 연구에서 다음과 같은 오류를 발견했다고 밝혔다.

"글로벌 삼림 벌채 데이터 세트는 무작위 오류를 포함하고, 사용하는 위성의 변경으로 시간이 지남에 따라 민감도가 변하기 때문에 부적절합니다. 이는 삼림 벌채를 성공적으로 줄인 프로젝트 식별될 가능성이 적다는 것을 의미합니다. 따라서 가디언지가 인용한 논문을 철회하거나 대폭 수정할 것을 요구합니다. 24개 프로젝트에 대한 잘못된 분석은 표본 프로젝트의 영향을 과소평가하고 100개가 넘는 모든 REDD+ 프로젝트를 부당하게 비난하고 있습니다. 자금이 빠르게 증가해야 할 때 취약한 열대 우림을 파괴로부터 보호하기 위한 자금을 차단할 위험이 있습니다."

일부 과학자들과 언론지는 자발적 시장이 가진 긍정적 영향을 폄하·왜곡하는 커뮤니케이션 세력에 대응하기 위해 보다 객관적인 분석과 연구를 계속하고 있다.

미차드 교수진 측 보도 외에도 자발적 시장에 대한 편견을 바로 잡아주는 연구결과가 공개됐다.

MSCI카본마켓(MSCI Carbon Markets)은 탄소크레딧을 사용하는 기업이 그렇지

앞은 기업보다 평균적으로 두 배 빠른 속도로 탈탄소화되고 있음을 분석한 보고서를 공개했다.*

이 연구결과는 기업이 단순히 내부 감축 대신 상쇄 크레딧을 사용하고 있다는 주장을 반박한다. 즉 자발적 크레딧을 사용하는 기업의 감축 노력이 임시적이거나 단순한 마케팅 도구가 아니었음을 보여주고 있다.

[자료 3-23] 연간 Scope 1, 2 배출량 분포 변화, %

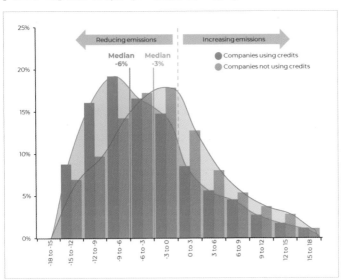

출처 : MSCI Carbon Markets(2023)

단기적으로 탄소시장은 통합보다 분열의 모습이 더 많이 보일 가능성이 크다. 자발적 시장과 규제 시장이 모호해지면서 문제가 더욱 복잡해졌다. 최선의 방책은 자발적 시장이 스스로 무결성 갖출 수 있는 원칙과 이를 자체적으로 검증할 수 있는 규제를 만드는 것이다. 참여자들이 그린워싱에 대한 대외 리스크

---

* MSCI Carbon Markets(2023) Corporate emission performance and the use of carbon credits

없이 진정성과 실효성이 있는 감축을 추진하게 만든다. 자발적 시장이 활성화되고 그린워싱 오해로부터 자유로워지면 양 시장의 간극은 줄어들 것이다. 결국 규제, 비규제 구분 없이 통합되는 탄소시장으로 수렴하지 않겠는가.

매년 세계는 파괴적인 산불에 직면하고 있고, 광범위한 홍수와 씨름하는 등 기후변화의 극단적 영향을 경험하고 있다. 전 세계 정부 및 민간 부문 이니셔티브를 아우르는 기후 행동에 대한 논의도 급증하고 있다. 하지만 아직 갈 길이 멀다. 자발적 탄소시장은 청렴성과 투명성을 강화하는 데 있어 주목할 만한 진전을 이뤘지만, 여전히 그린워싱 논란의 중심에 서 있다. 자발적 시장은 그린워싱(Green washing) 뿐만 아니라 그린허싱(Green husing)*하는 기업까지 참여시킬 수 있는 강건하고 신뢰할 수 있는 시장으로 거듭나야 한다. 그런 시장이 자연적으로 형성되기 전까지, 기업은 자사 넷제로 경로상 기여가 가능한 자발적 감축 사업을 식별해야 한다. 또한 신뢰할 만한 공급자, 인증 프로그램 등을 선별하고 이들과 협업해 고무결성 탄소크레딧을 개런티할 수 있는 환경을 스스로 구축해야겠다.

---

* 그린워싱 낙인, 법적 영향에 대한 두려움, 또는 환경을 의식하는 대중의 반발에 대한 두려움. 기업이 진정으로 친환경적이 되려고 노력하지만, 숨어 있는 것을 선택하는 경우

PART 4.
CORSIA 제도 및
탄소배출권 활용

최지선

CORSIA 개요

    CORSIA 제도에 따라 국제선을 처음으로 보고한 2020년과 그 다음 해인 2021년은 코로나19로 인해 입국 금지와 항공기 운항 중단 등이 이루어져 전 세계 항공 수요가 급감했다. 이에 따라 국제선 운항을 위해 구매하거나 리스했던 항공기를 제주 노선과 같은 국내선으로 활용하거나 면세 쇼핑을 위한 무착륙 비행으로 활용했다. 국내선의 온실가스 배출량은 증가하고 국제선의 온실가스 배출량은 감소한 것이다.

    하지만 2023년 11월 21일 국토교통부 항공 통계에 따르면 국제선 이용객이 2019년 같은 기간의 95.1%를 회복할 만큼 코로나19의 후유증을 털어내며 정상 궤도에 들어섰다. 항공 산업의 국제선 운항 실적이 지속해서 증가할 추세라는 보도자료가 연이어 나오는 만큼 국제선의 온실가스 배출량이 점차 증가할 것으로 예상되고 있다. 지금까지 국내 항공사들이 CORSIA에 따라 국제선 온실가스 배출량만 보고하였으나 지속적으로 배출량이 증가할 것으로 예상되므로 배출량을 저감하기 위해 활용되는 CORSIA 적격 배출권에 대한 관심도 점차 증가할 것으로 보인다.

    따라서 항공 부문의 탄소 배출량 증가를 해결하기 위해 등장한 CORSIA라는 제도를 이해하고 항공사의 국제항공 배출량이 기준 배출량을 초과하지 않도록 항공사들을 포함한 이해관계자들은 어떠한 노력을 하고 있는지 알아보자. 또한 CORSIA 제도에서 활용 가능한 배출권과 관련된 온실가스 감축사업은 어떠한 것들이 있는지 다루고자 한다.

ESG를 이행하기 위해 지속가능한 성장을 하려는 국내 기업뿐만 아니라 글을 읽는 독자가 항공사의 국제선 온실가스 배출량 증가가 국내외 탄소 시장에 어떠한 영향을 미치는지 이해하고 이를 해결하기 위한 방법을 같이 고민하는 시간이 되길 바란다.

1. CORSIA 도입 배경

온실가스 증가에 따른 지구온난화 현상을 억제하기 위해 1992년에 개최한 UN 환경 개발회의에서 UN기후변화협약(UNFCCC)에 서명함으로써 1994년 3월 21일에 협약이 공식 발효되었다.

제1차 당사국총회에서는 협약만으로는 지구온난화 현상을 억제하는 데 한계가 있다고 인식해 1997년 제3차 당사국총회에서 온실가스 감축에 대한 구체적인 이행방안을 명시한 교토의정서를 채택했다. 다만, 국제간 이동하는 항공 및 해운 부문은 국제민간항공기구(ICAO)와 국제해사기구(IMO)가 협력해 온실가스를 감축하도록 규정했다.

이에 국제민간항공기구에서는 UNFCCC의 요청에 따라 2010년 제37차 총회에서 국제항공부문의 온실가스 배출량을 2020년 수준으로 동결하고 2050년까지 매년 연료 효율을 전년 대비 2% 개선한다는 항공 분야의 항공 목표를 수립하고 항공기 운영 및 기술적 개선을 통한 배출량 감축, 대체연료 개발 및 배출권을 구매해서 상쇄하는 CORSIA를 통해 목표를 달성하고자 했다.

구체적인 수단으로서 항공 기술개발, 운영 개선, 대체연료 개발 및 시장 메커니즘인 국제항공 탄소상쇄·감축제도(Carbon Offseting and Reduction Scheme for International Aviation, CORSIA) 이행이 제시되었다. ICAO는 2016년에 항공 분야의 탄소배출을 해결하려는 방안으로 글로벌 시장 기반 조치로서 국제항공 탄소상쇄·감축제도인 CORSIA를 채택했다.

[자료 4-1] ICAO 2050 탄소중립 목표

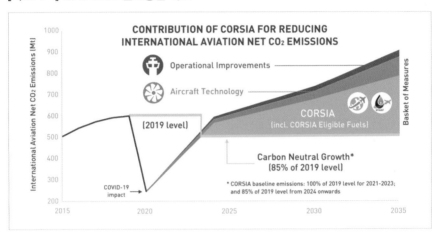

출처 : ICAO 홈페이지

즉, 국제항공 탄소상쇄·감축제도란 국제항공 온실가스 배출량이 증가하지 않는 것을 목표로 기준 배출량을 정하고 이를 초과하는 경우 탄소배출권을 구매해 상쇄하는 제도이다.

기준 배출량은 2019~2020년 배출량 평균이나 코로나19로 수요가 크게 감소한 2020년 배출량을 2019년 배출량으로 대체하기로 하여 2019년 한 해 배출량이 기준 배출량이 되었다. 즉, 2023년까지는 기준 배출량이 2019년 배출량이나 2024년부터는 2019년 배출량의 85%가 기준 배출량이 된다.

2018년 6월에는 CORSIA와 관련된 국제표준 및 권장사항('Standards and Recommended Practices', 이하 'SARPs'라고 함)이 ICAO 부속서 16 제4권으로 채택되었고, 세부사항은 환경기술매뉴얼(Environmental Technical Manual) 제4권에 포함되었으며, 이들 규정에 나타난 CORSIA의 주요 내용은 다음과 같다.

(1) CORSIA 참여국 간 국제노선을 운항하는 항공사는 2019년부터 매년 이산화탄소 배출량에 대한 산정·보고·검증(Monitoring·Report·Verification, 이하 'MRV'이라 함)을 시행해야 함.

(2) 2021년부터는 MRV와 함께 상쇄의무량(Offsetting Requirement) 기준을 충족해야 함.

따라서 항공사가 매년 MRV를 하는 목적은 국제선의 연간 CO_2 배출량에 대한 정보를 확인하여 기준 배출량과 비교하기 위한 것이며 MRV를 구성하는 요소 3가지는 다음과 같다.

Monitoring : 각 항공기 운항에 따른 연료 소비량을 모니터링하고 CO_2 배출량 계산

Reporting : CO_2 배출량 정보의 항공기 운영자, 국가, ICAO간 보고

Verification : 배출량 보고 자료에 대한 정확성 확인 및 자료의 공백 등을 방지하기 위한 검증

2. MRV 대상

CORSIA는 예비단계(2021~2023), 1단계(2024~2026), 2단계(2027~2035)로 총 3단계의 계획기간으로 운영되며 이행 주기는 기본 3년으로 한다. 예비 단계와 1단계는 자발적 참여 단계다. 2단계부터는 2018년 국가별 국제선 유상톤킬로미터(Revenue Ton-Kilometer, 이하 'RTK')에서 국가의 비중이 전체 RTKs의 0.5%를 초

과하거나 2018년 국가별 국제선 RTKs의 최고치에서 최소치로의 순위별 목록에서 누적분담률이 전체 국제선 RTKs의 90%에 도달하는 국가는 모두 의무 참여 대상이다. RTK란 항공사가 승객과 화물을 수송한 실적으로 각 비행구간의 유효하중에 그 구간의 대권거리(km)를 곱해 산출하는 것으로서 항공사의 수송 실적을 나타내는 단위다.

이 제도는 2021년부터 2035년까지 한시적으로 운영되며 2035년 이후 연장 여부는 추후 결정될 예정이다.

[자료 4-2] CORSIA 이행 단계

출처 : ICAO 홈페이지

적용 대상은 현재 또는 2019년 1월 이후 국제선을 운항하고 연간 1만 톤 이상의 이산화탄소를 배출하는 항공사다. 또한 국제선의 최대이륙중량이 5,700kg을 초과하는 항공기만 대상이 되며 비행계획서에 비행 목적을 인도주의, 의료, 소방 등으로 명시한 비행은 제외된다.

3. CORSIA 참여국

2020년까지 88개국, 2021년까지 107개국, 2023년 1월 1일 기준으로 115개 국가가 CORSIA에 참여할 의사를 밝혔으며, 이에 따라 지난 4월 온실가스 배출량을 보고했다. 추가로 솔로몬 제도, 아이티, 에콰도르 등 11개국이 2024년 1월 1일부터 CORSIA에 참가하겠다고 발표해 참여국은 총 126개국이다.

2021~2026년 기간에는 자발적으로 참여 의사를 결정할 수 있지만 2027 ~2035년 기간에는 2018년 국제항공 수송량을 기준으로 수송량이 많은 국가가 강제적으로 참여 여부가 결정된다. 현재는 온실가스 배출량이 많은 중국, 러시아, 인도, 브라질 국가가 불참한 상황이다.

[자료 4-3] CORSIA 참여국

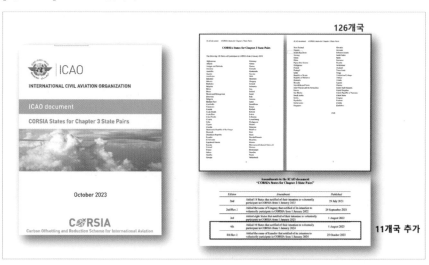

출처 : ICAO 홈페이지

4. CORSIA 참여 노선

시장 왜곡을 최소화하기 위해 CORSIA 적용 배출량은 CORSIA 제도에 포함된 국가 간 운행하는 국제선에서 발생하는 배출량만을 대상으로 한다. 우리나라에서 출발하고 도착하는 모든 국제선 중에서 출발국가와 도착국가가 CORSIA에 참여하는 국가인지 여부에 따라 해당 노선이 배출량만 보고하면 될지 상쇄의무까지 있는 노선인지 여부가 결정된다.

[자료 4-4] CORSIA 참여 노선

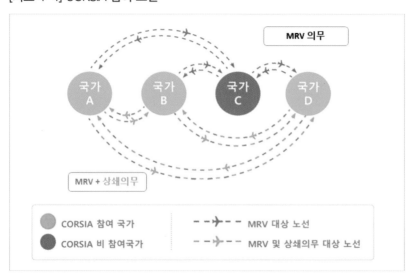

출처 : ICAO 홈페이지 내용 재구성

CORSIA에 참여하는 국가 간 국제노선을 운항하는 항공사는 2019년부터 매년 이산화탄소 배출량에 대한 산정(Monitoring), 보고(Report), 검증(Verification) 3가지를 뜻하는 MRV를 시행해야 한다.

CORSIA에 참여하는 국가 간 노선은 MRV와 상쇄의무가 모두 있지만 CORSIA에 참여하지 않는 국가가 출발지나 도착지일 때 MRV 의무만 있다.

예를 들어, 대한민국에서 출발해 일본으로 가는 국제선은 대한민국과 일본이 CORSIA에 참여하고 있으므로 온실가스 배출량을 보고하고 상쇄해야 하는 의무가 모두 발생한다. 대한민국에서 출발해 중국으로 가는 국제선의 경우 대한민국은 CORSIA에 참여하고 있지만 중국은 참여하고 있지 않다. 따라서 MRV 의무만 존재하므로 국제선 운항에 따른 온실가스 배출량만 보고하면 된다.

즉, CORSIA 참여 여부에 따라서 상쇄의무대상 노선이 달라지므로 매년 어떤 국가가 CORSIA에 참여하고 있는지 ICAO 표준문서를 참고하여 보고해야 한다.

5. 배출량 산정

CORSIA는 CO_2만을 보고하며 사용 연료량과 배출계수를 곱해 온실가스 배출량을 산정한다. 연료 사용량을 계산하기 위해 연료 밀도 값을 적용해야 하며, 표준 밀도 외 실제 밀도를 적용할 경우 단위 환산 등을 고려해 적절하게 산정 및 적용해야 한다.

항공사는 이행시기 및 온실가스 배출량에 따라 온실가스 배출량을 산정하는 방법론을 선택할 수 있다. 연간 국제선 배출량이 10,000톤 이하인 항공사는 CORSIA와 관련된 모든 의무에서 제외되며 50만 톤 이상인 항공사는 5가지의 연료사용량 모니터링 방법 중에서 선택할 수 있다. 선택한 모니터링 방법을 모니터링 계획서(EMP)에 작성해 국토교통부에 제출해야 하며 선택한 모니터링 방법은 전체 이행기간 동안 적용된다. 즉, 항공기 운영자는 동일 이행기간 내에 동일한 모니터링 방법을 사용해야 한다.

[자료 4-5] 연료사용량 모니터링 방법

항공기 운영자는 5가지 연료 사용량 모니터링 방법에서 선택할 수 있다.

a) 방법 A(Method A)
b) 방법 B(Method B)
c) 블록 오프 / 블록 온(Block-off / Block-on)
d) 연료 주유 또는(Fuel Uplift)
e) 블록시간으로의 연료 할당(Fuel Allocation with Block Hour)

출처 : 환경기술매뉴얼(ETM, Environmental Technical Manual) 제4권

연간 배출량이 50만 톤 미만인 항공사는 연료사용량을 모니터링하는 것 대신에 CORSIA 이행 요소 중 하나인 CERT를 사용해서 배출량을 산정할 수 있다. 항공기 기종, 출발공항 ICAO 코드, 도착공항 ICAO 코드, 비행 횟수를 알면 CERT라는 Tool을 활용해서 온실가스 배출량 산정이 가능하다. 그러나 국내에서 CORSIA에 참여하고 있는 모든 항공사는 온실가스 배출량 모니터링 및 관리를 위해 정부가 승인한 모니터링 계획에 따라 온실가스 배출량을 산정 및 보고하고 있다. CERT를 활용해 항공기 운영자의 개략적인 배출량을 추정함으로써 연간 국제선 배출량에 따른 CORSIA 이행 관련 자격 기준을 판정한다. 이를 통해 MRV 보고대상 항공기 여부를 알 수 있으며 결손된 데이터를 채우는 데도 사용될 수 있다.

신규 항공기 운영자는 MRV 이행의무 대상이 된 후 3개월 이내에 국가에 모니터링 계획을 제출해야 한다. MRV는 매년 반복되어야 하지만 모니터링계획서는 한 번만 제출하면 되고 이후 변경사항이 발생할 때 제출하면 된다. 국가에 다시 제출해야 하는 모니터링계획의 주요 변경사항은 다음과 같다.

– 항공기 운영자의 자격이나 적용 대상 여부에 영향을 주는 사항

– 항공기 운영자의 모니터링에 영향을 주는 사항

– 항공기 운영자의 이름, 주소 변경 등 국가의 감독 활동에 영향을 미치는 사항

6. 배출량 보고

항공기 운영자는 국가에 국가에 배출량을 보고하고 국가는 자국 운영자들의 보고된 배출량을 취합해 ICAO에 보고해야 하며, 배출량 보고서에는 다음 사항이 포함되어야 한다.

- 보고연도(배출량을 모니터링한 연도)

- 해당 모니터링 활동이 근거한 배출량 모니터링계획서의 버전

- 항공기 목록

- CERT 사용 가능한 운영자일 경우, 자격에 대한 자세한 정보

- 사용연료 종류별 총중량(CERT를 사용할 경우 불필요)

- 해당연도의 총 국제선 운항횟수, 국가쌍 또는 공항쌍별 국제선 운항 횟수

- 총 CO_2 배출량, 국가쌍 또는 공항쌍별 배출량

- 상쇄의무가 적용되는 경우, 상쇄의무 적용 대상 배출량 명시

- 검증기관에 대한 정보

항공사가 온실가스 배출량을 보고할 때 Emission Report라는 보고서에 출발공항과 도착공항의 ICAO 코드를 입력하는데 코드와 국가명을 다르게 입력하면 출발공항과 도착공항을 잘못 식별할 수 있으므로 정확하게 입력해야 한다. 업체가 제출한 Emission Report에서 CORISA State for Chapter3 state

Pairs에 해당하는 국가명 및 항공정보포털시스템(airportal.go.kr)의 국가명, 공항명, ICAO 코드를 확인함으로써 입력 오류를 방지해야 한다. 가장 흔히 하는 실수가 국가명이나 공항 코드를 잘못 기입하는 것이며 자세한 사항은 다음 내용을 참고하기 바란다.

[자료 4-6] 배출량 보고서 작성 오류

⑴ 국가명 오류
- 대부분 관행적 국가명 사용으로 인한 오류임
- 홍콩, 마카오 등 중국에 속한 지명을 그대로 표기한 경우도 오류임
- 중화민국(대만)도 ICAO 회원국이 아니며, 중국으로 표기해야 함

⑵ 공항 코드 오류
- 공항 코드 중 필리핀의 막탄 세부 국제공항(RPVM)에 대한 표기 오류 발생
- CORSIA에서는 IATA 코드(예 : ICN, GMP)가 아닌, ICAO 코드(예 : RKSI, RKSS) 사용

⑶ 공항 소속 국가명 오류
- 미국 미네소타주의 덜루스국제공항(KDLH)의 소속국가를 한국(Republic of Korea)으로 오기입

⑷ 해외 국가 내 국내선 운항 기록 포함
- 해외 국가 내 국내선 운항은 제외해야 하나 제외하지 않은 노선이 존재함(China-China)

출처 : CORSIA 검증심사원 기술교육 자료 재구성

배출량 검증

CORSIA에 참여하는 국가 간 국제노선을 운항하는 항공사는 2019년부터 매년 이산화탄소 배출량에 대한 산정(Monitoring), 보고(Report), 검증(Verification) 3가지를 뜻하는 MRV를 시행해야 하며 탄소 배출량 보고의 검증은 ICAO가 승인한 검증기관을 통해서만 이뤄진다.

2021년 4월, (재)한국화학융합시험연구원 외 2곳이 CORSIA 검증기관으로 지정되었으며, (재)한국화학융합시험연구원, ㈜디엔브이비즈니스어슈어런스코리아가 2024년 상반기에 평가를 통해 재지정이 될 예정이다. 이들 기관은 국제

민간항공기구(ICAO)에 검증기관으로 등록되어 국제선 운항 항공사의 온실가스 배출량을 검증하는 역할을 수행할 예정이다.

모니터링 계획은 국가로부터 승인이 필요하나 제3자 검증 대상은 아니다. 따라서, 항공사는 모니터링 계획(EMP) 내 주요 변경사항이 있을 경우 국가의 승인을 받기 위해 재제출해야 한다. 또한, 항공사는 중대하지 않은 변경사항이라 할지라도 항공기 운영자 변경 등 국가의 감독에 영향을 줄 수 있는 변경사항이 발생하면 국가에 보고해야 한다. 배출량 보고서와 상쇄의무이행보고서에 대해 매년 ISO14064-3:2006과 부속서 제16의 제4권 부록6에 따라 검증을 받아야 한다.

항공기 운영자는 배출량 보고서를 검증받기 전에 자발적인 내부 사전검증을 수행해야 하며, 항공기 운영자는 배출량 보고서를 검증받기 위해 정부가 지정한 검증기관과 검증 계약을 체결해야 한다. 운영자와 검증기관은 모두 배출량 보고서 및 검증보고서를 국가에 제출해야 하며, 국가는 제출된 배출량 보고서에 대해 적합성 평가를 시행한다. 국가는 ICAO 매년 국가쌍별 연간 CO_2 배출량을 보고한다.

지속가능한 항공 연료(SAF)를 사용한 경우 배출량 보고서에 지속가능한 연료 종류별로 총중량 승인된 LCA 계수, 감축량 등의 정보를 기입하고 검증기관으로부터 검증을 받아 제출한다. 관련 내용은 이후 지속가능한 항공 연료에서 좀 더 자세히 다루고자 한다.

[자료 4-7] 검증 절차

출처 : 부록 2. 환경기술매뉴얼(ETM) 제4권 재구성

CORISA 상쇄의무량

항공사별 상쇄의무량은 항공사의 당해연도 총배출량에 성장률을 곱해 산출하며 성장률은 시행 초기에는 국제항공 부문의 전 세계 성장률만을 고려하나 시간이 지남에 따라 부문별 성장률과 항공사의 개별 성장률을 조합한다. 항공기 운영자가 상쇄해야 하는 의무량은 부문 성장계수라고 하는 항공 부분의 성장률과 각 항공사의 성장률을 고려해 산정된다. 개별성장계수는 2030년부터 고려가 될 예정이므로 현재는 부문성장계수만 고려해 상쇄의무량이 산정될 예정이다.

국가는 CORSIA 적합 대체연료 사용을 고려하기 전에, 해당 국가에 귀속된 각각의 항공기 운영자의 2024년 1월 1일부터 2035년 12월 31일까지 상쇄되어야 하는 CO_2 배출량을 다음과 같이 계산한다. 2029년까지는 부문성장계수 100% 적용, 2030년부터는 개별성장계수를 고려하게 되어 있다.

CORSIA
이행 현황

1. CORSIA 대상 국적 항공사

우리나라는 2016년 9월에 CORSIA에 자발적으로 참여할 것을 선언했으며, 국제항공 운항실적이 있는 국내 항공사들은 2020년에 2019년 배출량을 보고한 이후 매년 주기적으로 온실가스 배출량을 검증 받아 제출하고 있다.

2023년까지 9개 항공사가 CORSIA에 참여했으며 2024년에 에어프레미아가 추가되었다. 대상 항공사는 대한항공, 아시아나항공, 이스타항공, 에어부산, 제주항공, 진에어, 티웨이항공, 에어서울, 에어인천이다. 항공사들은 매년 검증기관으로부터 국제선 운항에 따른 온실가스 배출량을 검증받은 후 연간 배출량 보고서와 검증보고서를 국토교통부에 제출하고 기준 배출량을 초과한 항공사는 배출권을 구매해 상쇄해야 한다.

2023년에 CORSIA에 참여하고 있는 9개 항공사 중 이스타항공이 국제 항공편이 없었으므로 8개 항공사가 상쇄의무를 이행하기 위해 2023년 4월 국제항공부문의 탄소배출량을 ICAO 및 국토교통부에 보고했다. 이 중 배출권거래제에 참여하고 있는 6개 항공사는 국내선 운항 및 지상 시설의 배출량도 환경부에 보고했다. 이 외 EU 역내 운항편을 운영하는 항공사는 유럽 배출권거래제인 EU-ETS

와 UK-ETS에 따라 관련 법령을 준수해 항공 부문의 배출량을 보고하고 있다.

2. CORSIA 이행 절차

2024년 4월까지는 지금과 동일하게 배출량 보고서와 검증보고서만 제출하면 되었지만 2024년 11월 말에 국토교통부에서 항공사별로 상쇄의무량을 통보할 예정이므로 항공사에서는 배출량 보고서뿐만 아니라 2021~2023년에 대한 상쇄의무이행보고서도 검증을 받아 검증보고서와 함께 제출해야 해야 한다.

항공사, 정부(국토교통부), ICAO는 다음의 보고 순서에 따라 온실가스 배출량, 부문별 성장률, 상쇄의무이행요구량, 상쇄이행실적 등을 보고해야 한다.

[자료 4-8] CORSIA 보고 체계

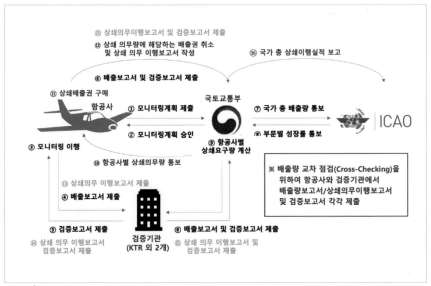

출처 : 국제민간항공기구 국제항공 탄소상쇄·감축제도(ICAO CORSIA) 양성과정 자료 재구성

3. CORSIA 관련 법령

지금까지는 세계적인 코로나19로 인해 기준 배출량을 초과하여 배출한 항공사가 없었으나 최근 국제항공 부문의 본격적인 회복 조짐에 따라 2024년부터는 상쇄의무가 발생할 가능성이 있다. 우리나라도 국제표준에 따라 국제항공 분야의 탄소상쇄·감축제도를 준수하고 탄소 배출량을 체계적으로 관리하기 위한 법적 체계를 마련하기 위해 '국제항공 탄소 배출량 관리에 관한 법률'이 발의되었으며, 2023년 말에 국토교통부 교통법인소위를 통과했다.

현재 우리나라는 국토교통부와 환경부에서 국제항공 부문의 탄소 배출량 관리를 상호 협조하기로 하고 국토교통부는 ICAO에 대한 업무, 항공사 관리·감독을 담당, 환경부는 탄소 배출량 및 상쇄량에 대한 검증 및 검증기관의 지정·관리를 담당하는 것으로 역할 분담에 합의해 제도가 운용되고 있다.

한편, 항공사가 상쇄의무를 이행하지 않을 경우 받게 되는 페널티에 대해서도 법률에서 다루고 있다. ICAO는 국제항공의 온실가스 배출량을 저감하기 위해 CORSIA라는 제도를 만들었으며 항공사는 국가의 법 체계에 따라서 CORSIA 제도를 이행하게 되어 있다. 따라서 항공사가 상쇄의무를 이행하지 않는 부분에 대해 ICAO에서 제재하고 있지 않으므로 항공사는 국가에서 정한 처벌/불이익을 준수해야 한다.

우리나라 법률안에 상쇄의무를 이행해야 하는 제18조 과태료 조항이 있다. 정당한 사유 없이 기한 내에 상쇄의무이행보고서를 제출하지 않은 자는 과태료를 부과하게 되어 있다. 또한 과태료가 아닌 운수권 통제 등 다른 방식으로도 상쇄의무를 이행하도록 국토교통부에서 검토하고 있으므로 상쇄의무 이행은 불가피한 상황이다.

제18조(과태료) ① 다음 각 호의 어느 하나에 해당하는 자에게는 1천만 원 이하의 과태료를 부과·징수한다.

1. 제7조 제2항을 위반하여 정당한 사유 없이 기한 내에 모니터링 계획의 승인 신청을 하지 아니한 자

2. 제9조 제4항을 위반하여 정당한 사유 없이 기한 내에 배출량보고서 또는 검증보고서를 제출하지 아니한 자

3. 제11조 제4항을 위반하여 정당한 사유 없이 기한 내에 상쇄의무이행보고서 또는 검증보고서를 제출하지 아니한 자. 제15조를 위반하여 정당한 사유 없이 보고 또는 자료의 제출이나 현장조사 등을 거부한 자

출처 : 국제항공 탄소 배출량 관리에 관한 법률안

4. 지속가능한 항공 연료(SAF)

항공사에서 국제항공의 온실가스를 감축하기 위한 수단으로써 항공기 무게 감소, 항공 역학적 개선, 엔진 성능 개선과 같은 항공기 기술과 공항시설 및 운영 개선, 대체연료 등 다양한 국제항공 온실가스 감축 수단을 검토하고 있다. 최근 대한항공에서 바이오항공유 도입을 위한 실증 운항을 할 뿐만 아니라 220~300과 B787-9 등 고효율 항공기 도입을 고려하는 등 항공사에서 온실가스 배출량을 저감하기 위하여 다양한 감축 수단을 모색 중이다. 다만, 항공 산업은 규제가 엄격하기 때문에 탈탄소 기술이 있다고 하더라도 적용하는 데 시간이나 비용이 오래 소요되므로 단기적으로는 감축 여력이 극히 제한적인 상황이다.

따라서 실질적으로 온실가스 감축효과를 고려했을 때 항공사가 상쇄의무 이행을 달성하는 방법은 상쇄 배출권을 구매하거나 SAF라는 지속가능한 항공 연료를 사용하는 것이며 항공사에서는 탄소감축비용을 고려해 온실가스 배출 저

감을 위해 어떤 수단이 더 비용 효율적인지 고려해 적용할 것이다.

항공사가 온실가스 기준 배출량을 초과할 경우 ICAO가 인정한 적격배출권을 초과분만큼 유상으로 구매해 상쇄해야 한다. 2023년까지 활용 가능한 CORSIA 적격 배출권은 총 9개이며 이 중 일부는 2024년에도 유효할 예정이다. 우리나라에서는 대한상공회의소의 자발적 배출권 프로그램인 '한국형 탄소감축인증표준(KCS)'이 2023년 하반기에 CORSIA의 적격 배출권으로 등록 신청했으나 기준에 미달해 재신청을 준비하고 있다. CORSIA 제도에서 상쇄를 목적으로 자발적 크레딧을 포함한 어떠한 배출권이 CORSIA 적격 배출권으로 등록되어 활용 가능할지 귀추가 주목된다.

국제항공운송협회(IATA)는 2021년 총회를 통해 세계 주요 항공사들이 2050년까지 순 탄소배출량을 '0(제로)'로 만드는 '2050 탄소 중립' 공동 목표에 합의했다. 항공업계가 2050년까지 탄소 중립을 실현하기 위해 줄여야 할 탄소 배출량은 약 21.2Gt(기가톤)으로 알려져 있다. 항공 산업에서 2050 탄소중립을 달성

[자료 4-10] CORSIA 적격 배출권

출처 : CORSIA Eligible Emissions Units, ICAO

하기 위한 방안 중 가장 효과적인 것으로 지속가능한 항공 연료 사용이 고려되고 있다.

온실가스를 줄이기 위해 항공사에서 전사적으로 친환경 캠페인을 강화하고 차세대 항공기를 도입하고 있지만 이것만으론 한계가 있으므로 결국 탄소배출을 줄이기 위해서는 SAF가 가장 효과적인 방안으로 대두되고 있다. 하지만 가격이 비싼 것은 물론 국내에선 관련 기반 시설 등이 부족해 현실적으로 사용하기 힘든 상황이다.

한편, CORSIA 상쇄의무 이행을 위한 SAF 사용 보고 절차는 다음과 같다. SAF를 구매하고자 하는 항공사는 SAF 연료에 대한 세부 절차를 EMP에 업데이트하고 정부로부터 승인을 받는다. 그리고 SAF를 구매하고 구매 업자로부터 연료에 대한 정보를 받아 CORSIA 적합 연료에 대한 추가 정보를 담은 CEF SI 양식을 작성한 후 ER 보고서와 함께 검증기관으로부터 검증을 받아 제출하면 한다.

[자료 4-11] SAF 구매 절차 및 관련 양식

출처 : CORSIA Eligible Fuels 발표자료, ICAO 홈페이지

EU와 미국은 항공 산업에 SAF 사용 확대를 권고해 글로벌 SAF 시장 확대가 예상되나 국내 SAF 시장 성장은 한계가 있는 상황이다.

EU는 2022년 12월 항공사가 이산화탄소를 배출할 때 지불해야 하는 비용을 인상하는 법안에 대해 합의했다. 유럽 내에서 항공편을 운항하는 항공사는 지금까지 배출권거래제(ETS)를 통해 무상할당을 지급 받았지만, 무상할당제를 2026년까지 단계적으로 폐지하기로 한 것이다. 무상할당은 2024년 25%, 2025년 50%만큼 삭감될 예정이다.

한편, EU는 항공사들이 오염을 줄일 수 있도록 인센티브를 제공하기로 했다. 지속가능 항공유(SAF)를 사용하는 항공사에 2024년부터 무상할당으로 2,000만 크레딧을 제공할 것이라고 밝혔다. 항공사들의 책임을 강화하고 SAF 산업을 강화하기 위한 전략으로 판단된다.

유럽연합 집행위원회(EC)에서 2025년부터 유럽에서 출발하는 항공기에 SAF를 기존 항공 연료와 혼합해 급유하도록 의무화할 계획이므로 SAF 사용 의무화에 따라 항공사들의 지출이 커질 전망이다. 운항 비용이 커지면 항공권의 가격 인상에 영향을 미쳐 탑승률 저하로 이어질 수 있기 때문에 항공사들의 고민이 깊어질 것으로 예상된다.

SAF는 높은 원가 때문에 현재로서는 경제성이 없는 상황이며 기존 항공유와 비교하면 실제 상업 생산 중인 SAF 물량도 매우 적은 상황이다.

부족한 SAF 사용과 SAF 구매에 대한 부담으로 Book and Claim이 새로운 대안으로 떠오르고 있다. SAF 생산자가 SAF를 생산 및 유통하는 과정에서 지속가능했는지 여부를 확인해 인증기관이 인증서를 발급하는 프로그램으로써 실제로 SAF를 구매하지 않고 SAF 사용에 대한 인증서를 구매하는 것이다. SAF 소비자는 인증서를 구매함으로써 지속가능한 항공유를 사용한 것으로 인정받을 수 있다.

SAF와 함께 대체 항공유로 활용 가능한 저탄소 항공유(Lower Carbon Aviatioon Fules, 이하 'LCAF')는 항공유 생산과정에서 온실가스 감축을 인정받은 연료이다. IATA 자료에 의하면 최소 CORSIA 적합 대체연료는 기존 항공 연료 대비 순 온실가스 감축이 10% 이상이 되어야 한다.

바이오 항공유가 기존 항공유 대비 3~5배 이상 비싸므로 항공사에서는 온실가스 감축 수단으로서 적극적으로 활용하기 어려운 상황이다. 따라서, LCAF 도입에 따른 CORSIA 이행 가능성 및 감축 잠재량을 파악하기 위한 연구가 진행될 필요가 있다. 'CORSIA Sustainability Criteria for CORSIA Eligible

[자료 4-12] 지속가능한 항공유(SAF)

출처 : ICAO 홈페이지

Fules'라는 ICAO 문서에 따르면, 'CORSIA lower carbon aviation fuel(LCF)'
는 전 과정 측면에서 글로벌 기준 항공 연료의 온실가스 배출량(89 gCO_2e/MJ) 보
다 최소 10% 낮아야 한다.

친환경 연료 사용으로 인한 고정 비용의 증가가 항공 운임의 증가로 이어질
수 있는 부분에 대해 유럽의 여러 항공사에서 비용 증가 문제에 대해 대처방안
을 모색하고 있다.

항공 산업이 가족, 기업, 국가를 연결하면서 현대인의 삶에 매우 중요한 역할
을 하고 있으므로 항공 산업의 온실가스 감축을 위해서는 항공 업계의 자발적
인 노력도 필요하지만 우리 모두가 항공사의 온실가스 감축에 관심을 가져야
할 것이다.

CORSIA 적격 탄소배출권
(CORSIA Eligible Emissions Units)

1. 파리협정 제6조 탄소배출권

우리나라는 2016년 이후 3차에 걸쳐 국가결정기여(NDC, Nationally Determined Contribution)를 제출했으며 지속적으로 온실가스 감축 목표를 강화해 2018년 온실가스 배출량 대비 40%인 2.91억 톤 감축을 선언했다. 변경된 탄소중립 기본계획에 따르면, 국제 감축이 33.5백만 톤에서 37.5백만 톤으로 확대되었다. 국제 감축사업 발굴 및 민관협력 투자 확대를 통해 우수한 감축 기술을 보유한 국내 기업의 글로벌 참여를 확대하기 위해 국제 온실가스 감축량이 증가한 것이다.

파리협정 제6조는 당사국 간의 협력 결과로 발생한 국제감축실적을 국가 간에 이전해 당사국의 감축 목표 활용할 수 있는 ITMOs를 인정하고 있다. 이에 따라 국가들은 파리협정 6.2조와 6.4조의 크레딧을 활용하여 자국의 NDC를 달성하려고 한다.

파리협정 제6조는 파리협정에 참여한 당사국의 NDC 목표 달성을 위한 6.2조, 6.4조의 시장 메커니즘과 6.8조의 비시장 메커니즘으로 구분된다.

6.2조는 국가 간 협의를 기반으로 참여국의 자율성을 기반으로 국가 간 배출권거래제도 시장연계, 전력시장연계 등 국가의 특성을 반영해 차별화된 방법을

통해 국가 간 온실가스 감축협력을 하고 발생한 감축실적(MO : Mitigation Outcome)을 상호 협의해 공유하는 방식이다.

6.4조는 지속가능한 발전과 전 지구적 온실가스 배출감축에 기여하는 메커니즘으로 기존 교토체제의 CDM(청정개발체제)와 같이 UNFCCC 6.4조 감독기구의 중앙 관리하에 이루어진다. 6.4조를 통한 감축 결과물은 6.4조 ER(Emission Reduction)의 형태로 발급된다.

6.4조는 기존 CDM과 유사한 부분이 많으나 6.2조는 양자협력 협약을 체결한 국가 상황 등을 고려해 감축사업 개발과 지원, 방법론 승인, 사업 등록 및 발행 승인, 배출권 이전 등을 국가에서 주도적으로 마련해야 하므로 많은 준비가 필요한 실정이다.

6.8조 비시장 접근법은 지속가능한 발전과 빈곤퇴치를 목적으로 온실가스 감축, 적응, 재원, 기술이전, 역량개발 등의 협력을 통해 당사국의 NDC를 지원하는 것이다. 6.2조, 6.4조와 달리 6.8조 기반의 당사국 협력은 감축 실적 이전을 수반하지 않는다.

NDC 뿐만 아니라 CORSIA라는 국제감축목표 달성에 활용 가능한 6.2와 6.4조의 감축실적에 대해 자세히 다루고자 한다.

2. COSIA 적격 배출권

CORSIA 적격 배출권은 '국제항공 탄소 배출량 관리에 관한 법률'에서 '국제항공 탄소 배출권'이라고 정의하고 있다. '국제민간항공협약' 및 같은 협약 부속서 16의 표준방식에 부합하면서 국제민간항공기구가 인정하는 등록부에 등재된 국제항공 이산화탄소 배출에 관한 권리를 말한다.

CORSIA 적격 배출권은 2023년 기준으로 CDM을 포함해 총 9개의 감축 메커니즘을 통해 발생된다.

　전세계 많은 배출권이 있으며, 모든 프로그램은 COSIA 적격 배출권이 되려면 ICAO에 신청해야 한다. ICAO의 기술전문가(기술위원회)로 구성된 사람들이 CORSIA 배출권 적격 기준에 따라 평가하고 심사 기준에 부합하면 적격 배출권으로 활용할 수 있다.

[자료 4-13] CORSIA 배출권 적격 기준

탄소배출권 적격 기준

1. 탄소상쇄프로그램은 배출감축, 배출 방지 또는 탄소격리(sequestration)을 나타내는 배출권을 추가로 생성해야 한다.
2. 탄소배출권은 실제적이고 계산 가능한 베이스라인을 기준으로 해야 한다.
3. 탄소배출권은 정량 가능하며, 모니터링 및 보고, 검증이 가능해야 한다.
4. 탄소상쇄배출권은 상쇄 프로그램 안에서 명확하고 투명하게 관리되어야 한다.
5. 탄소감축이 영구적이어야 한다.
6. 시스템은 실질적인 탄소누출을 평가하고 누출을 완화할 수 있는 조치가 포함되어야 한다.
7. 완화 의무에 한 번만 집계되어야 하며 중복발급, 중복사용, 중복청구 등을 피하는 방안이 마련되어야 한다.
8. 탄소상쇄배출권은 최종적/순손해를 일으키지 않는 프로젝트의 배출 감소, 배출 방지 또는 탄소 격리를 나타내야 한다.

출처 : CORSIA Emissions Unit Eligibility Criteria, ICAO

　CORSIA 적격 배출권 중 가장 대표적인 것이 CERs인데 CERs은 기존 교토의정서 체제하에서 활용 가능한 대표적인 감축 메커니즘이다. 하지만 파리협정 체제로 전환이 되면서 2024년부터 CDM은 폐지되고 SDM이라는 용어로 전환되었다. 파리협정 체제에서는 6.4조의 SDM에서 발생하는 ER 외 6.2조의 양자협력에서 발생하는 MO를 통해서도 상응조정한다. CORSIA 제도의 상쇄의무를 이행하기 위한 목적으로 배출권 활용이 가능하다.

국제 온실가스 감축사업(파리협정 6.2조)

　6.2조 사업을 이행하는 국가들은 공동위원회를 구성해 사업을 수행한다. 공동위원회는 사업의 승인, 사업의 결과로 만들어진 감축실적의 배분 비율 조정, 감축실적의 국제적인 이전(Internationally Transferred Mitigation Outcomes, ITMOs) 승인 등의 권한을 갖는다. ITMOs는 각 국가에서 발행하며 발행된 ITMOs는 상응조정을 거쳐 다른 국가로 이전할 수 있으며 NDC 외 CORSIA와 같은 국제감축 목적으로 활용 가능하다.

　상응조정이란 당사국들이 자발적으로 참여하는 협력적 접근을 통해 발생한 감축결과물이 당사국 간에 이전되는 과정에서 이중계상이 되지 않도록 엄격한 산정방식(Robust Accounting)을 적용하는 것이다.

　엄격한 산정방식이 의미하는 바는 감축결과물을 이전한 국가는 당해연도 산정과정에서 감축분을 더하고 감축 결과물을 획득해 NDC에 사용한 국가는

[자료 4-14] 상응조정의 개념

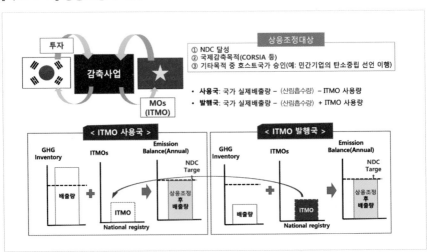

출처 : 저자 작성

산정과정에서 감축분을 차감한다. 따라서, 상응조정의 핵심은 협력적 접근 참여국들이 이중계산을 방지한다는 것을 대외적으로 입증하는 것이다.

NDC에 활용 가능한 국제감축사업의 배출권의 확보하기 위해 해외 온실가스 감축 사업 관련 예산은 1,015억 2,200만 원이 책정되어 지난해(192억 원) 대비 5배 이상 늘었다. 산업부와 환경부의 온실가스 국제감축사업이 각각 6배, 2배가 증액됐고 국토·해양부문 국제감축과 그린 공적개발원조(ODA) 등을 위한 예산이 새로 추가되었기 때문이다. 정부에서 국제감축사업 예산이 증액되었을 뿐만 아니라 타당성조사 지원, 투자 지원, 펀드 조성 등 지원 방법이 다양화되었으므로 국제감축사업 진행 단계 및 목적에 따라 기업에서 선택할 수 있는 지원 사업의 폭이 다변화되었다.

다만, 6.2조 사업을 통해 발행된 배출권이 CORSIA의 온실가스 감축 목표 달성에 활용되기 위해서는 상응조정이 고려되어야 한다. 즉, 양자협력 체결 이후 공동위원회 구성, 법령 제정 등 후속 절차가 마련되고 상응조정이 이루어져야 하나 양자협력을 체결한 국가들과 후속 절차가 원활하게 진행되고 있지 않으므로 NDC 뿐만 아니라 CORSIA에 활용 가능한 배출권을 확보하는 것이 쉽지 않을 것으로 전망된다.

국제 온실가스 감축사업(파리협정 6.4조)

파리협정 6.4조는 당사국총회에서 지정한 감독기구(SB)에서 관리 및 감독하는 메커니즘으로 중앙 집중식 거버넌스라는 점이 교토의정서의 CDM과 유사하다. 따라서 6.4조는 감독기구에서 정한 프로세스 및 방법론 등 세부지침에 따라 감축사업이 추진되는 메커니즘이다.

[자료 4-15] 6.4조 사업 추진 프로세스

출처 : 저자 작성

CDM 사업은 EB 108차에 합의한 임시 조치에 따라 사업 등록, 크레딧 기간 갱신, 2020년 이후 기간과 관련된 배출권 발행 요청 및 PoA 제출이 EB 118차에 따라 2023년 6월 30일 이후로 제출이 불가한 상황이다. 기존 CDM 사업을 SDM으로 전환하고자 하는 사업 참여자는 사무국 및 사업유치국 국가승인기구(DNA: Designated National Authority)에 전환 신청서를 2023년 12월 31일까지 제출해야 하고 각 DNA는 승인 내용을 감독기구에 2025년 12월 31일까지 제출해야 한다.

[자료 4-16] EB 118차 회의 주요 내용

> **** Important Announcement ****
>
> In accordance with the agreement of the Executive Board of the CDM (the Board) at its 118th meeting (see meeting report, paragraph 5(b)), requests for registration, renewal of crediting period and issuance of certified emission reductions relating to the period after 2020, as well as corresponding submissions for programmes of activities, may no longer be submitted under the temporary measures operated by the Board based on its agreement at its 108th meeting. The submission window has closed on 30 June 2023.
>
> These submissions may be submitted under the Article 6.4 mechanism once its activity cycle becomes operational. For more details on the process and conditions for such submissions, please follow the consideration by the Supervisory Body of the development of the Article 6.4 mechanism activity cycle at its meetings.
>
> For the requests that had been submitted under the temporary measures and listed as provisional, as well as the transition of CDM activities to the Article 6.4 mechanism in general, please refer to the transition of CDM activities to the Article 6.4 mechanism.

출처 : UNFCCC

6.4조는 2026년 이후에 사업 등록이 가능할 것으로 예상되며 6.2조는 국제 사회의 소극적인 대응과 상응조정에 대한 우려로 활성화가 어려운 상황이다. 따라서 현재로서는 활용 가능한 국제감축실적이 없다. 2026년에 등록된 감축사업

이 감축실적을 발행할 수 있는 2027년까지는 국내 배출권거래제에 유입 가능한 ITMO가 매우 적을 것으로 예상된다. 그러므로 6.2조 및 6.4조 감축사업으로 발생된 크레딧이 공급량 감소가 탄소시장에 미치는 영향을 주목해야 한다.

PART 5.
IMO 기후 대응 현황

유종근

국제해운 온실가스 배출 저감

1. 선박 온실가스 배출 저감의 특징

국제해운 분야는 물적 자원의 국가 간 운송을 담당하는 분야이며, 대외교역에 중추적 임무를 수행하고 있다. 국제해사기구인 IMO(International Maritime Organization)는 이러한 국제 운송 분야의 안전한 운영을 위한 여러 국제적인 문제 들을 다루고 있는 기관이다. 국제해사기구는 국제사회의 탈탄소 저감 노력에 동참하기 위해 국제해운 관련 온실가스 감축 계획 등을 수립했고, 이를 실천하기 위한 다양한 구체적인 노력을 기울이고 있다.

국제해운 분야의 이산화탄소 배출량은 2022년 기준 6억 9,000만 톤으로, 국제에너지기구(IEA) 발표한 전 세계 이산화탄소 배출량인 369억 톤의 약 1.8%를 차지한다(FFT 16pg). 전 세계 배출량의 약 30%를 차지하고 있는 수송 분야에서 국제해운의 이산화탄소 배출은 약 6% 정도의 비중을 차지하고 있다. 선종별 분석 결과 대형 유조선, 벌크선, 컨테이너선의 배출량이 전체 배출량의 60% 이상을 차지한다.

[자료 5-1] 국제해운 분야 감축 시나리오

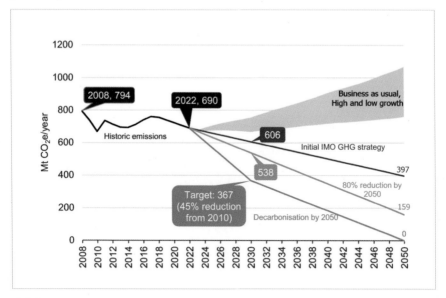

출처 : "STUDY ON THE READINESS AND AVAILABILITY OF LOW- AND ZERO-CARBON SHIP TECHNOLOGY AND MARINE FUELS: Full report" by Ricardo Energy & Environment, 2023 April(이하 IMO FFT)

또한 IMO 분석 보고서에 따르면, 2050년의 국제해운 분야의 에너지 사용량은 국제 물동량 증가로 인해 2022년 대비 약 70% 이상 증가할 것으로 예상한다. 늘어나는 에너지 사용량은 친환경 선박 기술을 통한 에너지 사용 효율화 및 대체연료 사용을 통한 탄소배출 저감을 통해 극복해야 한다. 배출 저감의 절대적 목표량도 현재 배출량이 아닌 70% 늘어난 배출량을 기준으로 재설정될 것이다. 즉, 지속적인 이산화탄소 배출 저감 노력 없이는 국제해운 분야의 이산화탄소 배출 저감 목표는 달성하기 어렵다.

국제해사기구는 초기에는 이산화탄소 배출 저감을 위한 기술적 기준 마련 및 이를 신조 선박에 먼저 적용하기 위해 선박에너지 효율화 지수인 EEDI(Energy Efficiency Design Index)를 2015년부터 보급했으며, 연도별로 3단계 개선안을 제안했다. 효율화 지수는 전 세계 운항 선박을 대상으로 적용되는 EEXI(Energy Efficiency eXisting ship Index)로 구체화되었다. 제76차 해양환경보호위원회 MEPC(Marine Environmental Protection Commitee) 회의에서 현존 선박의 탄소 집약도 저감 개정안(EEXI)을 채택했고 2022년 11월 1일 발효했다. 하지만 상기 기준들은 개별 운항 선박에 대한 온실가스 배출 저감 목표를 제시했을 뿐, 구체적인 국제해운 분야의 이산화탄소 배출 저감량을 제시하지 않았다.

이에 국제해사기구는 2018년 국제해운 전 분야의 온실가스 초기 감축 전략을 제시했으며, 이는 2008년 배출량 기준으로 2050년까지 50% 이상을 감축하겠다는 것이었다. 하지만 이러한 배출 저감 목표는 타 산업군의 배출 저감 목표(예시 : 2050 IEA Net zero)에 현저히 못 미치는 수준으로, 강화된 국제해운 배출 감축 전략으로의 수정안이 제시될 예정이다. 대형화된 국제해운 선박의 경우 수송수단임에도 대형 내연기관의 사용일 필수적으로 요구된다. 또한 상대적으로 먼 거리를 운항해야 하므로 대체연료가 보편화 되기 전까지는 온실가스 감축 전략 이행을 위한 기술적 수단이 부족한 상황이다.

예를 들어, 국제해운 분야는 타 운송 군 대비 압도적인 무게와 이송 거리로 인해. 재생에너지를 대용량 배터리를 통해 저장 및 운전 에너지로 전환하는 기술을 활용하기 어렵다.

[자료 5-2]를 보면 국제해운 분야의 평균 운송 거리는 일일 약 500~1,000km 이상이고 무게도 5,000톤 이상이므로, 대용량 배터리의 활용에는 큰 제약이 따른다. 이로 인해 국제해운에 주로 사용되는 대형 선박의 상업 운전을 위한 고효율/고출력 추진시스템을 확보가 요구되며. 화석 연료 기반의 내연기관(주로 디젤 행정 기관)을 지속적으로 발전시켜 왔다. 하지만, 상대적으로 육상과 달리 전동화된 추진 체계(예시 : 하이브리드 추진시스템 또는 순수 전기 추진 시스템)로의 전환이 제한적이어서 기존의 내연기관의 효율성을 유지하면서도, 획기적인 이산화탄소 배출

을 저감하기 위해서는 저탄소 또는 무탄소 대체연료의 보급이 우선시되고 있다.

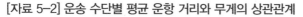

[자료 5-2] 운송 수단별 평균 운항 거리와 무게의 상관관계

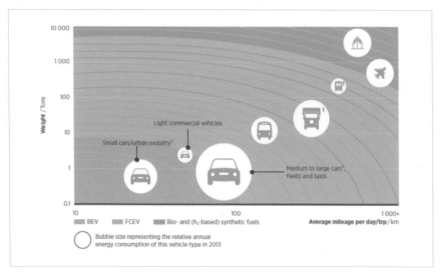

출처 : Hydrogen From Renewable Power Technology Outlook For The Energy Transition - IRENA

결국 국제해운 분야는 전기차와 같은 혁신적인 전기추진시스템으로의 전환
은 어렵고 기존 고효율/고출력 내연기관을 유지하면서도 이산화탄소 배출량을
개선할 수 있는 대체연료 활용이 먼저 고려되고 있다. 이와 더불어 대체연료 전
환의 브릿지 기술로서 화석 연료 사용을 배출되는 이산화탄소를 포집/저장할
수 있는 선박용 탄소포집시스템(Onboard Carbon Capture System)의 활용 및 보급
을 위한 연구개발도 활발히 이루어지고 있다.

2. 선박용 온실가스 배출 기준

국제 운항 선박의 경우 다양한 해양환경 및 화물의 종류 및 무게, 선형에 따른 다양한 운전 특성을 고려해야만 실질적인 온실가스 배출 감소 효과를 거둘 수 있다. 이들 선박은 대부분 약 12~30knot의 평균 운항속도를 유지하고 있으며, 이에 따른 연료사용 효율은 선종별로 큰 차이를 보인다.

이에 국제해사기구는 온실가스 배출 기준을 각 선박의 운항에 따른 이산화탄소 총배출량으로 평가하지 않고, 선박 운전 에너지 효율을 고려한 지수로 설정했다. 이에 신규 선박 건조를 위한 EEDI(Energy Efficiency Design Index)와 운항 중인 선박을 위한 EEXI(Energy Efficiency eXisting ship Index) 그리고, 탄소집약도 지수인 CII(Carbon Intensity Index)를 선박 탄소 저감 지표로 설정하고 이를 운영하고 있다.

먼저, EEDI는 국제 운항하는 총톤수 400톤 이상의 선박을 대상으로 신규 선박 건조 시 설계 단계에서 에너지 효율성을 검증하는 에너지 효율 지표이다. 1톤의 화물을 1kn의 속도로 운송하는 데 배출되는 CO_2 배출량으로, 배출량 기준은 2013년 기준이며, 현재 Phase II 단계로 30% 이산화탄소 감축 목표를 제시하고 있다(2015년 Phase I 10% 감축, 2020년 Phase I 20% 감축, 2022년 Phase II 30% 감축).

EEDI를 구성하는 식은 다음과 같다.

$$EEDI = \frac{\text{총 } CO^2 \text{ 배출량}}{\text{재화중량} \cdot \text{운항속도}(kn)}$$

EEDI 산정 보고서와 선박에너지효율 관리계획서(Ship Energy Efficiency Management Plan, SEEMP)를 검증한 후 승인 절차를 통해 국제에너지효율(International Energy Efficiency, IEE) 증서를 발급한다. 이 증서는 선박의 생애 주기 동안 유효하다.

EEXI 규제는 국제해운 선박 중 400톤 이상의 선박에 대해 EEDI와 동일한 선박에너지 효율 기준 만족 여부를 검증해, 이산화탄소 다배출 선박의 운항을 제한하는 것이다.

2023년 1월 1일 이후에는 EEXI 규제 충족 여부를 선박 검사기관으로부터 검증받고, IEEC(국제에너지효율증서, International Energy Efficiency Certificate)를 발급받아 선내에 비치하게 된다. 규제 기준을 만족하지 못하는 경우, 에너지 절감 장치를 설치하거나, 기관 출력을 제한해 선속을 줄여 이산화탄소 배출을 저감하는 등의 조치를 취하게 된다. 배출저감량은 2023년 현재 EEDI와 동일하게 2013년 대비 30% 저감이 기준이며, 200,000DWT 이상의 유조선이나 벌크선박의 경우 완화된 기준인 25% 저감으로 하향 조정했다.

탄소집약도지수(Carbon Intensity Indicator, CII)는 국제해운 이산화탄소 배출량 저감을 위해 제안된 기준으로 1톤의 화물을 1해리 운송할 경우 배출되는 이산화탄소량을 기준으로 A(배출량 저)부터 E(배출량 고)로 이산화탄소 배출 등급을 매긴다. 3년 연속 D 등급 또는 1년 E 등급 평가를 받은 경우 시정 조치를 시행하고 해야 하며, 충분한 개선이 이루어지지 않으면 해당 선박의 운항을 제한한다.

탄소집약도 지수는 EEDI/EEXI와 다르게 2019년 이후 신조선에 적용된 DCS(Data Collection System)을 통해 기록된 실운항정보를 활용해 선박의 연간 CO_2 배출량 및 연간이동거리를 산출해 이산화탄소 배출량을 산정한다.

현재 제안된 탄소집약도 지수는 2030년까지 매년 1% 저감 이후로 매년 2% 저감을 제시하고 있어, IMO의 초기 온실가스 배출 저감 목표는 만족할 수 있으나, 최근 제시된 2050 넷제로 배출 저감 기준을 만족하기는 어렵다. 앞으로 강화된 탄소집약도지수 저감 목표가 제시될 것으로 사료된다.

친환경 탄소 저감 선박 기술 개요

1. 대체연료 추진시스템

기존 선박은 상대적으로 에너지 밀도가 높고 대기오염물질인 황 성분을 대폭 감소시킨 VLSFO(Very Low Sulpur Fuel Oil)로 연료 품질을 향상시키고, 내연기관을 최적화시켜 대기오염물질의 배출을 저감했다. 하지만 근본적으로 탄화수소의 연소를 통해 추진에너지를 발생시키기 때문에 이산화탄소 배출을 개선하기는 어렵다. 또한 탄화수소 기반 연료를 채굴, 정제 및 운송하는 과정에서 부수적인 이산화탄소 배출이 발생한다. 그러므로 선박의 운항 중 발생하는 이산화탄소 배출량은 연료의 전주기 분석을 통해서 분석할 수 있다.

[자료 5-3] 연료의 전주기 분석

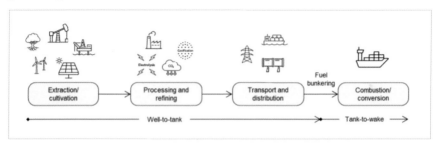

출처 : IMO FFT

연료의 전주기 분석은 [자료 5-3]과 같이 'Well to Wake(WtW)' 개념으로 평가할 수 있다. 연료의 탄소배출은 'Well to Tank(WtT)'와 'Tank to Wake(TtW)'로 나눌 수 있다. WtT는 연료의 채굴, 제조 및 수송 시 발생하는 온실가스 배출량을 의미한다. TtW는 연료의 화학반응(연소)을 통해 기계적 에너지로 전환하는 과정

[자료 5-4] 대체연료의 종류의 온실가스 저감 효과 분석

연료 구분	연료 특징	연료의 종류	이산화탄소 저감량	
			TtW	WtW
화석연료	기준 연료	HFO, LNG, LSFO, MGO	55~85 [gCO₂e/MJ]	71~105 [gCO₂e/MJ]
바이오 연료	바이오매스로부터 생산된 연료	Biomethanol Biomethane Biodiesel	67~100%	50~98%
E-fuel	재생에너지 및 원자력 기반 에너지로 생산된 수소 기반 연료, 탄소함유량 zero	e-hydrogen e-ammonia	84~100%	48~100%
	재생에너지 및 원자력 기반 에너지로 생산된 수소와 바이오 또는 Direct Air Capture로 생산된 이산화탄소를 기반으로 생산된 연료	e-methanol e-methane e-diesel	67~100%	25~100%
블루 연료	화석연료 기반 생산된 수소와 Point Source에서 포집된 이산화탄소로 생산된 연료, 부생 이산화 탄소는 지중저장으로 영구 격리	Blue hydrogen Blueammonia	84~100%	48~73%
탄소포집 기술이 적용된 화석연료	30% 바이오연료 또는 이퓨얼로 희석된 화석연료, 70% 이상의 이산화탄소포집률과 포집된 이산화탄소의 영구 지중저장을 고려	바이오연료 또는 이퓨얼을 혼합 사용하는 HFO, LNG, LSFO, MGO	61~100%	44~89%

출처 : IMO FFT

에서 발생하는 온실가스 배출량을 뜻한다. TtW에서 바이오연료 및 DAC(Direct Air Capture)로부터 발생하는 탄소포집량은 제외하고 평가한다.

대체연료의 배출 저감 목표는 TtW의 무(無)배출이나, 제조 공정 중 요구되는 전기/열에너지 사용으로 인해 무배출 공정을 확보하기 어렵다. 바이오 연료 또는 이퓨얼(Efuel)의 생산과정은 고(高)공정에너지를 요구하며, 재생에너지의 사용비율에 따라 WtW의 온실가스를 줄이는 효과가 상이하다. OCCS(Onboard Carbon Capture System)을 구비한 기존 화석연료의 사용에 따른 온실가스 저감 효과도 대체연료와 같은 방식으로 평가도 동일하게 이루어진다.

[자료 5-4]는 화석연료의 온실가스 배출량을 기준으로 각 대체연료별 배출 저감 효과를 보여준다. 기존 화석연료의 TtW 배출은 선박 운항 중 배기로 배출되는 이산화탄소량으로 전주기 배출량의 약 80% 정도다. 각각의 대체연료 기술은 기존 화석연료 대비 최대 100%의 높은 저감량이 나타난다. 반면 전주기 배출량에서는 블루연료 및 탄소포집 설비를 구비한 화석연료에는 최대 90% 이하의 저감량을 보인다. 이는 연료의 생산 및 영구지중저장 등의 이산화탄소 격리에 필요한 공정에너지를 사용과 이에 따른 추가적인 이산화탄소의 배출을 피할 수 없기 때문이다.

무탄소 연료로 알려진 e-hydrogen과 e-ammonia의 경우도 TtW 배출평가에서는 높은 저감 효과를 보이지만, 전주기 평가에서는 다소 낮은 저감 효과가 예상된다. 이는 연료의 생산과정 중 요구되는 전기 및 열에너지량이 높으며, 이러한 에너지가 100% 재생에너지로 충족되지 못할 경우 WtW 배출 저감 효과가 낮아지게 된다.

[자료 5-5] 2030년 대체연료의 선박 파워트레인별 가용성

대체연료	파워트레인 형식	Retrofit 용이성	기술 성숙도
바이오 디젤/e-diesel	내연기관(2행정)	매우 좋음.	성숙
	내연기관(4행정)	매우 좋음.	성숙
바이오 메탄/e-methane	내연기관(2행정)	좋음.	성숙
	내연기관(4행정)	좋음.	성숙
	연료전지	제한적	초기 적용
바이오 메탄올/e-methanol	내연기관(2행정)	매우 좋음.	성숙
	내연기관(4행정)	매우 좋음.	초기 적용
	연료전지	제한적	초기 적용
E/blue hydrogen	내연기관(4행정)	제한적	초기 적용
	연료전지	어려움.	초기 적용
E/blue ammonia	내연기관(2행정)	좋음.	초기 적용
	내연기관(4행정)	좋음.	초기 적용
	연료전지	어려움.	데모 수준

출처 : IMO FFT

[자료 5-5]는 대체연료의 선박 파워트레인 적용 시 가용성에 대한 정리다. 대체연료는 대부분 Retrofit 용이성 및 기술성숙도가 높은 편이나 연료전지 적용에서는 기술성숙도가 낮고 Retrofit의 용이성도 제한적이다. 2030년까지 적극적인 활용을 기대하기 어렵다. 대체연료는 주로 내연기관(2행정)을 중심으로 기술 고도화 및 상용화가 이루어질 가능성이 크다.

선박 엔진(대형 내연기관)은 단위밀도당 에너지양이 작은 대체연료 적용할 경우 연료저장소의 대형화 문제가 있다. 따라서 개발 초기 단계에서는 기존 화석연료와 혼합연소가 불가피할 것으로 판단된다. 예를 들어, 에너지 밀도가 낮은 e-methanol의 경우 기존 화석연료 대비 약 2.3 배(무게 기준)의 연료를 더 싣고 운항해야 하며, 이로 인해 적재 화물을 줄여야 하는 단점이 있다. 대체연료의 높은 가격과 적재 화물의 손해를 만회하기 위한 혼합 연료의 사용은 탈탄소 이행을 위한 선사들의 과도기적 운영 기술로 평가될 수 있다.

[자료 5-6] 암모니아 추진 엔진 예시 : 독일 만(MAN)사 코펜하겐 연구소에서 제작 설치해 연소시험에 성공한 연구용 암모니아 엔진

출처 : 독일 만(MAN) 에너지 솔루션

대체연료 기반으로 한 선박용 엔진기술은 상용화 단계로 접어들고 있다. 2023년 7월 독일 만(MAN)사는 암모니아를 연료로 하는 2행정 연구용 엔진의 연소 시험에 성공했으며, 이러한 2행정 엔진은 주로 대형선박의 추진용으로 쓰인다. 2024년까지 대형선박용 엔진 개발 완료 및 적용이 예상된다. 각 조선사들은 안전하게 암모니아 연료를 엔진에 공급하는 연료공급 장치와 연료저장소 기술 상용화에 박차를 가하고 있다.

미국 미네소타대학 연구진에 따르면 암모니아는 상온에서 저장 요건이 바

이오 디젤이나 메탄올보다는 까다롭다. 하지만 바이오 가스나 수소보다는 저장 및 수송이 용이하며, 다른 대체연료와 비교해 상대적으로 운송 비용이 저렴할 것으로 예상된다(미국 미네소타대학의 Hanchu Wang, Prodromos Daoutidis, Qi Zhang이 공동 저술, "Ammonia-based Green Corridors for sustainable maritime transportation", Digital Chemical Engineering, 2023년 6호에 게재).

또한 암모니아의 전주기 비용 중 전력생산 비용이 대략 50%이며, 기타 생산 비용(원료이송, 시설 운영 등)이 40%이고, 선박으로의 운송 및 급유(Bunkering) 비용은 10% 이내로 전망된다. 이는 그린 암모니아의 생산이 본격화될 경우 대체연료의 기능을 수행하기에 다른 대체연료 대비 유리한 특성이 있다고 평가된다.

[자료 5-7] 선박용 메탄올-디젤 이중 연료 엔진

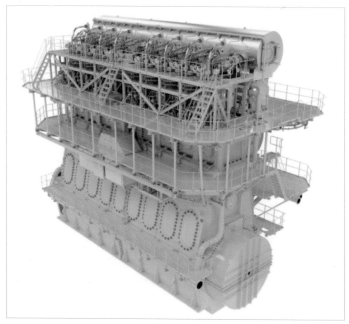

출처 : HD현대중공업 제공

메탄올은 상온에서 액화가 가능하다는 점과 질소화합물과 같은 오염물질 배출이 적다는 장점이 있다. 선박용 메탄올 엔진은 상온 및 대기압에서 저장 및 이송이 용이하고, 기존 중유(Heavy Fuel Oil)에 대비 황산화물 99%, 질소산화물 80%, 미세먼지(PM) 95%까지 저감 효과가 있다. 유출 시 암모니아보다 위험도가 낮다는 점에서도 강점이 있다. 하지만 메탄올 역시 탄화수소화합물이므로 바이오 메탄올 및 e-메탄올 생산과정을 모두 고려한 전주기 배출평가를 통해 이산화탄소 배출 저감 효과를 인정받을 경우에만 대체연료로 의미가 있다. 메탄올 엔진의 상용화는 다른 대체연료 엔진에 비해 빠르게 진행되고 있다. 2024년 현재 상용화된 메탄올 엔진이 장착된 대형선박이 시운전을 마쳤으며, 덴마크 머스크사를 중심으로 메탄올 추진 선박의 발주가 이어질 것으로 전망된다.

2. 선박 운항 에너지 효율화

[자료 5-8] 선박 추진 에너지 효율화 장치의 개발 현황

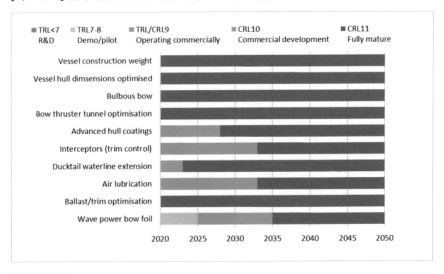

출처 : IMO FFT

선박용 에너지 저감 기술은 선형/추진 장치를 중심으로 IMO의 온실가스 배출 저감 규제안의 만족을 위해 지속적으로 발전선형/추진 기술 고도화를 이루었다. 이에 따른 기술개발 수준은 이미 상용화에 근접한 것으로 평가될 수 있다. [자료 5-8]과 같은 에너지효율 향상 기술은 신조선박에 이미 적용되어 있어 있거나, 2030년까지 상용화되어 보편화한 기술로 활용될 수 있다.

[자료 5-9] 초대형 컨테이너선 적용 공기윤활장치

출처 : 해사신문

[자료 5-9]는 삼성중공업이 2018년 5월 글로벌 컨테이너선사인 MSC로부터 수주한 2만 3,000TEU 초대형 컨테이너선에 적용된 '삼성공기윤활시스템 (SAVER Air)'의 개략도다. 공기 윤활 기술은 선박 선체 아래에 있는 미세 기포를 생성/배출해 선저바닥으로 불어내는 기술로 선체 표면 전체에 기포 분포가 있어 선체와 물 사이에 발생하는 저항을 감소시킨다. 선박 운전을 효율화함도 동

시에 온실가스 배출 저감 효과를 가진다. 파도나 조류와 같은 외부 환경에 영향을 받지 않고 안정적으로 공기층을 형성하는 것이 가능하며, 약 7~10%의 마찰 저항 저감 효과와 함께 4% 이상 연료비 절감 및 이산화탄소 배출절감이 가능한 기술로 평가할 수 있다.

[자료 5-10] 선박 운항 속도 감소를 통한 에너지 효율화 예시

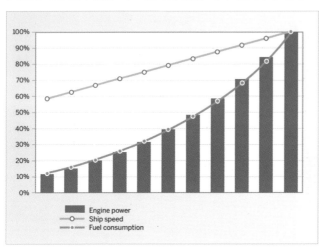

출처 : WÄRTSILÄ TECHNICAL JOURNAL 2010.2

선박 항해 중 속도를 감소시켜 운항 에너지를 절약하는 운항법은 최근 선박의 이산화탄소 배출량을 저감을 위한 주요한 수단으로 활용되고 있다. 'Slow Steaming'으로도 불리는 이 운항법은 2008년 중반 이후로 해운산업에 광범위하게 적용되고 있다. 국제해사기구는 이 점에 주목해 이러한 운항법이 운송 능력에 미치는 영향이 고려해 속도 감소의 이점을 조사할 것을 권고하고 있다.

[자료 5-10]과 같이 선속을 27노트에서 22노트로 19% 정도 낮출 경우 요구되는 엔진파워는 약 40% 이상 감소한다. 이에 따른 시간당 연료사용량은 약 60% 정도 낮출 수 있다. 줄어든 연료사용량은 이산화탄소 배출량 감소와 선형

적 관계로 이산화탄소 배출 저감 효과를 발생한다. 친환경 에너지 효율화 장비의 탑재나 대체연료 사용이 어려운 노후화된 선박을 대상으로 탄소배출량 저감 목표를 달성하기 위해 적극적으로 활용될 것으로 전망된다. 하지만 이러한 조치는 같은 구간의 왕복 운항 시간을 10%에서 20% 증가시킬 수 있다. 동일한 양의 화물을 운송하기 위해서는 운항 선박의 수를 증가시켜야 하는 단점이 있다. 이에 Slow Steaming의 이점은 선박의 종류, 크기 및 항로에 따라 다양하므로 여러 운항 조건에 따른 최적화 연구가 선행되어야 한다.

3. 선박용 탄소포집장치

[자료 5-11] 선박용 탄소포집장치의 기술개발 현황

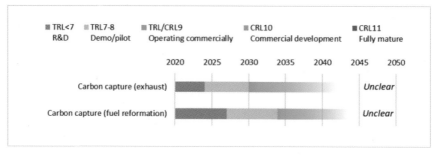

출처 : IMO FFT

선박용 탄소포집장치는 일반적으로 화석연료를 내연기관을 통해 추진력을 발생시킨 후 배출되는 배기가스에서 선택적으로 이산화탄소를 분리해 포집 및 저장하는 장치를 의미한다. 또한, 연소 전에 화석연료를 화학적 전환해 탄소(또는 이산화탄소)와 수소로 분리하는 연소 전 포집 기술도 선박용 탄소포집장치에 포함된다.

포집된 이산화탄소는 상대적으로 밀도가 낮기 때문에 액화 공정을 통해 그

부피는 약 700분의 1로 줄여 액체 상태로 저장된다. 저장된 이산화탄소는 항구에서 선외로 이송되어 CCU(Carbon Capture Utilization) 시설이나 지중저장 시설에 공급되어 영구 격리된다.

[자료 5-12] 선박용 탄소포집장치 개략도(연소 후 포집)

출처 : 삼성중공업 Gastech 2022 발표 자료

연소 후 탄소포집 방식은 아민(Amine) 계열 화학 솔벤트를 활용한 선박 배기가스의 저농도 이산화탄소(체적 비율 약 7~15%)를 선택적으로 분리하는 기술이다. 아민 솔벤트와 이산화탄소의 화학적 결합은 열에너지를 통해 분리된다. 이 과정에서 다량의 열에너지가 소모된다. 1톤의 이산화탄소를 포집할 경우 투입되는 열에너지는 약 3~4GJ 정도다. 이를 공급하기 위해 별도의 보일러 등의 추가 설비가 요구되는 것이 단점으로 지목된다. 하지만 30년 이상 검증된 화학공정 기술이란 점과 포집된 이산화탄소의 순도가 높다는 점(체적 비율 90% 이상)에서 최근 여러 조선사를 중심으로 개발이 활발이 이루어지고 있다.

HMM과 삼성중공업은 파나시아(PANASIA)사와 컨테이너선용 탄소포집 시스템을 실증 연구를 2023년 초 개시해 2024년 말 실증 완료를 목표로 하고 있다.

선박용 탄소포집시스템(OCCS)은 선박 운항 과정에서 발생하는 배기가스 중 이산화탄소를 포집해 컨테이너선에 탑재가 용이한 ISO 규격의 이산화탄소 저장 탱크에 액화 상태로 저장되는 전 공정을 선상 실증해 연소 후 탄소포집방식의 우수성을 입증할 계획이다. 향후 국제해사기구(IMO)를 비롯한 국제기구로부터 탄소 감축량을 인정받기 위한 해상 실선 검증 레퍼런스 프로젝트 활용될 것이 기대된다.

[자료 5-13] 연소 전 포집 설비 개략도(상) 및 이산화탄소 저감 효과 분석(하)

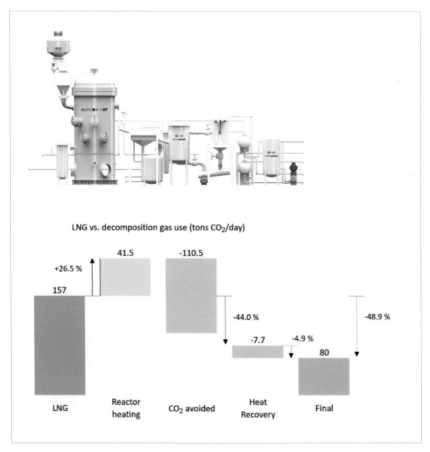

출처 : Rotoboost사 Gastech 2023 발표 자료 발췌

[자료 5-13]은 연소 전 탄소포집 기술 중 하나인 메탄 열분해 방식의 수소 생산설비 및 이산화탄소 저감 효과를 보여준다. 이 방식은 천연가스를 고온(약 800도 이상) 열분해해 수소와 고체 탄소로 분해하는 기술로, 청록수소 생산기술로 불리기도 한다. 노르웨이 Rotoboost사는 액체촉매 기반의 열분해 방식을 제안했으며, 이 기술을 통한 이산화탄소 순저감 효과는 약 50%로 국제해사기구의 초기 이산화탄소 감축 목표를 만족하게 할 수준의 높은 저감 효과를 보인다. 또한 탄화수소 연료에서 고체탄소 형태로 영구 저장할 수 있어, 별도의 영구 지중저장 격리가 불필요한 점이 가장 큰 장점이다. 생성된 고체탄소를 그 품질에 따라 타이어원료부터 고품질 그래핀 생산 원료 물질로 활용 가능하다는 점에서 활용성 또한 우수하다. 이 기술의 육상 실증이 완료되는 2025년 이후에는 선박 분야로의 활용도 기대되는 기술이다.

주요 선박용 탄소포집 기술은 앞서 소개한 바와 같이 현재 활발하게 개발이 이루어지고 있으며 2030년 정도에 본격적인 상용 운전이 이루어질 것으로 전망된다. 하지만, 앞서 언급한 포집된 이산화탄소의 재활용(Carbon Capture Utilization)이나 영구 격리를 위한 지중저장 인프라가 충분히 확보가 선행되어야 한다. 이러한 선행 조건이 충족되지 않는다면, 선박용 탄소포집장치의 선박 적용 시점도 다소 늦추어질 것으로 전망된다.

국제해운 온실가스 배출 규제 현황

1. IMO 온실가스 감축 시나리오

[자료 5-14] IMO 온실가스 저감 시나리오

Business As Usual	Initial IMO GHG 감축 전략	80% Reduction by 2050	탈탄소 2050
• 절대 배출 목표 無 • 채택된 정책은 EEDI, EEXI, CII 및 SEEMP • CII 는 2027년부터 2030년까지 연간 2% 씩 탄소배출량 감축	• 2008년 대비 2050년까지 연간 총 GHG 배출량을 50% 감소	• 2008년 대비 2050년까지 GHG 배출량을 80% 감소 • IEA의 2050년 Net zero road map 과 IRENA의 1.5°C 시나리오에 근거	• 2030년 45% 감축/ 2050년까지 GHG 無배출 목표 • UN IPCC 1.5 도 시나리오의 근거

출처 : 저자 작성

    국제해사기구는 선박에너지 효율화 지수인 EEDI, EEXI 등을 제시했고, 2023년까지 2013년 대비 30% 배출 저감을 목표로 하고 있다. 이와 더불어 CII 는 탄소배출저감 목표를 2030년부터 매년 2%씩 감축해서 보다 많은 배출 저감 달성하고자 한다. 운항 중인 선박의 운항데이터를 근거로 실질적인 탄소배출량을 산정해 이산화탄소 다배출 선박의 운항을 제한할 계획이다. 하지만 상기 배출 저감 기준은 전체 국제해운 선박의 이산화탄소 배출에 대한 절대적인 감축 목표를 제시하지 않았다. 또한 국제해운 운송에너지 증가에 따른 추가적인 탄소배출량에 따라 배출저감 효과가 제한적이라는 단점이 있다. 이에 국제해사기구는 상기 배출저감 기준을 BAU(Business As Usual)로 정의했으며, 이후 모든 감축 전략의 기존 배출량으로 활용하고 있다.

전 세계 국제해운의 절대적인 이산화탄소 배출감축 기준을 최초로 제시한 것을 'Initial IMO GHG 감축 전략(이하 초기 감축 전략)'이며 2008년 대비 2050년까지 배출 저감 50%를 달성을 목표로 했고, 연도별 감축안도 동시에 제안되었다. 초기 감축 전략은 BAU 시나리오와 다르게 연도별 절대적 감축안을 제시했기 때문에 늘어나는 운송에너지에 대응해 강도 높은 배출감축 대응안이 요구된다. 하지만 타 산업군 대비 2050년의 배출 저감 목표가 낮아 목표 수정이 불가피했다.

[자료 5-15] 국제해사기구 온실가스 감축 시나리오의 달성 가능성

IMO 온실가스 감축 시나리오	2030년	2040년	2050년
IMO 초기 감축 전략	강화된 규제안을 통해 달성 가능	강화된 규제안을 통해 달성 가능	강화된 규제안을 통해 달성 가능
2050 80% 배출 감축 전략	강화된 규제안을 통해 달성 가능	강화된 규제안을 통해 달성 가능	강화된 규제안을 통해 달성 가능
2050 탈탄소 감축 전략	달성 불가	강화된 규제안을 통해 달성 가능	강화된 규제안을 통해 달성 가능

출처 : IMO FFT

이에 국제해사기구는 2050 80% 배출 감축 전략과 2050 탈탄소 감축 전략을 [자료 5-15]와 같이 추가로 제시했다. 2050 80% 배출감축 전략은 2050년까지 국제해운을 통한 총 이산화탄소 배출을 연간 159만 톤으로 제한하는 전략으로 2008년 대비 80%에 해당하는 배출 목표를 달성하는 것이다.

2050 탈탄소 감축 전략은 실질적인 국제해운의 넷제로(Net Zero) 감축 목표로 UN(United Nations) 산하기구인 IPCC(Intergovernmental Panel on Climate Change)가 제시한 1.5도 특별보고서와 IEA(International Energy Agency)의 2050 탄소중립의 산업군별 배출 저감 목표를 만족하는 감축전략이다. 국제해사기구는 대체연료 보급이 충분히 이루어질 것으로 예상되는 2040년부터는 두 감축 전략의 이행이 가능할 것으로 전망된다. 하지만 곧 다가오는 2030년까지 2050 탈탄소 감축 전략의 이행은 어려울 것으로 전망하고 있다.

[자료 5-16] 연도별 국제 운송 분야 대체연료 공급 예상 분석

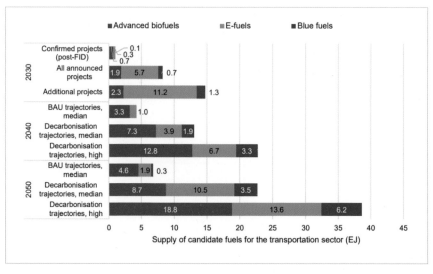

출처 : IMO FFT

[자료 5-16]은 국제해사기구 보고서(2023)는 국제 운송을 위한 연도별 대체연료 공급 예측량을 에너지 단위(EJ, Exa Joule(Joule))로 보여주고 있다. BAU 시나리오에서는 연도별 대체연료 공급의 상승이 제한적이지만, 2050 탈탄소 시나리오를 근거로 한 대체연료 생산량은 연도별로 그 상승 폭이 크다. BAU 시나리오를 근거로 국제해운에 요구되는 최대 에너지 요구량은 약 16EJ이며, 국제해운 분야의 가용 가능한 대체연료는 2040년에 28%, 2050년에 37%로 전망되므로, 대체연료 전환을 통한 2050 탈탄소 감축 전략의 이행은 실현 가능한 것으로 전망하고 있다. 대체연료별 비중으로는 바이오연료의 비중을 가장 높게 평가했다. 이퓨얼의 공급도 비교적 높게 전망했다. 블루연료는 낮은 배출저감 효과와 지중저장 영구 격리를 유효성을 비교적 낮게 전망한 이유로 비중이 상대적으로 낮게 전망했다.

[자료 5-17] VLSFO 대비 연도별 대체연료 가격 예측 분석

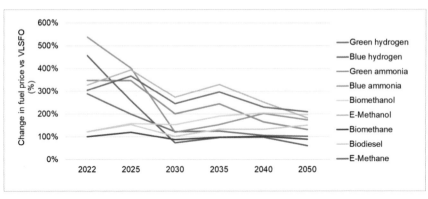

출처 : IMO FFT

대체연료의 가격은 기존 화석연료(VLSFO) 대비 현재 최대 5배 정도이지만, 2030년까지 생산비용의 급격한 하락이 예상된다. 이후 약 2~4 배 정도 높은 가격을 유지할 것으로 전망된다. 또한, 값비싼 대체연료의 사용은 선박 운전 효율화 기술의 향상을 촉진할 것이며, 부족한 대체연료의 보급을 보완할 것으로 기대된다. 연료가격 예측 추이는 2030년 이후 연료의 수요-공급 예측 및 생산기술 고도화를 통한 생산비용 절감 고려한 것으로 대체연료의 공급 증가 및 비용 감소를 통해서 가격 하락을 기대해본다.

국제해사기구의 온실가스 저감 목표는 대체연료 보급이 충분하고 선박에너지효율 기술이 이를 뒷받침해줄 때 달성될 수 있다. 하지만 대체연료 보급이 활성화되기 위해서는 바이오연료 및 이퓨얼 상용화 공정의 보편화와 더불어 풍력, 태양광과 같은 재생에너지의 보급도 원활히 이루어져야 한다. 이를 위해 전 산업 분야의 노력이 장기간 이루어져야 할 것이다.

2. 유럽연합 배출권거래제 및 해상연료 기준

[자료 5-18] EU 해상 운송 규제안 정리

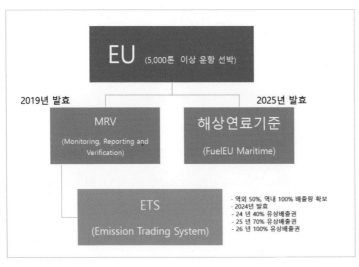

출처 : 저자 작성

세계 해운 배출량은 이산화탄소(CO_2) 1,076만 톤의 수준으로 전 세계 배출의 약 2.9%를 차지하고 있으며, EU의 해양 운송은 EU의 총 CO_2 배출량의 3~4%로 2021년에는 1억 2,400만 톤 이상의 CO_2를 배출하고 있다. 이에 2024년부터 EU ETS를 해상 운송 분야에 적용해 배출 저감 목표를 달성을 위한 적극적인 계획안을 실행에 옮기고 있다.

EU의 배출권거래제(EU Emissions Trading System)는 'Cap & Trade' 방식으로 정부가 기업에 온실가스 배출허용량을 부여한 후, 기업이 허용량 이하의 온실가스를 배출할 경우 잔여분을 시장에서 거래하도록 한 정책이다. EU연합은 해운 산업 분야에 대해 유상배출권 의무 확보 비율을 2024년까지 40% 그리고 2026년까지 100% 로 제시했다. 본 배출권에 적용된 이산화탄소 배출량은 5,000톤 이상의 선박에 대해 역외 운항 선박은 50%, 그리고, 역내 운항 선박은 100%의 배출량을 반영한다. 배출 할당량을 초과한 해운 기업은 추가 배출권을 구매해야 하며, 각 기업의 탄소감축 노력에 따라 배출권의 가격이 결정되며, 2023년 말 약 80유로 후반대의 가격대를 유지하고 있다.

한국선급(KR) 전망치에 따르면 2020년 EU MRV 보고 데이터를 기준으로 EU ETS 적용 대상 선박은 전 세계적으로 총 11,205척이다. 2024년부터 선박 온실가스 배출량의 역외 50%, 역내 100%를 유상배출권으로 확보해야 하며, 그 비중은 2024년 40%를 시작으로, 2025년 70%, 2026년 100%가 될 전망이다(출처 : 물류신문 [기고] 유럽의 약속, 'EU Fit for 55'가 국제해운에 미칠 영향, KR 김진형 파트장).

국제해사기구의 DCS(Data Collection Systems)와 유사한 MRV(Monitoring, Reporting, Verification)을 통한 배출량 보고 강제화 규제를 2018년부터 수행 중이다. 역외 또는 역내 항로로 EU 회원국 항만을 입출항하는 5,000톤 초과 선박은 MRV 보고를 의무화했으며, 확보된 데이터는 ETS 적용에 활용된다.

해상연료 기준(FuelEU Maritime)은 유럽의 친환경 해상연료 사용 의무화 기준으로 대체연료별 전주기 배출량을 연료의 단위 에너지(MJ) 당 이산화탄소 배출량으로 제시했다. 해상연료의 기준 배출량은 HFO(Heavy Fuel Oil) 연료의 2행정 디젤 기관 운전 시 발생하는 이산화탄소의 전주기 배출량인 $91.6gCO_2/MJ$이며, 2030년의 규제 배출량은 $85.7g CO_2/MJ$이며, 2035년은 $77.94gCO_2/MJ$, 2040년은 $61.9gCO_2/MJ$, 2050년은 $18.2gCO_2/MJ$이다.

[자료 5-19] EU 해상연료 기준 연료별 배출량

연료 구분	연료 종류	연료별 배출량 기준 [gCO₂/MJ]
화석연료	HFO	91.6
	MDO	90.6
	LNG 2행정 디젤	76.3
바이오연료	바이오 디젤	51.4
	바이오 LNG 2행정 디젤	18.3
대체연료	e-diesel	28.6
	e-methanol	4.5
	e-hydrogen	3.6

출처 : 발췌 후 저자 작성, EU Fit for 55 규제 소개 및 파급영향 분석, 한국 선급 김진형, 대한조선학회지 제58권 제2호 21-26pp, 2021

[자료 5-19]는 EU 해상연료 기준에서 제시된 연료별 배출량 기준이다. 기존 화석연료 중 LNG 2행정 디젤 연료의 경우는 2035년까지는 벌금 부과액이 없으나, 2040년부터는 실제 배출량이 규제 기준보다 높아 이에 상응하는 벌금을 부과된다. 바이오연료에서는 바이오 LNG 2행정 디젤 연료가 2050년까지 규제 기준을 만족한다. 대체연료 중에서는 e-diesel을 제외하고는 모두 2050년 규제

기준을 모두 만족한다.

해상연료 기준의 벌금 부과 계산법은 다음과 같다.

$$\text{벌금 부과액(EUR)} = \frac{(\text{규제 배출량} - \text{연료별 실제 배출량})}{\text{연료별 실제 배출량}} \times \text{에너지 사용량(MJ)} \times 0.06 \text{ EUR/MJ}$$

상기 벌금부과는 개별 선박은 아닌 선사에 운항하는 모든 벌금부과액을 총합을 기준으로 한다. 벌금 계산식에서 규제 배출량이 연료별 실제 배출량보다 큰 경우는 해당한 금액만큼 편익(인센티브)를 제공하게 된다. 즉, 같은 에너지 사용량을 가진 선박을 기준으로 e-methanol이나 e-hydrogen 선박을 1대 운영할 경우 HFO 선박이 4~5대의 운영에 따른 벌금 부과액을 상쇄하는 효과를 가지게 된다. 이를 통해 친환경 대체연료로의 전환을 활성화하는 효과를 가진다.

향후 국제해사기구가 도입할 것으로 예상하는 시장 기반의 배출권거래제를 EU 연합이 선제적으로 도입함으로써 해운 기업의 더욱 적극적인 온실가스 배출 저감 이행을 이끌고 있다. 본 제도 시행을 통해 얻게 될 여러 교훈 들을 통해 국제해사기구의 국제해운 분야의 시장 기반 배출권거래제의 성공적인 시작과 이산화탄소 배출 저감 목표 이행이 계획대로 이루어지기를 기대해본다.

PART 6.
REDD+ 사업에 대한
이해와 참여 방안

최수원

REDD+
사업 소개

프랑스 소설《나무를 심은 사람》에는 전쟁의 여파로 모든 곳이 회색빛 융단처럼 황폐해진 땅을 주인공 단 한 사람의 남다른 신념과 추진력으로 울창한 산림으로 되돌린 기적 같은 이야기가 나온다. 파괴된 땅에 나무를 심고 나니 그동안 말랐던 샘물이 다시 흐르고, 동식물 생태계가 되살아났으며 사람들이 머무는 마을로 활력을 되찾는다는 이야기가 전개된다. 이는 나무를 심고 가꾸는 개인의 작은 행동이 지구환경을 긍정적으로 변화시키는 가장 큰 힘이 될 수 있다고 알려주는 것이 아닐까?

전 세계적으로 산림을 활용해 온실가스 배출량을 줄이는 활동인 REDD+ 사업의 중요성이 나날이 강조되고 있다. 2005년 사업 개념이 처음 소개된 이후 지금까지 국제사회는 REDD+ 관련 규범을 정립하면서 발전시켜왔다. 국내에는 2023년 관련 법령이 제정되면서 REDD+ 사업을 운영하고, 정부가 이를 정책적으로 지원하는 기반이 마련되었다. 하지만 REDD+ 사업이 원활하게 발전하기 위해서는 산림 분야라는 단일 전문영역에만 국한되지 않고 다양한 분야의 지식과 역량을 접목하는 것이 필요하다. 마치 다양한 색채가 섞여 더 아름다운 예술

품을 만들어내듯이, 각 분야의 특성과 전문성이 상호작용 된다면 REDD+ 사업을 통한 기후변화 대응에 무궁무진한 혁신과 창의성을 발휘할 수 있기 때문이다.

따라서 PART 6은 자발적 탄소시장과 연계한 기업, 기관, 녹색금융 관계자 등이 REDD+ 사업에 대한 관심과 이해를 높일 수 있는 참고자료가 되길 희망한다. 가급적 복잡한 과학적 담론은 지양하고 REDD+ 사업의 기본 개념과 실무적인 정보를 중점으로 제공하고자 한다.

1. 산림과 탄소흡수

2007년 인도네시아 발리에서 개최된 기후변화협약 제13차 당사국총회에서 흥미로운 연구결과가 발표되었다. 2004년 기준 전 세계 온실가스 배출량의 25.9%는 에너지 공급 때문에 발생했고, 산업활동에 의한 배출이 19.4%, 그다음 의외로 산림분야에서의 배출이 약 17.4%에 달한다는 것이다. 이는 산림이 온실가스 흡수원임과 동시에 주요 온실가스 배출원으로 작용한다는 것을 뜻한다. 이후 국제사회는 산림을 온실가스 흡수원으로써 지속가능하도록 관리할 뿐만 아니라 산림황폐화 방지를 위한 노력도 함께해야 함을 인식하는 계기가 되었다.

산림이 탄소를 흡수하고 배출하는 원리는 다음과 같다. 나무는 광합성 작용을 통해서 대기 중의 이산화탄소를 흡수한 뒤, 산소를 배출하고 줄기, 가지, 잎과 뿌리에 탄소를 유기물의 형태로 저장한다. 이렇게 저장된 탄소는 나무가 죽거나(고사, 枯死) 낙엽 등의 형태로 토양 속에 저장된다. 시간이 지나 유기물의 자연적인 분해가 진행되면 그동안 각 형태로 저장된 탄소가 다시 대기 중으로 배출된다. 이 과정에서 배출된 탄소는 대기를 순환하다가 새로운 나무가 자라면서 다시 광합성을 진행하고 이렇게 산림의 탄소순환이 반복하는 것이다. 즉, 산업 발전에 따른 산지개발로 산림전용(산림을 다른 목적으로 변경)이 발생하거나, 지역주민의 경작 목적으로 산림이 황폐(산림의 양과 질이 떨어짐)해진다면 나무, 토양 등 산림 생태계가 품고 있던 탄소가 이산화탄소의 형태 등으로 대기 중에 방출되면서 온실가스 배출이 발생하는 것이다.

[자료 6-1] 식물의 광합성과 탄소흡수 기작

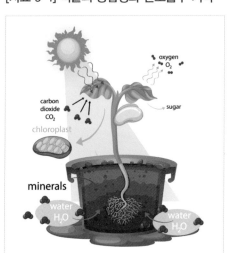

출처 : 저자 제공

여기서 산림이 나무 몸통, 가지, 잎, 뿌리 등에 가진 탄소량을 산림탄소저장량이라고 하는데, 이를 구하는 방식은 일반적으로 기후변화에 관한 정부 간 협의체(IPCC, Intergovernmental Panel on Climate Change)에서 마련한 기준을 따른다. 먼저 나무의 생체량(바이오매스)인 임목축적을 구하고 이를 해당 수종에 맞는 탄소흡수계수를 곱해 탄소의 양으로 환산하는 방식이다.

용어가 생소할 수 있지만, 원리는 간단하다. 일반적으로 잘 자라는 나무가 탄소저장량이 많고, 동일한 부피 생장을 한다면 목재 밀도가 높은 활엽수의 저장량이 더 많다고 알려져 있다. 하지만 나무의 수종(종류)에 따라 탄소저장량이 다른데, 정밀한 탄소저장량을 구하기 위해서 탄소흡수계수를 반영하는 것이다.

탄소흡수계수란 수종별로 다른 탄소량을 갖는 현실을 반영해 구체적으로 나무의 탄소량을 산출하기 위해 적용하는 계수를 뜻한다. 보통 ① 목재기본밀도, ② 바이오매스 확장계수, ③ 뿌리·지상부 비율, ④ 탄소전환계수 이렇게 4가지를 반영한다. 여기서 목재기본밀도란 목재의 부피 대비 건중량을 나타내는 비율을 의미한다. 바이오매스 확장계수란 줄기재적을 이용해 가지, 잎, 수피, 열매 등을 포함하는 전체 지상부 바이오매스를 구하는 계수를 뜻한다. 뿌리·지상부 비율은 지상부 바이오매스와 지하부 바이오매스의 비율을 적용하기 위한 개념이다. 탄소전환계수란 건조된 바이오매스 내에 함유된 탄소량의 비율을 뜻한다.

[자료 6-2] 산림 탄소저장고

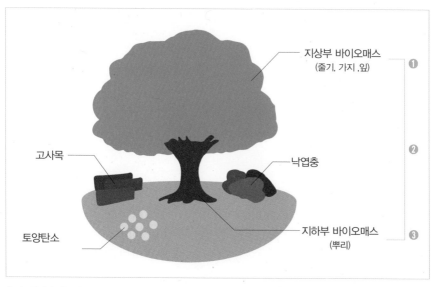

출처 : 산림과 탄소이야기 재구성

다소 복잡할 수 있으나 REDD+ 사업을 준비하는 실무자라면 산림이 탄소를 저장하는 탄소저장고에는 단순히 지상부 나무만 있는 것이 아니라 고사목, 낙엽층, 지하부를 포함한 토양탄소까지 고려해야 함을 인지한다면 충분하다. 따라서 REDD+ 실사업 추진 시 해당 시점에 국제적으로 합의된 산정방식, 계수 등 현황을 파악하고 이를 적용해 사업을 설계·운영해야 한다.

[자료 6-3] 산림 탄소흡수량 산정

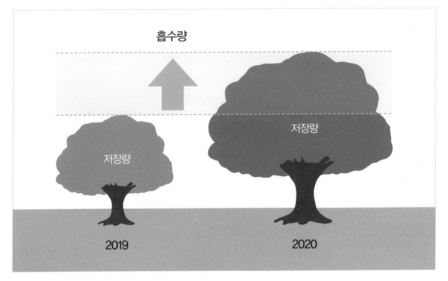

출처 : IPCC 가이드라인, 2006

2. REDD+ 정의 및 추진경과

REDD+는 산림의 탄소흡수 기능을 전반적으로 강화하고 지속가능하게 관리해 온실가스 배출을 감소할 수 있도록 유엔기후변화협약(UNFCCC)에서 개발한 국제적으로 합의된 메커니즘(사업 절차나 방법론 등)이다.

2005년 제11차 당사국총회에서 파푸아뉴기니와 코스타리카가 제안한 개도국 산림전용 방지를 통한 온실가스 배출 감축(RED, Reducing Emissions from Deforestation) 활동으로 논의를 시작했다가, 2년 후 제13차 당사국총회에서 RED 활동뿐만 아니라 산림보전, 지속가능한 산림경영, 산림탄소축적 증진 활동까지 활동을 확장하게 되면서 +α 개념이 점차 더해졌고, 현재의 REDD+(Reducing Emissions from Deforestation and forest Degradation, and the role of conservation, sustainable management of forests, and enhancement of forest carbon stocks in developing countries)로 의미가 확장되었다.

REDD+ 사업과 관련된 국제사회의 주요 합의사항과 발전 내용은 다음과 같다.

[자료 6-4] 국제사회의 REDD+ 사업 합의 추진경과

구분	주요 합의사항
제11차 당사국총회 (2005년)	기후변화협약에서 REDD+ 개념이 처음 소개되었으며, 당시에는 개도국 산림전용 방지를 통한 온실가스 배출감축 수준(RED)으로 논의
제13차 당사국총회 (2007년)	RED 활동뿐만 아니라 산림보전, 지속가능한 산림경영, 산림탄소축적 증진(REDD+)까지 COP에서 공식적으로 검토되기 시작
제16차 당사국총회 (2010년)	칸쿤합의문(Cancun Agreements) 채택을 통해 REDD+ 원칙과 가이드라인이 마련됨
제19차 당사국총회 (2013년)	REDD+ 사업 수행을 위한 재정 지원, 방법론 등 마련한 바르샤바 REDD+ 프레임워크 합의
제21차 당사국총회 (2015년)	신기후체제(Paris Agreement) 제4조에 따라 산림을 포함한 온실가스 흡수 및 저장고를 적절히 보전하고 증진하는 조치를 강조하면서, REDD+와 같은 결과기반보상 방식의 도입을 장려
제26차 당사국 회의 (2021년)	파리협정 제6조 협력적 접근법에 기반해 국제적으로 이전된 감축 결과물(ITMO)을 당사국의 NDC 달성에 활용에 가능토록 합의

출처 : 저자 작성

3. REDD+를 활용한 ESG 가치 창출

ESG 경영은 환경(Environment), 사회(Society), 지배구조(Governance) 등 기업의 비재무적 지표 3가지를 고려한 경영활동을 말한다. 즉, 기업이 얼마나 친환경적이고 사회적 책임을 다하는지 그리고 지배구조상 투명성을 담보하는지 나타내는 지표라고 할 수 있다. ESG가 중요한 이유는 기업경영 활동에서 이를 간과하면 해당 기업은 국내·외 금융지원 대상에서 소외되고, 영업활동 등에 제한이 생길 수 있기 때문이다.

많은 사업자가 ESG 경영을 위해 새로운 사내 TF를 만들어 대응하거나, 녹색채권 발행 또는 지속가능한 분야로 대체 투자처를 모색하는 등 다양한 활동을 실시하고 있다. 특히 환경 관련해서 주요 활동을 살펴보면 온실가스 배출량을 줄이기 위한 목표를 설정하고, 신재생 에너지 사용을 늘리거나, 친환경 제품이나 서비스를 개발하고 환경보호를 위한 연구와 혁신에 투자하며 대응한다. 하지만 이를 실행하는 데 있어 여러 가지 어려움과 한계가 있다. 친환경 재료의 사용 또는 기술이나 시스템 전환은 상당한 초기 투자 비용이 필요하기 때문일 것이다. 뿐만 아니라 현재 ESG에 대한 일관된 측정과 보고 표준이 부족한 상황에서, 관련 환경규제는 지속해서 변화하고 있기에 이를 실무에서 적용하는 데 어려움이 많은 것이 현실이다.

반면 ESG 경영에 있어 산림은 매우 매력도가 높은 투자처라 할 수 있다. 천천히 자라는 나무처럼 사업의 진행 과정과 결과 예측이 용이하기 때문이다. 또한 탄소흡수, 생물다양성 보존, 지역사회와 공유가치 창출 등 폭넓게 활용할 수 있는 공익적 가치 창출 효과로 기업 이미지 제고와 같은 홍보 성과로도 이용할 수 있다. 이에 애플, 아마존 등 글로벌 기업은 물론이고 국내 유수의 기업들이 앞다

튀 ESG 경영의 목적으로 산림 투자를 실시하고 있다. 이러한 관점에서 산림 분야에서 바라본 ESG 경영을 다음과 같이 재해석할 수 있을 것으로 기대된다.

ESG(Environment, Social, Governance) 경영 어떻게 하면 좋을까요?
쉽고(Easy), 간단(Simple)합니다. 산림을 가꾸세요!(Growing the forestry!).

실제로 UN 기후변화협약 파리 결정문과 우리나라 정부에서 발표한 2050 탄소중립 전략에는 온실가스 감축 목표 달성을 위해서는 에너지 사용을 줄임과 동시에 산림 등 생태계에서 탄소흡수 노력이 동시에 진행되어야 가능하다고 강조하고 있다.

[자료 6-5] 파리협정(제5조 제1항 및 제2항)

- 산림을 포함한 온실가스 흡수원과 저장고의 보존 및 증진 행동 이행을 촉구
- REDD+과 관련된 활동에 대한 정책과 인센티브 관련 이행 및 지원을 촉구

1. Parties should take action to conserve and enhance, as appropriate, sinks and reservoirs of greenhouse gases as referred to in Article 4, paragraph 1(d), of the Convention, including forests.

2. Parties are encouraged to take action to implement and support, including through results-based payments, the existing framework as set out in related guidance and decisions already agreed under the Convention for: policy approaches and positive incentives for activities relating to reducing emissions from deforestation and forest degradation, and the role of conservation, sustainable management of forests and enhancement of forest carbon stocks in developing countries; and alternative policy approaches, such as joint mitigation and adaptation approaches for the integral and sustainable management of forests, while reaffirming the importance of incentivizing, as appropriate, non-carbon benefits associated with such approaches.

출처 : 파리협정 합의문

전 세계 ESG 경영 열풍의 근간인 유엔 책임투자원칙(UN PRI)에서 2019년 발표한 보도에 따르면 산림투자를 통해 ESG 가치창출에 직·간접적인 기회가 용이하다고 평가했다. 이러한 기조로 우리나라 주요 ESG 평가기관은 2021년 모범규준을 개정해 자연자원 관리 대상으로 '산림'과 'REDD+' 사업 등을 포함시켰다. 국내 주요 기업인 포스코(2021.7), 현대백화점그룹(2021.8), 유한킴벌리(2021.9), SK그룹(2021.10), LG그룹(2022.4), 우리금융지주(2022.5) 등이 산림청과 ESG 협약을 체결했다.

필자가 분석한 REDD+ 사업 활동을 통한 주요 ESG 평가기관의 지표 간 연계한 가치 창출 방향성은 다음과 같다.

[자료 6–6] REDD+ 사업을 ESG 평가지표 매칭

출처 : 저자 작성

이렇게 산림은 지구상 가장 풍부한 생물자원인 산림에서 생산되는 목재로 종이, 가구, 건축 등 친환경연료로 활용될 뿐만 아니라 대단지 면적을 관리하는 해외산림사업 특성상 지역 토착민과 공존을 위한 사회공헌 활동이 수반됨과 동시에 지속가능한 기업경영을 위한 지배구조 활동에 기여도도 높은 투자 분야라고 할 수 있다.

[자료 6-7] REDD+ 사업을 통한 사회적 가치 창출 사례

〈REDD+를 통한 지역주민 일자리 창출〉　　〈개도국 대상 양질의 교육 제공〉

출처 : 저자 작성

REDD+ 사업의
절차 및 주요 활동

1. REDD+ 사업의 추진절차

REDD+ 사업은 크게 UNFCCC 등록을 통해 감축량만큼 결과기반 보상금을 수령하거나 국가 NDC 실적으로 활용할 수 있도록 하는 정책적 접근방식(**의무시장**)과 자발적 탄소시장(Voluntary Carbon Market)에 사업을 등록해 감축 실적을 거래하는 시장형(**자발적 시장**) 접근방식이 있다. 두 방식 모두 산림을 보전하고 증진해 온실가스 감축을 도모하는 활동이라는 점에서 궁극적인 목표는 동일하다. 그러나 시장형 접근법은 국제협약에 종속되는 것이 아니라 민간 중심의 독립된 자체 시장 규정에 따라 운영된다는 점에서 차이가 있다. 따라서 시장형 접근방식은 정책적 접근방식보다 REDD+ 운영을 위한 사업 규모, 추진절차, 적용 방법론 등 비교적 용이하다고 볼 수 있다.

구분	UNFCCC 등록(정책적 접근)	자발적 시장 등록(시장형 접근)
운영기관	UNFCCC 사무국	VERRA, Gold Standard 등 자발적 시장
수행주체	개발도상국 수원국 정부 (공여국 수행기관 협조)	기업, 기관, NGO, 개인 등
추진목적	결과기반 보상 / 국가 NDC 활용	감축실적 거래를 통한 수익 도모
재정지원	GCF, 다자기구 등 통한 결과기반 보상금	탄소크레딧 구매 수요(가격 변동 존재)
추진규모	준국가 수준 이상	제한 없음(소규모 가능)
기타사항	4대 기반(국가전략, 산림배출선, 국가산림 모니터링 시스템, 안전장치정보시스템) 구축 필요	4대 기반에 준하는 시장별 자체 규정을 유연하게 적용해 운영 (모니터링보고서, 인증보고서)

출처 : 저자 작성

실제로 REDD+ 사업을 준비하는 사업자는 여러 가지 잠재적인 도전적 상황(감축실적의 국가 간 이전-ITMOs, Internationally Transferred Mitigation Outcomes) 등 이슈가 산재된 정책적 접근법보다 자발적 탄소시장에서 사업을 등록하고 실적을 거래해 실질적인 수익을 도모하는 시장형 접근법 참여를 우선한다. 이는 정책적 접근법에 의해 진행한 REDD+ 사업의 결과기반 보상은 신청은 상황에 따라 제한적일 수 있고, NDC 활용에 대한 국제적 합의에 지난한 시간이 필요할 수 있기 때문이다. 따라서 대한민국 산림청은 2012년부터 추진한 REDD+ 시범사업을 자발적 탄소시장인 VERRA의 VCS를 통해 진행한 바 있다. 해당 경험을 기반으로 2023년에 발간한 자료에 의하면 자발적 탄소시장에서 REDD+ 사업의 추진 절차와 소요기간은 다음과 같다.

[자료 6-9] 자발적 탄소시장에서의 REDD+ 사업 절차별 소요기간

절차	내용	소요기간
1. 사업개발	사업 대상지 선정, 사업타당성조사(FS), MRV 기반 구축	약6~36개월
2. 사업계획서(PDD)작성	방법론 선정, 사업계획(현장사업 DA), MRV 이행	약12~24개월
3. 검증(Validation)	검증기관선정-문서검토, 관계자 회의-현장방문, 수정-보고	약6~12개월
4. 등록(Registration)	공개 의견수렴-수정, 보완-탄소시장 등록부(registry)에 등록(공개 시 접수문서: 사업계획서, 검증보고서, 검증확인서)	약 2개월
5. 모니터링(Monitoring)	사업계획서(PDD)의 모니터링 계획대로 시행-모니터링 보고서 작성	5년
6. 인증(Verification)	인증기관선정-검토, 현장실사-보고서, 실적발행요청 (구비서류: 사업계획서, 인증결과보고서, 모니터링보고서)	약 3개월
7. 탄소배출권 발행	모니터링 결과 보고에 따라 확보된 양 만큼 배출권 발행	

출처 : 2023 쉽게 이해하는 REDD+ 설명집(산림청, 2022)

해당 절차를 봤을 때 자발적 탄소시장의 일반 감축사업과 달리 비교적 대규모 면적의 산림을 대상으로 사업을 실시하는 REDD+ 사업 특성상 사업자는 사업개발 단계에서 면밀하게 검토해야 할 주요사항이 있다.

첫 번째는 산림사업에 적합한 환경조건의 검토다. REDD+ 사업 대상지를 결정할 때 그 지역의 높은 산림 탄소저장량을 확보하기 위해서 주변 지역이 산림 파괴나 변화에 취약하지 않은지 또는 산림 생태계 안정성에 기여가 큰 적절한 기후조건을 갖춘 대상지인지를 고려하는 것이 중요하다.

두 번째는 지역사회와 협력 가능성이다. 지역사회와의 협력은 REDD+ 프로젝트의 성공과 지속가능성을 확보하는 데 중요한 역할을 한다. 이는 대상지역에 대한 깊은 이해를 기반한 지역주민과 커뮤니티를 REDD+ 사업에 참여시킴으로써 지식과 경험을 공유하고 사업의 효율성을 높일 수 있기 때문이다. 특히 지역사회와의 관계는 사업 단계별로 발전시키면서 이슈 발생 시 적시에 소통을 유도하고, 협력을 강화할 수 있을 것이다.

세 번째는 토지 이용권리 등 법적 권한의 검토이다. 대상지 결정 과정에서 해당 지역의 토지 소유 구조를 정확하게 파악해야 한다. 따라서 누가 해당 지역을 소유하고 있는지, 토지 사용에 대한 권한이 어떻게 부여되어 있는지를 이해하는 것이 중요하다. 따라서 대상지의 토지권이 유효하고 법률에 준수하는지를 파악해야 한다. 또한 해당 지역의 토지관리 정책과 규제 여부를 확인하는 것도 중요하다. 불분명한 토지권 문제는 REDD+ 프로젝트의 지속가능성을 보장할 수 없기 때문이다.

마지막으로 네 번째는 사업 모니터링을 위한 기술 수단의 적용 가능성이다. REDD+ 사업은 프로젝트에 따라 실시간 모니터링이 필요한 경우가 있고, 주기적인 모니터링을 필요로 하는 경우도 있다. 즉 위성 이미지, 지형자료, 현지조사, 센서 데이터 등을 활용해 프로젝트 영역을 정밀하게 모니터링할 수 있는 기술 수단을 적용해야 한다. 따라서 모니터링 시 종종 중립적으로 외부 전문기관의 참여가 필요할 것이다. 이는 프로젝트의 성과를 객관적으로 평가하고, 이해관계자들 간의 신뢰를 증진시키는 데 도움이 될 수 있다.

2. REDD+ 유형별 주요 활동

과거 산림전용으로 인한 온실가스 배출감축을 취지로 제안된 RED는 다양한 국가들의 현황을 반영해 현재의 REDD+로 발전해왔다. REDD+ 체계는 범위(Scope, 어떤 활동을 REDD+로 인정될 것인지), 기준선(Reference Level, 어떻게 측정될 것인지), 재정(Finance, 재원 조달 출처는 어떻게 되는지), 분배(Distribution, 누구에게, 누구로부터 어떻게 분배할 것인지)라는 4가지 기본원칙을 고려하는 것이 필요하다. 여기서 REDD+ 사업을 담당하는 실무자가 알아야 할 중요한 원칙 중 하나는 '범위(Scope)'로 REDD+ 유형별 주요 활동은 다음과 같이 5가지로 구분된다.

REDD+는 ① 산림전용으로 인한 온실가스 배출감축, ② 산림황폐화로 인한 온실가스 배출감축, ③ 산림탄소 축적 보전, ④ 산림의 지속가능한 경영, ⑤ 산림탄소축적 증진과 같이 5가지 유형이 있으며, 각각의 활동 사례는 다음과 같다.

[자료 6-10] REDD+ 사업유형과 활동사례

구분		활동사례
1	산림전용에 의한 온실가스 배출감축 (Reducing emissions from deforestation)	캄보디아 지역주민들의 옥수수 경작을 위한 농업면적 확대로 산림전용이 빈번하게 발생했으나 법적으로 보호림 설정을 통해 산림전용 확대를 막고 온실가스 배출을 감축
2	산림황폐화로 인한 온실가스 배출 감축 (Reducing emissions from forest degradation)	인도네시아 지역주민들이 생활용 연료채취를 위한 벌채 증가로 산림황폐화가 가속되었으나 쿡스토브 보급 등 산림훼손 감소
3	산림탄소 축적 보전 (Conservation of forest carbon stocks)	라오스에서 이미 조성된 산림지역의 탄소축적을 유지하고 보존하는 것을 목적으로 산림보호 지역 설정을 확대하는 산림정책과 보전 활동으로 산림탄소 축적을 유지
4	지속가능한 산림경영 (Sustainable management of forests)	페루에서 지속가능한 산림경영 인증의 표준인 산림경영인증을 받은 산림에서 REDD+ 사업을 병행해 지속가능한 산림관리와 탄소흡수원 증진 활동을 병행함
5	산림탄소 축적 증진 (Enhancement of forest carbon stocks)	온두라스에서 기후변화 대응을 위한 목적으로 신규 조림을 통해 추가적인 산림탄소축적을 증진해 지속가능한 산림 발전을 도모

출처 : 저자 작성

앞서 명시한 사업유형과 같이 구분된 이유는 각각의 사업을 설계하는 기준선(베이스라인)과 온실가스 흡수량을 산정하는 고려사항들이 다르기 때문이다. 실무적으로는 산림전용(Deforestation)과 산림황폐화(Forest Degradation)의 명확한 개념 차이를 구분하고 REDD+ 사업설계에 반영할 수 있어야 한다. 산림전용은 산림이었던 지역이 농업의 확대나 부동산 건물 개발 등으로 인해 산림이 아닌 용도로 변경하는 과정을 말한다. 반면 산림황폐화는 토지 용도의 변경 없이 여전히 산림이 조성되어 있으나 기후변화 영향에 따른 환경조건 변경이나 지역주민의 과도한 벌채 등으로 산림의 나무 밀도가 낮아지거나 생물다양성이 감소하는 현상이다. 발생 원인에 따라 두 가지 개념을 구분해 사업 기준선 마련에 적용한다.

[자료 6-11] 산림전용과 산림황폐화 구분

산림전용 사례(동티모르 Aileu, 주택단지 개발을 위한 토지 이용 계획 변경으로 산림전용 발생)

산림황폐화 사례(동티모르 Dili, 지역주민의 연료 활용을 위한 불법 벌채로 산림 양과 질 저하)

출처 : 저자 작성

개발도상국의 경제발전과 인프라 확장을 위한 산림 전용 발생 사례와 불법 벌채, 산불, 산사태 등에 기인하는 산림황폐화 현상을 국제사회에서 완벽하게 통제하고 조정하는 데는 한계가 있을 것이다. 따라서 산림을 이용하고 목재제품을 활용하는 과정에서 환경적, 사회적, 경제적 측면을 모두 고려한 지속가능

경영 기준 준수를 통해 산림자원을 이용을 촉진하되 지속가능한 관리방식으로 사업을 운영할 수 있을 것이다.

산림탄소축적 보전과 증진 차이점은 산림탄소축적 보전은 이미 존재하는 산림의 탄소축적을 보존하고 지속가능한 산림 관리를 강조하는 데 중점을 둔다. 반면 산림탄소축적 증진은 추가적인 탄소축적 증진을 유도하기 위해 실시하는 활동이다. 주로 기후변화 대응과 지속가능한 발전에 중점을 둔다는 점에서 개념 차이가 있다.

[자료 6-12] 산림탄소축적 보전과 증진 개념 차이

산림탄소축적 보전(Conservation)	산림탄소축적 증진(Enhancement)
목적 : 이미 존재하는 산림지역의 파괴나 변화를 최소화해 산림 탄소저장량을 유지	목적 : 기존 산림의 탄소축적을 높이거나, 신규 조림을 통해 추가적인 탄소축적을 유도하는 것을 목표로 함.
활동내용 ① 산림파괴를 방지하거나 제한하고, 법적으로 지속가능한 산림관리를 촉진하는 등의 활동을 수행 ② 주로 생태계 보전, 생물 다양성 보호, 지역사회의 삶의 질 유지 등 산림의 자연적 가치를 강조해 사업운영	활동내용 ① 재조림, 지속가능한 산림관리, 탄소흡수 촉진을 위한 기술적 개선 등 다양한 활동을 통해 산림의 탄소축적을 높이는 방향으로 진행 ② 주로 기후변화 대응을 강조하면서 자연생태계의 복원과 지속가능한 산림경영을 통한 사회적, 경제적 이익을 강조

출처 : 저자 작성

3. 국내 기관의 REDD+ 시범사업 사례

대한민국 정책브리핑 보도자료에 의하면 자발적 탄소시장에서 REDD+ 활동 배출권의 거래 규모는 2010년까지 240% 성장을 했다가 2021년 VCS(Verified Carbon Standard) 프로그램 기준 VCUs 배출권 총발행량의 30% 이상을 차지하는 가장 중요한 사업으로 자리 잡았다고 한다. UNFCCC 사무국 등록을 통해 실시하는 정책적 접근법의 경우 일부 국가의 결과기반보상 사례도 있긴 하다. 그러나 NDC 활용에 대한 국제적 합의(우리나라와 상대국가 간 승인 등)와 협상에 장기간 소요가 전망된다. 이에 따라 자발적 탄소시장에서 거래를 목적으로 실시하는 시장형 접근법으로 REDD+ 사업에 대한 수요는 앞으로도 높을 것으로 보인다.

VCS는 2021년 기준 탄소크레딧 발행량이 295만tCO₂로 자발적 탄소시장에서 가장 활발하게 발급·거래되는 크레딧이다. 이중 산림과 농업 등 토지 이용(AFOLU, Agriculture, Forestry and Other Land Use) 부문은 전체 크레딧 누적 발행량의 45%를 차지해 가장 큰 비중을 차지한다. 특히 REDD+ 프로그램은 전체 크레딧 누적 발행량의 30% 이상을 차지하고 있어 VCS 내에서도 산림 부문이 매우 큰 비중을 차지하고 있다.

[자료 6-13] 자발적 탄소시장에서 산림사업 현황

□ **AFOLU (Agriculture, Forestry and Other Land Use) 프로그램 개요**

○ VERRA는 VCS 운영 초기부터 AFOLU 부문의 프로그램 개발과 활성화를 위해 노력해, AFOLU가 전체 사업의 약 절반을 담당

○ 프로그램 종류

구분	프로그램명
산림	**REDD** : Reducing Emissions from Deforestation and Forest Degradation **ARR**(신규조림·재조림) : Afforestation, Reforestation and Revegetation **IFM**(산림경영개선) : Improved Forest Management
비산림	**WRC**(습지보전·복원) : Wetland Restoration and Conservation **ALM**(농지관리) : Agricultural Land Management

• REDD+ : REDD에 ARR, IFM을 더한 개발도상국에서 실행되는 탄소상쇄 사업

□ **프로그램 운영 현황 ('21.9월 기준)**

○ AFOLU 부문은 VCUs 누적 발행량의 45%, 거래량의 40%를 차지

• VCUs 누적 발행량 : 총 770백만tCO₂ / AFOLU 348백만tCO₂
• VCUs 누적 거래량 : 총 389백만tCO₂ / AFOLU 156백만tCO₂

○ 세부 현황

- 프로그램별 : REDD가 프로젝트의 38%, VCUs 발행량의 67%를 차지

구분	총계	REDD	ARR	IFM	WRC	ALM
프로젝트(건)	218	82	103	24	1	8
VCUs(백만tCO₂)	348	234	27	9	34	44

- 지역별 : 중남미 지역이 프로젝트의 42%, VCUs 발행량의 43%를 차지

구분	총계	중남미	아시아	아프리카	북미	기타
프로젝트(건)	218	91	58	52	12	5
VCUs(백만tCO₂)	348	149	114	77	5	3

출처 : 대한민국 정책브리핑

이러한 상황에서 대한민국 정부 산림청은 우리 기업(기관)이 앞으로 REDD+ 사업을 자발적 시장에서 원활하게 수행할 수 있도록 REDD+ 시범사업을 추진하고 이를 VCS에 등록한 바 있다. '산림부문 REDD+ 중장기 추진계획

(2020~2024)'에 따르면 산림청은 인도네시아, 캄보디아, 미얀마, 라오스 4개국에서 프로젝트 수준으로 수행했는데, 시범사업을 통해 확인된 REDD+ 사업의 VCS 추진 절차는 다음과 같다.

[자료 6-14] REDD+ 사업 추진 절차

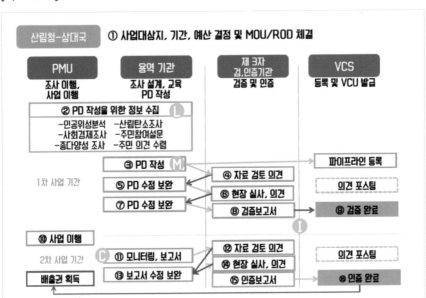

출처 : 산림부문 REDD+ 중장기 추진계획(2020~2024)

당시 사업을 실시한 2012년의 대외여건은 교토의정서 제1차 공약기간 이후 Post-2012를 논의하는 과정에서 REDD+가 주요 의제로 다뤄지는 상황이었다. REDD+ 탄소배출권 확보를 위한 유일한 창구로 자발적 시장만 존재할 때였다. 따라서 국제 자발적 탄소시장에서 점유률이 가장 높은 VCS를 통한 배출권 확보 시범사업을 실시해 민간 사업자의 진출기반을 마련했다는 점에서 의의가 있다. 시범사업을 통해 확인된 주요 성과와 발전방안은 다음과 같다.

[자료 6-15] 산림청 시범사업 성과와 발전방안

〈성과〉	〈발전방안〉
배출권 확보기반 구축 : 국제적으로 인정받고 있는 VCS 배출권 발행을 정상 추진해 이를 통해 축적한 경험을 신기후체제에 적요할 수 있는 기반 마련	국내 배출권거래제와 연계 필요 : 국외 자발적 탄소시장에서 발급한 크레딧을 국내 배출권거래제에 활용할 수 있는 제도적 기반 마련 필요
국제적 위상 제고 : 우리나라는 기존 교토의정서 체제의 온실가스 감축의무가 없는 비부속서 국가였으나, 선진국이 참여하는 REDD+ 이행 지원에 동참함으로 선진국과 개도국을 연결하는 가교역할 수행	프로젝트 사업 규모 확대 필요 : 바르샤바 REDD+ 프레임워크에서는 국가 수준의 이행을 권장하기에, 스케일 업을 통해 감축결과에 대한 결과기반 보상이 가능
국제산림협력 강화 : REDD+ 시범사업을 통해 파트너 국가와 산림분야 정보교류, 인적 네트워크 구축 활성화로 산업조림·ODA 등 장기적인 산림협력의 발판을 마련	민간참여 기반 부족 : 정부주도로 추진되어 기업, NGO 등 민간분야가 참여할 수 있는 기반이 구축될 필요가 있음.
지속가능발전 기여 : 시범지역의 생물다양성 보전, 생태계서비스 증진, 주민대체 소득 개발 등을 통해 지속가능발전목표(SDGs, Sustainable Development Goals) 달성에 기여	

출처 : 산림부문 REDD+ 중장기 추진계획(2020~2024) 재구성

자발적 시장에서 REDD+ 사업을 준비하는 사업자는 산림청 REDD+ 시범사업의 운영 경험을 중요한 이정표로 활용할 수 있을 것이다. 사업 발굴부터 등록까지 개발도상국에서 산림을 활용한 온실가스 감축이라는 기술과 방법론을 검증하는 기회가 되었으며, 이를 통해 얻은 데이터와 경험은 민간분야에서 REDD+ 사업의 글로벌 경쟁력을 강화하고 새로운 사업으로 확장하는 데 실용적인 참고 자료가 될 수 있을 것으로 기대된다.

특히 탄소크레딧(VCU) 발행을 목표로 하면서 동시에 시범사업 지역주민의 역량배양 및 소득창출을 통한 삶의 질 개선을 도모했다는 점은 REDD+ 사업자들에게 안전장치 또는 공동편익의 개념도 고려할 수 있는 사례가 되었고, 원주민의 권리와 고유한 지식 보전에 능동적으로 대응하는 데 큰 도움을 줄 수 있을

것이다. 이는 준국가 이상 대규모 REDD+ 사업을 성공적으로 추진하는 데 큰 발판이 될 수 있을 것으로 기대된다.

[자료 6-16] REDD+ 시범사업 지역주민 지원 사례

출처 : 산림부문 REDD+ 중장기 추진계획(2020~2024)

REDD+ 사업
지원 및 협력 기회

1. 국내 법령 제정 현황

정부는 민간부문의 탄소중립 및 ESG 경영 가치 창출을 위해서 REDD+ 사업에 대한 관심이 증가함에 따라 체계적인 정책 지원을 위해서 2023년 8월 16일 '개발도상국 산림을 활용한 온실가스 배출감축 및 탄소축적증진 지원에 관한 법률'을 제정해 REDD+ 사업 활성화를 위한 기반을 마련했다.

법령 제정 목적은 파리협정 제5조에서 장려하는 개발도상국에서의 산림전용과 산림황폐화 방지를 통한 온실가스 배출감축 관련 활동, 산림보전, 지속가능한 산림관리 및 탄소축적 증진 활동을 지원하고 활성화해 국가 온실가스 감축 목표 달성에 기여하고 기후변화대응에 이바지하기 위함이다. 즉, REDD+ 사업을 준비하는 사업자에게 글로벌 경쟁력을 강화할 수 있는 다양한 정책지원을 마련하려는 목적이다. 사업자는 시장개척, 컨설팅 등 예산지원 가능(제10조), 실태조사(제8조), 국제규범에 부합하는 운영표준 제공(제13조) 등 해당 법령을 참고해, 정부의 정책지원사업 수립 방향을 파악하고 이를 활용하는 기회를 포착하는 노력이 필요할 것이다.

[자료 6-17] 법령 제정 추진경과

1. **국회의원 대표 발의**(2022.10.31.)
2. **국회 상임위 통과**(2023.4.24.)
3. **법제사법위원회 전체회의**(2023.7.26.)
4. **국회 본회의 상정 및 의결**(2023.7.27.)
5. **법령 공포**(2023.8.16.)
6. **법령 시행**(2024.2.17.)

출처 : 저자 작성

따라서 해당 법령의 전문을 모두 소개하기보다 REDD+ 사업자들이 반드시 알아야 할 필수적인 내용을 선별해 제공함으로써 보다 실용적인 이해를 돕고자 한다. 따라서 법령 총칙을 크게 국가의 역할과 사업자에 대한 지원이라는 두 가지로 구분해 소개하고자 한다.

국가의 역할

① REDD+ 등 사업 주체가 될 수 있는 공공, 민간 및 기업 등이 국외산림탄소축적증진 활동을 자율적이고 적극적으로 수행할 수 있도록 정부의 지원 역할을 명시

제3조(국가 등의 책무)

① 국가와 지방자치단체는 공공기관, 민간단체 및 기업과 국민이 국외산림탄소축적증진 활동을 자율적이고 적극적으로 수행할 수 있도록 장려하고 필요한 시책을 지원해야 한다.

② 국가와 지방자치단체는 국외산림탄소축적증진의 이행 및 활성화를 위하여 「파리협정」 및 관련 국제규범에 따른 원칙을 고려하여야 한다.

(후략)

② 정부의 정책목표를 효율적으로 달성하기 위한 종합계획 수립과 주요 내용을 명시

제5조(국외산림탄소축적증진 종합계획의 수립 등)

① 산림청장은 이 법의 목적을 효율적으로 달성하기 위하여 국외산림탄소축적증진 종합계획(이하 '종합계획'이라 한다)을 5년마다 수립 · 시행하여야 한다.

② 종합계획에는 다음 각 호의 사항이 포함되어야 한다.
1. 국외산림탄소축적증진에 관한 목표와 기본방향
2. 국외산림탄소축적증진에 관한 국내외 여건 및 전망에 관한 사항
3. 국외산림탄소축적증진 관련 정보 및 통계 구축에 관한 사항
4. 국외산림탄소축적증진의 평가 및 모니터링에 관한 사항
5. 국외산림탄소축적증진 기술의 개발 · 보급에 관한 사항
6. 국외산림탄소축적증진 활성화를 위한 국제협력에 관한 사항

(후략)

---

③ 국외산림탄소축적증진 활성화를 위한 실태조사 및 통계 작성을 명시

제8조(국외산림탄소축적증진 실태조사 등)

① 산림청장은 종합계획 및 실행계획의 수립 · 시행을 위하여 다음 각 호의 사항에 관한 현황 및 실태를 조사하거나 통계의 작성(이하 '실태조사 등'이라 한다)을 할 수 있다.

(후략)

---

④ 정부의 REDD+ 등 사업자에 대한 관리·감독 권한을 명시

제11조(사업자의 관리 · 감독 의무)

① 사업자는 제2조 제3호 각 목의 사업을 추진하는 경우 국제적으로 합의된 방법론 및 국제규범을 위반하지 아니하고, 산림전용 및 황폐화를 최소화하도록 관리 · 감독 등 필요한 조치를 하여야 한다.

(후략)

---

⑤ 정부 주도로 국제규범에 부합하는 운영표준을 제정하고 고시하는 사항을 명시

제13조(국외산림탄소축적증진 사업에 관한 운영표준)

① 산림청장은 국외산림탄소축적증진 사업에 적용하기 위하여 '파리협정' 및 관련 국제규범에 부합하는 운영표준(이하 이 조에서 '운영표준'이라 한다)을 작성하여 '탄소흡수원 유지 및 증진에 관한 법률' 제7조에 따른 탄소흡수원증진위원회의 심의를 거쳐 고시하여야 한다. 이 경우 고시한 사항을 변경할 때에도 또한 같다.

(후략)

⑥ 정부의 연구개발, 기술의 이용·보급 촉진 및 전문인력 양성계획 등을 명시

제14조(연구개발 및 기술의 이용·보급 촉진 등)

① 산림청장은 국외산림탄소축적증진 사업의 이행 및 평가를 위한 연구개발을 수행하거나 공공기관·연구소·대학 등에 연구개발을 위탁할 수 있다.

(후략)

제15조(전문인력의 양성계획)

산림청장은 국외산림탄소축적증진 사업의 활성화를 위한 전문인력 양성을 위하여 다음 각 호의 사항에 관한 계획을 수립·시행하여야 한다.

(후략)

⑦ 정부의 사업 지원 및 활성화를 위한 국제협력 지원사항을 명시

제17조(국제협력 및 지원의 증진)

산림청장은 국외산림탄소축적증진 사업의 지원 및 활성화를 위하여 다음 각 호의 사업을 추진하여야 한다.

사업자에 대한 지원

① REDD+ 등 국외산림탄소축적증진 사업자 신고를 통한 정책지원사업 자격을 명시

제9조(국외산림탄소축적증진 사업자의 신고)

① 사업자는 농림축산식품부령으로 정하는 바에 따라 국외산림탄소축적증진 사업계획을 산림청장에게 신고하여야 한다. 신고한 사항을 변경하려는 경우에도 또한 같다.

(후략)

② REDD+ 등 사업자가 지원받을 수 있는 정부의 정책지원 컨설팅과 주요 항목들을 명시

제10조(국외산림탄소축적증진 사업자에 대한 지원)

① 산림청장 및 지방자치단체의 장(이하 '산림청장 등'이라 한다)은 국외산림탄소축적증진 사업의 활성화를 위하여 사업대상인 개발도상국의 제도 및 이행역량 강화, 시장 개척, 정보 제공, 사업 컨설팅 등의 지원 시책을 추진할 수 있다.

(후략)

③ 사업자 주도의 국외산림탄소축적증진협회의 설립과 수행업무를 구체화

> **제18조**(국외산림탄소축적증진협회의 설립)
>
> ① 사업자는 국외산림탄소축적증진 분야의 발전을 위하여 산림청장의 인가를 받아 국외산림탄소축적증진협회(이하 이 조에서 '협회'라 한다)를 설립할 수 있다.
>
> ② 협회는 법인으로 한다.
>
> ③ 협회는 다음 각 호의 업무를 수행한다.
>
> 1. 국외산림탄소축적증진 사업에 관한 자료 및 정보의 수집·분석
> 2. 국외산림탄소축적증진 사업의 진흥을 위한 민간협력 추진
> 3. 국외산림탄소축적증진 사업 관련 제도 연구 및 개선 건의
> 4. 국외산림탄소축적증진 사업 관련 교육 및 홍보
> 5. 그 밖에 협회의 설립목적을 달성하기 위하여 정관으로 정하는 업무
>
> (후략)

2. REDD+ 타당성 조사 정책지원 사례

2023년 말을 기준으로, REDD+ 사업과 관련된 정부 정책지원 사업은 주로 한국임업진흥원의 타당성 조사 비용 지원을 통해 이루어지고 있다. 이 사업은 민간부문의 자발적 참여를 유도하기 위해 REDD+ 사업대상지의 사전조사 비용을 지원하여 탄소흡수원 증진 활동 참여를 활성화하기 위한 목적으로 운영된다.

2023년 기준 지원금액은 건당 3,300만 원 이내이며, 국고보조금 지원비율은 총사업비의 70% 이내이나, 당해연도 정책 환경에 따라 변동될 수 있다.

[자료 6-18] 정책지원사업 추진절차

① 사업모집 공고·접수	사업 모집공고(임진원) 및 신청서 접수(지원기관 →임진원)
② 지원기관 선정평가	제출서류 사전검토 및 평가위원회 개최(임진원)
③ 사업비 교부	결과 통보(임진원↔지원기관) 및 사업비 지급(임진원→지원기관)
④ 지원사업 중간보고	중간보고서 제출(지원기관→임진원) 및 중간점검(임진원→지원기관)
⑤ 지원사업 최종평가	최종보고서 및 정산서 제출(지원기관→임진원) 및 최종평가 및 정산(임진원)
⑥ 실적 및 정산 보고	본 사업 추진상황 점검 및 보고(임진원 →산림청)

출처 : 저자 작성

[자료 6-19] 사업신청 사례 예시

사업명	동남아시아 A국가 대상 REDD+ 사업 개발 타당성 조사			
대상지역	A국가 Central Province, Watershed management		대상면적	12,000ha
총사업비	국고신청	기업부담		비율
50,000천 원	30,000천 원	20,000천 원		60%

출처 : 저자 작성

이러한 지원 사업의 핵심은 REDD+ 사업대상지의 사전조사를 통해 산림 현황, REDD+ 사업현황, 관련 법규 및 정책, 후보지 현황 등을 파악해서 국내 사업자가 탄소흡수원 증진활동 참여를 활성화할 수 있도록 지원하기 위해서 다. 앞장에서 설명한 바와 같이 2024년 2월 17일 법령이 시행되었다. 따라서 REDD+ 관련 정책지원 사업은 더욱 확대될 것으로 예상된다. 산림청과 한국임 업진흥원은 향후 재정적 지원뿐만 아니라 기술적 지원, 교육 프로그램 등 다양 한 방법으로 REDD+ 사업을 지원할 예정이다.

[자료 6-20] 참여기업별 타당성 조사 결과 요약 예시

기업명	조사 결과 요약
A기업	– 대상지 : 동남아 A국가 중부주 12,000ha – 2018~2023 산림황폐화 및 전용, 산림탄소 조사 등을 통해 사업성 분석 – 해당 지역의 온실가스 감축 잠재량 및 이슈&리스크 등 파악 　• 리스크 : 태풍피해, VCS REDD+ Consultation, 누출(leakage) 등 – JNR REDD+ 방법론을 적용한 사업 진행 고려 – 4개 지역 대상 조사를 바탕으로 전체 산림으로 대상지 확대 검토 – 대상지 주로의 확장 가능성에 대해 전문기관과 논의 ※ 향후 REDD+ 사업 추진 여부 : 사업 진행 예정
B기업	– 동북아 B국가를 대상으로 REDD+ 타당성 분석을 위한 산림배출기준선을 설정하고, 산림경영계획에 기반한 예상 감축량 산정 　• 리스크 : 가뭄, 산불, 이해관계자 간 조율, 지역주민의 무단 수확 등 – 프로젝트 기간을 N년까지 늘려야 배출량 저감 효과 확인 가능 　• 산림경영 계획만으로는 5년 이내 탄소편익 실현 불가 – 지역사회 REDD+ 참여의사와 REDD+ 협력의 필요성은 확인되나, 자발적 탄소표준을 적용한 사업개발 타당성은 낮음 – B국가 정부의 10억 그루 나무심기 이니셔티브 목표 달성과 연계한 협력방안 모색 가능할 것으로 기대 ※ 향후 REDD+ 사업 추진 여부 : 미추진 * REDD+ 사업성과에 대한 추가 파악이 필요하다고 판단
C기업	– 남미 C국가 서부 지역의 온실가스 감축량 산정 및 리스크 파악 　• 해당 현장의 배출권 사업 진행에 최적화된 방법론 결정 필요 　• 원주민들의 반대 가능성(산림보전은 긍정적, 개간은 반대) 검토 　• 사업개발자와 원주민 협력을 이끌어 낼 수 있는 지역대표자 필요 – 현지 법인의 CSR활동 및 타 기업의 산림보호 프로젝트를 통해 주민들의 기업활동에 대한 거부감이 적고 REDD+ 사업에 대해 우호적 – 벌채사업 허가지에 대한 REDD+사업 전환 가능성 확인 완료 ※ 향후 REDD+ 사업 추진 여부 : 미정(내부 검토 중)

출처 : 저자 작성

3. REDD+ 사업의 도전과 과제

기후변화는 오늘날 전 세계가 직면한 가장 시급한 문제 중 하나다. 각국의 기후위기의 증가로 국제사회는 지속가능한 환경 대응 전략으로 REDD+ 사업에 대한 관심과 지원이 집중되고 있다. 먼저 우리가 명확하게 인지할 것은 REDD+ 사업을 통한 기후변화 대응의 잠재력이다. REDD+ 사업을 통한 산림탄소흡수원의 증진으로 실질적인 온실가스 감축 효과는 과학적으로 오랜 기간 명확하게 증명되었다. 더불어 산림사업 특성상 사업운영 과정에서 창출되는 공익적 가치인 생물다양성 보호와 생태계서비스 유지 및 증진에 기여할 뿐만 아니라 지역사회 협업을 통해 경제적 수익을 제공하고 조화로운 삶의 질 제고로 장기적인 환경보호를 도모할 수 있다. 중요한 것은 과학적 사실인데, 보다 자세한 참고가 필요한 경우 지을 출판사에서 발간한 도서인 《산림탄소경영의 과학적 근거》를 참고할 것을 권장한다.

[자료 6-21] REDD+ 사업을 통한 효과

	총 개발도상국 수		지난 5년간 산림전용이 감소한 국가 비율		평균 감소율(%)	
	REDD+ 이행국	REDD+ 미 이행국	REDD+ 이행국	REDD+ 미 이행국	REDD+ 이행국	REDD+ 미 이행국
FAO 산림자원 평가(2020)	54	92	46%	16%	-15%	-9%

출처 : Forest, Climate, Biodiversity and People : Assessing a Decade of REDD+(IUFRO, 2022)

모든 환경적 이슈를 완벽하게 통제하면서 문제 해결이 가능한 사업은 존재하지 않을 것이다. 따라서 REDD+ 사업을 운영하는 과정에서도 다양한 도전과 과제에 직면하게 될 수 있다. 중요한 것은 완벽함을 향한 끊임없는 오랜 검토보다 현실적인 도전과제를 식별하고 이에 적절하게 대응함으로써 실천하는 행동일 것이다. 따라서 환경보호와 경제발전의 교차점에 선 현실을 반영하여 REDD+ 사업의 주요 도전과 과제를 공유하고자 한다.

첫 번째로 현지 커뮤니티와의 조화다. REDD+ 사업의 특성상 사업 대상지나 인근 지역에 거주하는 원주민 등 지역 커뮤니티 삶의 질에 직접적인 영향을 미치게 된다. 예를 들어 산림 훼손을 막기 위한 조치로 지역주민의 활동을 제한하거나 변경해야 할 수 있다. 따라서 이들의 생활방식, 토지사용 권리 그리고 전통적인 관습이 존중되고 보호받을 수 있는 조치를 고려해야 할 것이다. 이를 위해서는 지역 커뮤니티의 주기적인 참여와 명확한 소통 방식에 대한 마련이 필요하다.

두 번째로 지속가능한 자금 조달이다. REDD+ 사업의 성공은 단기간 내 성과 창출에 한계가 있는 산림사업 특성상 안정적이고 지속가능한 자금조달에 영향을 받을 수 있다. 노르웨이, 독일 등 주요 선진국 들은 다자기구를 통한 지원에 참여하거나 양자협력을 통한 공적개발원조(ODA) 형태로 REDD+ 준비 또는 이행단계를 지원하고 있다. 따라서 국제기구, 자발적 탄소시장 그리고 공적·사적 파트너십을 포함하는 다양한 출처를 통해 모색할 수 있을 것이다.

세 번째로 정부 정책과의 협력이다. REDD+는 단순한 산림 보존 사업을 넘어 국가적, 국제적 기후변화 대응 전략이다. 많은 REDD+ 사업이 대부분 정치적, 경제적 불안한 개발 도상국에서 진행된다. 때로는 이러한 불안정성으로 사업 효과를 위협받을 수 있다. 따라서 국내외 정책 입안자들과 긴밀한 협력을 통해 법적, 정책적 프레임워크 강화에 노력해야 한다. 구체적으로 정부에서 양자 산림협력 등을 통해 확보된 네트워크를 통해 현지 로컬을 발굴하고 사업 설계 시 협업하는 등의 노력이 필요할 것이다.

[자료 6-22] 대한민국 산림청의 양자 산림협력 약정 체결 현황(2023년 3월 기준)

	체결국 및 체결일자(장소)	명칭(회의명)
1	인도네시아 1987.6.20 (서울)	대한민국 정부와 인도네시아공화국 정부 간의 임업 분야에서의 협력에 관한 협정(Forestry Committee, 임업위원회)
2	뉴질랜드 1997.4.29 (웰링턴)	대한민국 산림청과 뉴질랜드 임업부 간의 임업 협력에 관한 약정 (Cooperative Committee, 협력위원회)
3	호주 1997.7.18 (캔버라)	대한민국 산림청과 호주 1차 산업에너지부 간 임업 협력에 관한 약정 (Cooperative Committee, 협력위원회)
4	중국 1998.6.15 (북경)	대한민국 산림청과 중화인민공화국 국가임업 국간 임업 협력에 관한 약정(Cooperative Committee, 협력위원회)
5	몽골 1998.10.24 (대전)	대한민국 산림청과 몽골 환경보호청 간 임업 협력에 관한 약정(Working Group, 실무그룹회의)
6	베트남 1999.7.20 (하노이)	대한민국 산림청과 베트남 농업농촌개발부 간 임업 협력에 관한 약정(Cooperative Committee, 협력위원회)
7	미얀마 1999.7.22 (양곤)	대한민국 산림청과 미얀마 임업부 간 임업 협력에 관한 약정(Joint Committee, 공동위원회)
8	러시아 2006.10.17 (서울)	대한민국 산림청과 러시아 연방 산림청 간 임업 협력에 관한 양해각서(Working Group, 실무그룹회의)
9	캄보디아 2008.6.3 (프놈펜)	대한민국 산림청과 캄보디아 산림청 간 산림 분야 협력에 관한 양해각서(Forestry Cooperative Committee, 산림협력위원회)
10	우루과이 2008.9.2 (서울)	대한민국 산림청과 우루과이 동방공화국 농축 수산부 간 산림 분야 협력에 관한 양해각서(Forestry Cooperative Committee, 산림협력위원회)
11	파라과이 2009.7.31 (아순시온)	대한민국 산림청과 파라과이공화국 산림청 간 산림 분야 협력에 관한 양해각서(Forestry Cooperative Committee, 산림협력위원회)
12	튀니지 2010.3.24 (튀니스)	대한민국 산림청과 튀니지공화국 농림 수자 원수산 부간 산림 분야 협력에 관한 양해각서(Forestry Cooperative Committee, 산림협력위원회)

13	칠레 2012.5.9 (서울)	대한민국 산림청과 칠레 농업부 간 산림 분야 협력에 관한 양해각서(Forestry Cooperative Committee, 산림협력위원회)
14	에콰도르 2012.6.21 (리우데 자네이로)	대한민국 산림청과 에콰도르 환경부 간 산림 분야 협력 양해각서(Forestry Cooperative Committee, 산림협력위원회)
15	브라질 2012.6.21 (리우데 자네이로)	대한민국 산림청과 브라질 환경부 간 산림 분야 협력 양해각서(Forestry Cooperative Committee, 산림협력위원회)
16	일본 2012.7.26 (포천)	한·일본 산림협력 의향서(High Level dialogue, 고위급회담)
17	필리핀 2012.8.29 (서울)	대한민국 산림청과 필리핀 환경 자연자원부 간 산림 분야 양해각서(Forestry Cooperative Committee, 산림협력위원회)
18	오스트리아 2012.10.22 (포천)	대한민국 산림청과 오스트리아 농림 환경 수산부 간 산림 분야 양해각서(Forestry Cooperative Committee, 산림협력위원회)
19	알제리 2012.10.23 (알제)	대한민국 산림청과 알제리 인민민주공화국 농업농촌개발부 간의 산림협력 프로그램(Forest Cooperative Committee, 산림협력위원회)
20	베냉 2012.10.24 (코토누)	대한민국 산림청과 베냉 환경주택도시개발부간의 산림협력에 관한 양해각서(Forest Cooperative Committee, 산림협력위원회)
21	에티오피아 2012.10.26 (아디스아바바)	대한민국 산림청과 에티오피아 농업부간 산림협력에 관한 양해각서(Joint Forest Cooperative Committee, 공동산림협력위원회)
22	아르헨티나 2013.8.12 (부에노스 아이레스)	대한민국 산림청과 아르헨티나 농축수산부 간의 산림협력에 관한 양해각서(Forest Cooperative Committee, 산림협력위원회)
23–27	카자흐스탄 키르기스스탄 타지키스탄 투르크메니스탄 우즈베키스탄 2013.10.4 (비쉬케크)	대한민국 산림청과 카자흐스탄공화국 환경보호부, 키르기즈공화국 환경보호임업국, 타지키스탄공화국 환경보호위원회, 투르크메니스탄 자연보호부, 우즈베키스탄공화국 농업·물자원부간 산림분야 협력에 관한 양해각서
28	라오스 2013.11.27 (비엔티엔)	대한민국 산림청과 라오스 산림농업부간의 산림협력에 관한 양해각서[Forest Cooperative Committee]산림협력위원회

29	캐나다 2014.9.22 (오타와)	산림분야 협력에 관한 대한민국 산림청과 캐나다 천연자원부 산림청 간의 양해각서(Forest Cooperative Committee, 산림협력위원회)
30	도미니카공화국 2015.5.19 (산토도밍고)	대한민국 산림청과 도미니카 공화국 환경자원부간 생물다양성, 보호지역 및 산림 협력에 관한 양해각서(Forest Cooperative Committee, 산림협력위원회)
31	이란 2016.5.2 (테헤란)	대한민국 산림청과 이란이슬람공화국 산림유역관리청간 산림협력에 관한 양해각서
32	모로코 2018.10.30 (서울)	대한민국 산림청과 모로코 산림보전사막화방지 고등판무관실 간 산림분야 협력에 관한 양해각서
33	코스타리카 2019.7.29 (알라후엘라)	대한민국 산림청과 코스타리카공화국 환경에너지부 간 산림개발과 생태계서비스 협력에 관한 양해각서
34	온두라스 2021.11.3 (영국 글래스고)	대한민국 산림청과 온두라스공화국 야생동물 및 보호구역 산림보전 개발청 간 산림분야협력에 관한 양해각서(Forest Cooperative Committee, 산림협력위원회)
35	엘살바도르 2022.1.19 (엘살바도르 라리베 르타드)	대한민국 산림청과 엘살바도르공화국 농림축산부 간 산림분야 협력에 관한 양해각서(Forest Cooperative Committee, 산림협력위원회)
36	과테말라 2022.1.21 (과테말라시티)	대한민국 산림청과 과테말라공화국 산림청 간 산림분야 협력에 관한 양해각서(Forest Cooperative Committee, 산림협력위원회)
37	페루 2022.1.21 (페루 리마)	대한민국 산림청과 페루공화국 국립 산림 및 야생동물청 간 산림분야 협력에 관한 양해각서(Forest Cooperative Committee, 산림협력위원회)
38	부탄 2022.10.12 (화상)	대한민국 산림청과 부탄왕국 농업산림부 간 산림분야 기술 협력에 관한 양해각서(Forest Cooperative Committee, 산림협력위원회)

출처 : 산림청 홈페이지

끝으로 REDD+ 사업은 단순히 산림을 보호하고 관리하는 것을 넘어서 지구의 미래와 우리 모두의 삶에 깊은 영향을 미치는 중대한 과제다. 산림사업은 기후변화에 대응하고, 지속가능한 환경을 위한 실질적인 행동을 촉진하는 데 있어 필수로 자리 잡고 있다. 각 개인, 커뮤니티, 기업, 그리고 정부 기관이 함께 노력해 이 중요한 사업에 힘을 실어줄 때, 우리는 진정으로 지속가능한 미래를 향해 한 걸음 더 나아갈 수 있을 것이다. 따라서 자발적 탄소시장의 참여를 고려하고 REDD+ 사업에 대한 참여는 바로 우리 지구와 후속 세대를 위한 가장 가치 있는 투자가 될 것을 믿는다.

PART 7.
탄소배출권의 회계 및
세무 대응 방안

김성욱

지구온난화에 따른 기후변화에 대처하기 위해 국제사회는 1988년 기후변화에 관한 정부 간 패널(Intergovernmental Panel on Climate Change, IPCC)을 설치했고, 1992년 기후변화협약(United Nations Framework Convention on Climate Change, UNFCCC)을 시작으로 온실가스의 실질적 감축을 위해 1997년 교토의정서(Kyoto Protocol to the UNFCCC)를 채택해 2005년 2월 공식 발효시켰다.

우리나라 역시 2009년 2월 대통령 직속 녹색성장위원회의 발족과 함께 온실가스 감축을 위해 노력해왔고 CDM 사업을 통해 국제 배출권 거래 시장에 참여해오다, 적극적으로 국제 탄소시장을 대비하고 효과적으로 온실가스 감축 목표를 달성하기 위해 선진국에서 이미 시행하고 있던 탄소배출권거래 제도를 2015년부터 시행해오고 있다.

그러나 현재 국내에서 적용하고 있는 회계기준 및 과세제도는 탄소배출권의 거래와 관련된 회계 및 세무 처리를 하는 데 보완, 발전해야 할 사항이 많은 실정이다.

이에 PART 7에서는 자발적 배출권거래제도의 시행에 앞서 탄소배출권과 관련한 대체적인 회계처리 및 과제 문제를 정리, 기술하고 있다. 또한 향후 자발적 배출권 거래와 관련된 회계 및 세무적 대응 방안도 소개하고 있다.

탄소배출권의
회계적 대응 방안

　국제회계기준위원회(International Accounting Standards Board, IASB)는 2005년 교토의정서가 발효되기 이전부터 탄소배출권 제도의 회계처리와 관련해 논의를 해왔으나 현재까지도 결론을 도출하지 못하고 있다. 이와 같은 이유로 국제회계기준(International Financial Reporting Standards, IFRS)에는 탄소배출권 관련 기준서가 제정되어 있지 않고, 이로 인해 한국채택국제회계기준(K-IFRS) 역시 관련 규정을 담고 있지 않다.

　이에 한국회계기준원의 회계기준위원회는 탄소배출권과 관련된 회계처리와 공시를 위한 기준 마련의 필요성으로 유럽기업들이 많이 사용하는 실무적 회계처리를 기초로 일반기업회계기준 제33장 '온실가스 배출권과 배출부채'를 제정, 2015년 1월 1일부터 시행하도록 하였다.

　탄소배출권의 회계처리와 관련해서는 한국채택국제회계기준(K-IFRS) 적용기업들도 일반기업회계기준을 준용해야 하므로, 일반기업회계기준을 바탕으로 탄소배출권의 회계적 대응 방안을 소개한다.

1. 탄소배출권 및 배출부채 회계처리 일반사항

적용범위

일반기업회계기준 제33장 '온실가스 배출권과 배출부채'는 일반기업회계기준 제6장 '금융자산·금융부채'에서 규정한 파생상품의 정의를 충족하는 배출권 관련 계약을 제외한 모든 배출권 거래에 대해 적용한다(일반기업회계기준 제33장 부록 실33.1).

용어의 정의

일반기업회계기준 제33장에서는 배출권과 관련된 회계처리 및 공시와 관련된 용어에 대해 다음과 같이 정의하고 있다.

① 온실가스 : 저탄소 녹색성장 기본법에 따른 온실가스
② 온실가스 배출권(배출권) : 저탄소 녹색성장 기본법에 따른 국가온실가스 감축목표를 달성하기 위해 온실가스 배출권의 할당 및 거래에 관한 법률에 따라 설정된 온실가스 배출허용 총량의 범위에서 개별 온실가스 배출업체에 할당되는 온실가스배출 허용량
③ 계획기간 : 국가온실가스감축목표를 달성하기 위해 5년 단위로 온실가스 배출업체에 배출권을 할당하고 그 이행실적을 관리하기 위해 설정되는 기간
④ 이행연도 : 계획기간별 국가온실가스감축목표를 달성하기 위해 1년 단위로 온실가스 배출업체에 배출권을 할당하고 그 이행실적을 관리하기 위해 설정되는 계획기간 내의 각 연도
⑤ 배출부채 : 온실가스를 배출한 결과로 발생했으며 배출권을 정부에 제출함으로써 이행될 것으로 예상되는 현재 의무
⑥ 배출권의 차입 : 정부에 제출해야 할 배출권의 수량보다 보유한 배출권

의 수량이 부족해 배출권 제출의무를 완전히 이행하기 곤란한 경우 온실가스 배출권의 할당 및 거래에 관한 법률에 따라 계획기간 내의 다른 이행연도에 할당된 배출권 가운데 일부를 승인받아 해당 이행연도의 배출권 제출의무 이행에 사용하는 것

2. 탄소배출권의 회계처리

탄소배출권의 인식과 최초 측정

① 인식

(일반기업회계준 제33장 문단33.2)
탄소배출권은 다음의 조건을 모두 충족하는 경우에 한하여 자산으로 인식한다.
   (1) 배출권에서 발생하는 미래경제적효익이 기업에 유입될 가능성이 매우 높다.
   (2) 배출권의 원가를 신뢰성 있게 측정할 수 있다.

배출권을 할당받거나 외부로부터 매입해 사용할 수 있게 되는 시점부터는 배출권을 사용해 부채를 결제(정부에 제출)하거나 외부 매각을 통한 현금유입이 예상되므로 미래경제적 효익의 유입 가능성이 매우 높고, 배출권을 확보하기 위해 지급한 대가를 알 수 있으므로 원가를 신뢰성 있게 측정할 수 있다. 따라서 배출권은 이를 사용할 수 있게 되는 시점부터 자산의 인식조건을 충족한다(일반기업회계기준 제33장 부록 실33.2).

② 최초 측정

(일반기업회계기준 제33장 문단 33.3)
정부에서 무상으로 할당받은 배출권은 영(0)으로 측정하여 인식한다.
매입 배출권은 원가로 측정하며 그 원가는 다음 항목으로 구성된다.
⑴ 매입원가
⑵ 취득에 직접 관련되어 있고 정상적으로 발생하는 그 밖의 원가

무상할당 배출권은 최초 측정 시 영(0)으로 인식하고, 매입 배출권은 원가로 인식한다. 매입 배출권 측정 시 '취득에 직접 관련되어 있고 정상적으로 발생하는 그 밖의 원가'에는 거래 수수료와 환급받을 수 없는 세금이 포함된다(일반기업회계기준 제33장 부록 실33.3).

한편, 무상할당 배출권은 이행연도 단위로 그 사용 가능한 범위가 다르다. 따라서 배출권을 이행연도별로 구분해 장부금액 등을 관리할 필요가 있다(일반기업회계기준 제33장 부록 결33.4).

예를 들어 3차 계획기간(2021~2025년)에 2021년, 2022년, 2023년, 2024년, 2025년분의 배출권이 무상으로 할당되고 2024년을 기준으로 2개 이행연도(2024년 및 2025년)의 배출권을 거래소에서 매매할 수 있다. 그러나 2024년분 온실가스 배출에 대한 배출권을 정부에 제출할 때는 2024년분 배출권만(다음 이행연도에서 차입하는 경우는 예외) 사용할 수 있다. 따라서 2024년에는 2개 이행연도분의 배출권을 모두 자산으로 인식하지만 각각을 구분해 관리할 필요가 있을 것이다.

[자료 7-1] 탄소배출권의 인식과 최초 측정

구분		기준
인식		다음의 조건을 모두 충족하는 경우 배출권을 자산으로 인식한다. (1) 배출권에서 발생하는 미래경제적효익이 기업에 유입될 가능성이 매우 높다. (2) 배출권의 원가를 신뢰성 있게 측정할 수 있다.
최초 측정	무상할당 배출권	영(0)으로 측정
	매입 배출권	원가(매입원가와 취득에 직접 관련되어 발생한 원가)로 인식

출처 : 저자 작성

탄소배출권의 후속 측정 및 제거

(일반기업회계기준 제33장 문단 33.4)
배출권을 보유하는 주된 목적이 관련 제도에서 규정한 의무를 이행하기 위한 것인 경우에는 문단 33.5~33.16에 따라 회계처리하고, 단기간의 매매차익을 얻기 위한 것인 경우에는 문단 33.17~33.20에 따라 회계처리한다.

탄소배출권의 보유는 기업이 생산과정에서 발생하는 온실가스 배출에 대한 의무를 이행하기 위해 보유하는 경우와 배출권 가격의 단기적 변동으로 인한 매매차익을 얻기 위해 보유하는 경우로 구분할 수 있다.

일반기업회계기준에서는 재무정보이용자에게 유용한 정보를 제공하기 위해 배출권을 보유하는 주된 목적이 관련 제도에서 규정한 의무를 이행하기 위한 것인 경우에는 '이행모형'을, 단기간의 매매차익을 얻기 위한 것인 경우에는 '매매모형'으로 분류하도록 규정하고 있다.

① 이행모형

– 후속 측정

(일반기업회계기준 제33장 문단 33.5)
최초 인식 후에 배출권은 원가에서 손상차손누계액을 차감한 금액을 장부금액으로 한다. 배출권의 손상 여부를 결정하기 위해서는 제20장 '자산손상'을 적용한다.

(일반기업회계기준 제33장 문단 33.6)
정부에 제출하고도 남을 것으로 확정된 무상할당 배출권을 단기간의 매매차익을 얻기 위해 보유하는 것으로 주된 보유 목적을 변경하는 경우에는 그 시점에 해당 배출권을 공정가치로 측정하고 공정가치와 장부금액의 차이는 배출원가에서 차감한다.

배출권은 온실가스 배출로 인해 정부에 제출하기 전까지 시장에서 매각할 수 있고 정부에 제출한 뒤 남은 수량을 다음 이행연도로 이월할 수도 있다. 이러한 배출권의 특성을 반영하기 위해 '이행모형'에서는 배출권을 제출하는 기간에 걸쳐 상각하지 않고 일반기업회계기준 제20장 '자산손상'에 따른 손상차손만 인식하도록 규정하고 있다.

– 제거

(일반기업회계기준 제33장 문단 33.9)
배출권은 다음의 어느 하나에 해당하면 재무상태표에서 제거한다.
　(1) 정부에 제출하는 때
　(2) 매각하는 때
　(3) 상기 (1) 또는 (2)에 사용할 수 없게 되어 더 이상 미래경제적효익이 예상되지 않을 때

(일반기업회계기준 제33장 문단 33.10)

정부에 제출하고도 남을 것으로 확정된 무상할당 배출권을 매각하는 경우 그 처분손익은 배출원가에서 차감하고, 매입 배출권을 매각하는 경우에는 그 처분손익을 영업외손익으로 분류한다. 다만 할당량에 비해 온실가스 배출이 감축되었는지 확인되지 않은 상태에서 무상할당 배출권을 매각한 경우에는, 장부금액과 순매각대가의 차이를 이연수익으로 인식하고 매각한 배출권이 속하는 이행연도에 걸쳐 체계적인 기준에 따라 이연수익을 배출원가와 상계한다.

이행연도별로 할당된 배출권 중 정부에 제출한 배출권이나 다음 이행연도로 이월되지 않은 배출권은 각 이행연도 종료일로부터 6개월이 경과하면 그 효력을 잃게 되어 더 이상 미래경제적효익을 기대할 수 없게 된다. 따라서 이렇게 효력을 잃게 된 배출권과 시설의 폐쇄나 가동 정지 등과 같이 배출권 할당 취소 사유에 해당해 그 할당이 취소된 배출권은 재무상태표에서 제거한다(일반기업회계기준 제33장 부록 실33.6).

[자료 7-2] 이행모형하에서 탄소배출권의 후속측정 및 제거

구분		기준
후속 측정	일반적인 경우	최초 인식 후 원가에서 손상차손누계액을 차감한 금액을 장부금액으로 인식
	보유 목적을 변경하는 경우	재분류 시점의 공정가치로 측정
제거	제거 사유	배출권은 다음의 어느 하나에 해당하면 재무상태표에서 제거한다. (1) 정부에 제출하는 때 (2) 매각하는 때 (3) 상기 (1) 또는 (2)에 사용할 수 없게 되어 더 이상 미래경제적효익이 예상되지 않을 때
	회계 처리	무상할당 배출권 : 처분손익을 배출원가에서 차감 매입 배출권 : 처분손익을 영업외손익으로 분류

출처 : 저자 작성

② 매매모형

> (일반기업회계기준 제33장 문단 33.17)
> 주로 단기간의 매매차익을 얻기 위하여 보유하는 배출권은 공정가치로 측정하고 공정가치의 변동분은 당기손익으로 인식한다.
>
> (일반기업회계기준 제33장 문단 33.18)
> 배출권의 공정가치 변동분과 처분손익은 매매활동이 주된 영업에 해당하면 영업손익으로, 그렇지 않으면 영업외손익으로 분류한다.

단기간의 매매차익을 얻기 위해 보유하는 배출권이 기업에 제공하는 효익은 단기매매증권과 비슷하다고 볼 수 있다(일반기업회계기준 제33장 부록 결33.15). 따라서 배출권의 보유목적이 단기간의 매매차익을 얻기 위한 것인 경우에는 보다 목적적합한 정보의 제공을 위해 공정가치로 측정하고 공정가치의 변동분과 처분손익은 당기손익으로 인식한다.

이때의 배출권은 일반기업회계기준 제2장 문단 2.20에서 규정하는 유동성과 비유동성 구분의 일반원칙에 따라 유동자산으로 분류한다(일반기업회계기준 제33장 부록 결33.16). 그리고 배출권을 매매하는 활동이 기업의 주된 영업활동에 해당하면 배출권의 공정가치 변동분과 처분손익을 영업손익으로, 주된 영업활동에 해당하지 아니하면 배출권의 공정가치 변동분과 처분손익을 영업외손익으로 분류한다.

구분		기준
후속 측정	측정	공정가치로 측정
	분류	유동자산으로 분류
제거	매매활동이 주된 영업인 경우	영업손익으로 분류
	매매활동이 주된 영업이 아닌 경우	영업외손익으로 분류

출처 : 저자 작성

3. 탄소배출부채의 회계처리

배출부채의 인식과 측정

① 인식

> (일반기업회계기준 제33장 문단 33.7)
> 배출부채는 다음의 조건을 모두 충족하는 경우에 인식한다.
>   (1) 온실가스를 배출해 정부에 배출권을 제출해야 하는 현재의무가 존재
>   한다.
>   (2) 해당 의무를 이행하기 위하여 자원이 유출될 가능성이 매우 높다.
>   (3) 그 의무의 이행에 소요되는 금액을 신뢰성 있게 추정할 수 있다.

'온실가스배출권의 할당 및 거래에 관한 법률'에 따르면 온실가스를 배출한 이상 배출량에 상당하는 배출권을 정부에 제출해야 하므로 자원의 유출 가능성이 매우 높고 일반기업회계기준에 규정되어 있는 배출부채의 측정방법에 따라 그 금액을 신뢰성 있게 추정할 수 있다. 따라서 기업이 생산과정에서 배출한 온실가스는 배출부채로 인식한다.

② 측정

배출부채를 배출권과 별도로 측정하면 측정 방식의 차이로 인한 회계불일치 문제가 야기될 수 있다(일반기업회계기준 제33장 부록 결33.10). 이에 일반기업회계기준에서는 배출부채를 배출권의 장부금액으로 측정해 회계불일치 문제가 해소될 수 있도록 했다.

배출부채 측정 시 정부에 제출할 부분에 대해 해당 이행연도 분을 초과하는 배출량, 즉 의무 이행을 위해 매입한 배출권에 대해서는 의무를 이행하는 데 소요되는 지출에 대한 보고기간 말 현재 최선의 추정치로 측정하는데, 이때의 최선의 추정치는 그 의무를 이행하는 시점의 배출권 시장가격 등을 고려해 산정한다(일반기업회계기준 제33장 부록 실33.5).

[자료 7-4] 탄소배출부채의 인식과 측정

구분	기준
인식	배출부채는 다음의 조건을 모두 충족하는 경우에 배출부채로 인식한다. (1) 온실가스를 배출해 정부에 배출권을 제출해야 하는 현재 의무가 존재한다. (2) 해당 의무를 이행하기 위해 자원이 유출될 가능성이 매우 높다. (3) 그 의무의 이행에 소요되는 금액을 신뢰성 있게 추정할 수 있다.
측정	배출부채는 다음 (1)과 (2)를 더해 측정한다. (1) 정부에 제출할 해당 이행연도 분으로 보유한 배출권의 장부금액 (2) (1)의 배출권 수량을 초과하는 배출량에 대해 해당 의무를 이행하는 데에 소요되는 지출에 대한 보고기간 말 현재 최선의 추정치

출처 : 저자 작성

배출부채의 제거

> (일반기업회계기준 제33장 문단 33.11)
> 배출부채는 배출권을 정부에 제출하는 때 제거한다.
>
> (일반기업회계기준 제33장 문단 33.12)
> 해당 이행연도 분의 배출권 제출의무를 이행하기 위해 다음 이행연도 분 무상할당 배출권의 일부를 차입하는 경우에는 배출부채를 제거할 때 차입하는 부분에 해당하는 배출부채의 금액을 이연수익으로 인식한다. 해당 이연수익은 차입으로 부족해진 배출권을 매입해 사용할 이행연도 분의 배출원가에서 상계한다.

'온실가스 배출권의 할당 및 거래에 관한 법률'에 따라 해당 이행연도 분의 부채를 결제할 때 다음 이행연도 분의 일부를 차입해 사용할 수도 있을 것이다. 이때 차입할 배출권의 장부금액(0)으로 해당 이행연도의 배출부채를 측정한다면 부족해진 배출권을 매입해 제출하는 이행연도에 그 원가가 과다하게 산정될 수 있다. 따라서 다음 이행연도의 무상할당 배출권의 일부를 차입해 해당 이행연도 분의 부채를 결제하는 경우 그 배출부채는 배출권의 현행 시장가격 등을 고려해 결정하는 것이 적절할 것이다(일반기업회계기준 제33장 부록 결33.13).

일반기업회계기준에서는 제출의무를 이행하기 위해 차입하는 부분에 해당하는 배출부채의 금액을 이연수익으로 인식하고, 해당 이연수익을 차입으로 부족해진 배출권을 매입하여 사용할 이행연도 분의 배출원가와 상계하도록 하여 제출하는 이행연도에 원가가 과다하게 산정되는 문제를 해결하였다.

[자료 7-5] 탄소배출부채의 제거

구분		기준
제거	일반적인 경우	정부에 제출하는 때 배출부채를 제거
	다음 이행연도 분 배출권의 일부를 차입하는 경우	차입하는 부분에 해당하는 배출부채의 금액을 이연수익으로 인식하고, 해당 이연수익은 차입으로 부족해진 배출권을 매입해 사용할 이행연도 분의 배출원가에서 상계

출처 : 저자 작성

4. 표시 및 공시

배출권의 표시 및 공시

① 이행모형

(일반기업회계기준 제33장 문단 33.13)

배출권은 무형자산으로 분류하되, 보고기간 말부터 1년 이내에 정부에 제출할 부분은 유동자산으로 분류한다.

(일반기업회계기준 제33장 문단 33.15)

배출권에 대한 다음의 내용을 주석으로 기재한다.

(1) 계획기간 및 이행연도별 무상할당 배출권의 수량

(2) 기초 및 기말 배출권의 수량, 장부금액과 당기 증감 내용

(3) 담보로 제공한 배출권

의무를 이행하는 데 사용할 배출권은 온실가스 배출 시 해당 배출량에 해당하는 배출권을 보유하고 있지 않더라도 온실가스를 배출할 수 있다는 점에서 광업권, 어업권, 소프트웨어 등 다른 무형자산과 다른 고유의 특성이 있다. 그러나 물리적 형체가 없고 식별할 수 있으며 기업이 통제하고 있고 미래경제적효익

이 있는 비화폐성자산이라는 무형자산의 정의를 충족하므로(일반기업회계기준 제 33장 부록 결33.14), '이행모형'하에서의 배출권은 무형자산으로 분류한다.

기업은 '이행모형'하에서 배출권의 유동성 분류를 하는 경우, 일반기업회계기준 제2장 문단 2.20과 2.22에서 규정하고 있는 유동성과 비유동성 구분의 일반 원칙에 따라 분류하면 될 것이다. 이에 따라 보고기간 말부터 1년 이내 정부에 제출해야 할 배출권은 유동자산으로 분류한다.

② 매매모형

(일반기업회계기준 제33장 문단 33.19)
배출권은 유동자산으로 분류한다.

(일반기업회계기준 제33장 문단 33.20)
배출권에 대한 다음의 내용을 주석으로 기재한다.
  (1) 기초 및 기말 배출권의 수량, 장부금액과 당기 증감내용
  (2) 담보로 제공한 배출권

단기간의 매매차익을 얻기 위해 기업이 보유하는 배출권, 즉 '매매모형' 하에서의 배출권은 유동자산으로 분류하고, 일반기업회계기준에 따라 공시한다.

배출부채의 표시 및 공시

(일반기업회계기준 제33장 문단 33.14)
배출부채 중 보고기간 말부터 1년 이내 결제될 부분은 유동부채로, 그 밖의 부분은 비유동부채로 분류한다.

기업은 일반기업회계기준에서 규정하고 있는 유동성과 비유동성 구분의 원칙에 따라 배출부채의 유동성 분류를 해야 하며, 이에 따라 보고기간 말부터 1년 이내 결제되어야 할 배출부채는 유동부채로 분류한다.

[자료 7-6] 탄소배출권 및 탄소배출부채의 표시 및 공시

구분			기준
탄소 배출권	이행 모형	표시	무형자산으로 분류하고, 보고기간 말부터 1년 이내 정부에 제출할 배출권은 유동자산으로 분류
		공시	배출권에 대한 다음의 내용을 주석으로 기재한다. (1) 계획기간 및 이행연도별 무상할당 배출권의 수량 (2) 기초 및 기말 배출권의 수량, 장부금액과 당기 증감 내용 (3) 담보로 제공한 배출권
	매매 모형	표시	유동자산으로 분류
		공시	배출권에 대한 다음의 내용을 주석으로 기재한다. (1) 기초 및 기말 배출권의 수량, 장부금액과 당기 증감 내용 (2) 담보로 제공한 배출권
탄소 배출부채	표시		보고기간 말부터 1년 이내에 결제될 부분은 유동부채로, 그 밖의 부분은 비유동부채로 분류
	공시		배출부채에 대한 다음의 내용을 주석으로 기재한다. (1) 기초 및 기말 장부금액과 당기 증감 내용 (2) 보고기간의 배출량 추정치. 다만 이행연도와 보고기간이 일치하지 않는 경우에는 보고기간 내에서 이행연도별로 구분한 추정치를 추가

출처 : 저자 작성

탄소배출권의
세무적 대응 방안

탄소배출권의 과세와 관련해서는 조세법률주의에 따라 탄소배출권 과세제도에 대해 세법에 명확하게 규정함으로써 법적안정성과 예측가능성을 확보해야 하며, 이 과정에서 탄소배출권 특유의 경제적 실질이 법문에 충분히 반영되도록 규정하는 것이 중요할 것이다.

또한 국제적으로 시행되고 있는 탄소배출 감축 노력에 우리나라 기업들이 효과적으로 동참하는 한편, 탄소배출 규제로 인한 경영상 부정적 영향은 최소화되도록 세제 측면에서 지원하여 국제적 경쟁력을 제고할 수 있으면서도 과세형평과 조세의 중립성은 훼손되지 않는 적정한 과세제도의 정비·시행이 중요하다.

그러나 현재 세계 대부분의 국가에서는 탄소배출권 제도와 관련한 세법상 규정이 명문화되어 있지 않은 상황이며, 이에 따라 탄소배출권 거래에 대한 과세 문제는 국가마다 상이하게 적용되고 있다. 우리나라 역시 탄소배출권 거래에 대해 부가가치세를 면제하는 규정과 법인세법상 배출권의 취득가액을 영(0)원으로 측정한다는 조항만 신설하였을 뿐, 여전히 현행 과세체계하에서 탄소배출권 거래와 관련하여 야기될 수 있는 다양한 세무적 문제를 해결하기에는 역부족인 상황이다.

이에 현재 우리나라 세법에 규정되어 있는 조문 및 관련 예규, 판례를 바탕으로 탄소배출권 거래 시 야기될 수 있는 과세 문제에 대해 검토하고자 한다. 탄소배출권과 관련해 발생 가능한 과세 문제는 탄소배출권의 거래에 대한 과세, 즉 부가가치세 측면에서의 과세와 탄소배출권으로 인한 소득과세, 즉 법인세 및 소득세 측면에서의 과세로 분류할 수 있다.

1. 부가가치세 측면에서의 과세 문제

부가가치세법상 과세 대상 재화 또는 용역의 공급

부가가치세의 과세대상은 사업자가 행하는 재화 또는 용역의 공급과 재화의 수입이며, 이 경우 재화라 함은 재산적 가치가 있는 모든 유체물과 무체물을 의미한다(부가가치세법 제2조 제1항 및 제2항, 동법 제4조). 여기서 무체물에는 전기, 가스, 열 등 관리할 수 있는 자연력 및 권리 등으로서 재산적 가치가 있는 유체물 이외에 모든 것을 포함한다(부가가치세법 시행령 제2조 제1항 및 제2항).

부가가치세법상 재화의 공급은 계약상 또는 법률상의 모든 원인에 따라 재화를 인도하거나 양도하는 것을 의미한다(부가가치세법 제9조 제1항).

탄소배출권의 부가가치세 과세 문제

일반적으로 권리는 그 행사로 인해 효용이 증가한다. 탄소배출권은 법률 형식상 권리임에는 분명하지만, 탄소배출 그 자체로 효용이 증가하지는 않으며, 정부의 탄소배출 할당은 탄소배출을 규제하고자 하는 의미일 뿐, 미래 경제적 효익을 부여하는 것으로서의 의미가 있는 것은 아니다(이준규·김문철·박상원, 〈탄소배출권의 회계처리 및 과세제도에 관한 연구〉, 한국조세연구원, 2010, 68p).

하지만 기업이 보유하고 있는 탄소배출권보다 많은 양의 탄소를 배출하게 되는 경우 기업은 그 차이에 해당하는 부분을 외부로부터 구입해 정부에 제출해야 하므로 탄소배출권이 효용의 감소를 줄이는 것이라는 측면에서 효용의 증가와 같은 효과로 볼 수도 있을 것이다. 따라서, 탄소배출권이 온실가스를 배출할 수 있는 권리로서 부가가치세 과세대상이 되는 재화에 해당함은 명백하다.

이에 2015년 탄소배출권거래 제도가 시행되기 이전에는 부가가치세법상 일반 원칙에 따라 사업자 간 탄소배출권 거래에 대해 부가가치세를 과세하였으며 예규 및 판례 역시 일관된 태도를 보여왔다(조심 2015서1946, 2017.03.02, 부가가치세과-766, 2014.09.11, 서면 3팀-3448, 2007.12.31).

그러나 탄소배출권 거래 제도의 시행과 함께 2015년 12월 15일 부가가치세 면제를 담고 있는 조세특례제한법 제106조에, '온실가스 배출권의 할당 및 거래에 관한 법률' 제2조 제3호의 배출권과 같은 법 제29조 제1항에 따른 외부사업 온실가스 감축량 및 같은 조 제3항에 따른 상쇄배출권을 포함함으로써 탄소배출권의 공급에 대해 2025년 12월 31일까지 부가가치세 면제를 적용하게 되었다.

한편 국가가 탄소배출권을 기업에 원시 배정하는 경우에는 유·무상 여부와 관계없이 부가가치세가 면세된다(부가가치세법 제46조). 또한 CDM 사업에 참여해 탄소배출권을 자가 창설, 취득하게 된 경우에도 사업자 간의 양수도 거래에 의한 취득이 아니므로 부가가치세가 과세되지 않는다.

사업자가 아닌 개인이 탄소배출권을 양도하는 경우에는 탄소배출권을 계속·반복적으로 매매하거나 탄소배출권의 매매를 사업 목적으로 표방해 사업성이 있다고 인정되는 경우를 제외하고는 부가가치세가 과세되지 않는다.

기업이 생산과정에서 발생하는 탄소배출량에 따라 정부에 의무적으로 제출하는 배출권은 부가가치세법상 재화 공급의 범위에 포함되지 아니하므로 부가

가치세 과세대상이 아니다. 그러나 과세사업에 사용하기 위해 보유하고 있는 탄소배출권을 면세사업에 전용하게 된다면 이는 자가공급에 해당해 재화의 공급으로 의제될 것이다(부가가치세법 제10조 제1항). 다만, 이 경우에도 조세특례제한법 제106조 제1항 제5호에 따라 2025년 12월 31일까지 부가가치세가 면제된다.

[자료 7-7] 현행 부가가치세법상 탄소배출권 거래의 과세 문제

구분		과세 문제
원시 취득	정부에 의한 배정	부가가치세 면세
	자가창설	과세 제외
양도	사업 목적 양도	과세 제외(2025년 12월 31일까지 면제)
	비사업 목적 양도	과세 제외
사용	원칙	과세 제외
	면세사업 전용	과세 제외(2025년 12월 31일까지 면제)

출처 : 저자 작성

2. 법인세 측면에서의 과세 문제

법인세 측면에서 탄소배출권의 과세 문제를 살펴보기 위해서는 탄소배출권이 법인세법상 어떻게 분류되는지를 먼저 살펴보아야 하는데, 현재 법인세법에서는 배출권을 분류하기 위한 자산의 정의나 구분에 대한 일반적인 규정이 존재하지 않는다.

앞서 회계적 측면에서는 탄소배출권을 무형자산으로 분류하였다. 법인세법에서는 이와는 독립적으로 판단해야 할 것이지만 자산의 정의에 대한 규정이 없으므로, 상황별 법인세법상 조문을 바탕으로 탄소배출권과 관련한 과세 문제를 검토한다.

법인세법상 취득가액 산정

① 정부로부터 무상 할당받은 탄소배출권의 취득가액 산정

탄소배출권은 무형의 권리로서 이를 보유하고 있는 기업의 자산에 해당하므로 탄소배출권을 정부로부터 무상으로 할당받은 경우 그 취득가액은 원칙적으로 취득 당시의 시가로 해야 할 것이나(법인세법 시행령 제72조 제2항 제7호), 2015년 2월 3일 신설된 법인세법 시행령 제72조 제2항 제6호에 따라 그 취득가액을 영(0)원으로 산정한다.

② 외부로부터 유상 취득한 배출권의 취득가액 산정

탄소배출권을 외부로부터 유상취득한 경우에는 매입가액에 부대비용을 가산한 금액을 취득가액으로 하고(법인세법 제41조 제1항 제1호), 이때 부대비용에는 매입을 위해 필수적으로 부수되는 각종 세금을 포함한다(법인세법시행령 제72조 제2항 제1호).

③ 자가창설, 취득한 배출권의 취득가액 산정

CDM 사업에 참여해 탄소배출권을 자가창설, 취득한 경우에는 원가에 부대비용을 더한 금액을 그 취득가액으로 하고(법인세법 제41조 제1항 제2호), 여기에는 원재료비, 노무비, 보험료, 수수료, 공과금 및 기타 부대비용을 포함한다(법인세법 시행령 제72조 제2항 제2호).

다만, CDM 사업 참여 과정에서 발생한 지출액을 해당 사업에 투자한 금액과 탄소배출권의 취득을 위한 비용으로 구분하는 것은 현실적으로 어려울 것이다. 통상 CDM 사업에의 투자는 해당 사업에서 발생하는 투자 이익과 탄소배출권을 창설하는 이익 모두를 얻기 위한 것이므로 합리적인 기준으로 이를 분류해야 할 것이나 현재로서는 마땅한 기준이 마련되어 있지 않다(이준규·김문철·박상

원, 〈탄소배출권의 회계처리 및 과세제도에 관한 연구〉, 한국조세연구원, 2010, 90~91p). 따라서 향후 이에 대한 명확한 기준이 명문화되어야 할 것으로 생각된다.

[자료 7-8] 현행 법인세법상 탄소배출권의 취득가액 산정

구분	취득가액
정부로부터 무상할당 받은 경우	영(0)원
외부로부터 유상 취득한 경우	매입가액에 부대비용을 가산한 금액
자가창설, 취득한 경우	원가에 부대비용을 가산한 금액

출처 : 저자 작성

법인세법상 감가상각, 평가 및 반환(양도)

① 탄소배출권의 감가상각

법인세법상 감가상각은 토지를 제외한 건물, 기계 및 장치, 특허권 등 대통령령으로 정하는 유형자산 및 무형자산을 그 대상으로 하고 있으며(법인세법 제23조 제1항), 여기서 건물, 기계 및 장치, 특허권 등 대통령령으로 정하는 유형자산 및 무형자산은 동법 시행령 제24조에서 한정적으로 열거하고 있다.

이 중 대통령령으로 정하는 무형자산에는 영업권, 특허권, 광업권, 댐사용권, 및 항만시설관리권 등이 열거되어 있으며, 탄소배출권은 그 대상에 포함되어 있지 않다(법인세법 시행령 제24조 제2항). 따라서 탄소배출권은 법인세법상 감가상각 대상에 포함되지 않는 자산으로 분류해야 한다.

② 탄소배출권의 평가

법인세법에서 자산의 평가는 다음의 경우에만 가능하다고 규정하고 있다(법인세법 제42조 제1항 및 제3항).

> **(장부가액을 증액할 수 있는 경우)**
> 1. '보험업법'이나 그 밖의 법률에 따른 유형자산 및 무형자산 등의 평가(장부가액을 증액한 경우만 해당한다)
>
> **(장부가액을 감액할 수 있는 경우)**
> 1. 재고자산으로서 파손·부패 등의 사유로 정상적으로 판매할 수 없는 것
> 2. 유형자산으로서 천재지변·화재 등 대통령령으로 정하는 사유로 파손되거나 멸실된 것
> 3. 대통령령으로 정하는 주식 등으로서 해당 주식 등의 발행법인이 다음 각 목의 어느 하나에 해당하는 것
>   가. 부도가 발생한 경우
>   나. '채무자 회생 및 파산에 관한 법률'에 따른 회생계획인가의 결정을 받은 경우
>   다. '기업구조조정 촉진법'에 따른 부실징후기업이 된 경우
>   마. 파산한 경우

탄소배출권은 보험업법에 따라 평가하는 자산에 해당하지 않고, 파손·부패되는 자산도 아니다. 또한 천재·지변·화재 등으로 인해 파손, 멸실되는 자산에 해당하지도 아니한다. 따라서 탄소배출권은 법인세법상 평가의 대상에 해당하지 않는다.

[자료 7-9] 현행 법인세법상 탄소배출권의 감가상각 및 평가

구분	대상 여부
감가상각	감가상각하지 않음.
평가	평가하지 않음.

출처 : 저자 작성

③ 탄소배출권의 반환 또는 양도

- 탄소배출권을 정부에 반환하는 경우

기업은 생산과정에서 배출되는 탄소배출량에 따라 탄소배출권을 정부에 제출해야 한다. 이때 기업이 보유한 탄소배출권은 감소하게 되고, 이는 배출권의 사용에 해당하므로 취득원가를 감액해야 한다.

이러한 취득원가의 감액은 해당 기업의 순자산을 감소시키며, 사업과 관련하여 발생하거나 지출된 손실 또는 비용으로서 일반적으로 인정되는 통상적인 것에 해당하므로 각 사업연도의 소득금액을 계산할 때 손금에 산입되어야 할 것이다(법인세법 제19조 제1항 및 제2항).

- 탄소배출권을 외부에 양도하는 경우

탄소배출권을 외부에 양도하는 경우 배출권의 양도금액은 익금에 산입하고, 양도 당시 장부금액은 손금에 산입한다(법인세법 시행령 제11조 제2항, 법인세법 제19조 제2항). 따라서 탄소배출권 양도로 인한 처분이익에 대해서는 법인세가 과세되고 처분손실은 각 사업연도 소득금액을 계산할 때 공제해야 한다.

[자료 7-10] 현행 법인세법상 탄소배출권의 반환 또는 양도

구분	대상 여부
탄소배출권을 정부에 제출하는 경우	감소하는 탄소배출권 보유량만큼 손금에 산입
탄소배출권을 외부에 양도하는 경우	양도가액은 익금에 산입하고, 장부가액은 손금에 산입

출처 : 저자 작성

3. 소득세 측면에서의 과세 문제

현재의 탄소배출권 거래 제도하에서 개인이 정부로부터 탄소배출권을 배정받거나, 사용할 목적으로 배출권을 취득하는 경우를 상정하기는 어렵다. 그러나 향후 자발적 배출권 시장이 활성화되면 개인도 CDM 사업에 참여해 스스로 탄소배출권을 창설할 수 있고, 개인이 투자 또는 투기 목적으로 탄소배출권 시장에 참여하는 것도 가능하게 될 것이다.

이 경우 탄소배출권 매매로 창출된 소득을 어떻게 과세할 것인지 검토해 보고자 한다. 과세상 소득 구분은 개인이 탄소배출권을 일시적·우발적으로 매매하는지, 혹은 사업성을 표방하고 계속적·반복적으로 매매하는지 여부에 따라 분류한다.

탄소배출권을 일시적·우발적으로 매매하는 경우

① 과세상 분류 및 과세 방법

개인이 일시적·우발적으로 상표권, 영업권 등의 무채재산권을 양도하거나 대여하고 그 대가로 받는 금품은 기타소득에 해당한다(소득세법 제21조 제7항). 탄소배출권은 상표권, 영업권 등과 같은 무채재산권에 해당하므로 소득세법에 따라 이를 일시적·우발적으로 양도하는 경우 기타소득으로 분류한다.

이 경우 탄소배출권의 매매로 인한 소득금액을 해당 과세기간의 이자소득금액, 배당소득금액, 사업소득금액, 근로소득금액, 연금소득금액 및 탄소배출권의 매매로 인한 소득 외의 기타소득금액과 합산해 과세표준을 계산하되(소득세법 제14조 제2항), 탄소배출권의 매매로 인한 소득금액이 연 300만 원 이하이면서 원천징수된 경우에는 해당 소득금액에 대해 종합과세와 분리과세를 선택할 수 있다(소득세법 제14조 제3항 제8호).

② 필요경비 산정

기타소득금액을 산정할 때 탄소배출권의 양도를 통해 수령한 대가에서 차감할 필요경비는 그 양도 대가로 받은 금액의 100분의 60에 상당하는 금액으로 하고, 실제 소요된 필요경비가 양도 대가로 받은 금액의 100분의 60에 상당하는 금액을 초과하면 그 초과하는 금액도 필요경비에 포함한다(소득세법 시행령 제87조 제1호의 2).

탄소배출권을 계속적·반복적으로 매매하는 경우

① 과세상 분류 및 과세 방법

개인이 탄소배출권을 계속적·반복적으로 매매하거나, 탄소배출권의 매매를 사업 목적으로 표방하여 사업성이 있다고 인정되는 경우에는 탄소배출권의 매매 대가로 받는 금품을 사업소득으로 분류한다(소득세법 제19조 제1항 제21호).

탄소배출권을 매매해 받은 대가를 사업소득으로 분류한 경우에는 이자소득금액, 배당소득금액, 근로소득금액, 연금소득금액, 기타소득금액 및 탄소배출권의 매매로 인한 소득 외의 사업소득과 합산해 과세표준을 계산한다(소득세법 제14조 제2항).

② 필요경비 산정

사업소득금액을 산정할 때 필요경비에 산입할 금액은 해당 과세기간의 탄소배출권 매매로 받은 총 수입금액에 대응하는 비용으로서 일반적으로 용인되는 통상적인 것의 합계액으로 한다(소득세법 제27조 제1항).

[자료 7-11] 현행 소득세법상 탄소배출권의 세무 처리

구분		세무 처리
기타소득에 해당하는 경우	과세방법	종합소득에 합산해 과세(단, 소득금액이 연 300만 원 이하이면서 원천징수된 경우 분리과세 선택 가능)
	필요경비	MAX(총 수입금액의 60%, 실제 소요된 필요경비)
사업소득에 해당하는 경우	과세방법	종합소득에 합산해 과세
	필요경비	총 수입금액에 대응하는 비용으로서 일반적으로 용인되는 통상적인 것의 합계액

출처 : 저자 작성

탄소배출권 회계 및 과세 문제를
마무리하며

지금까지 탄소배출권 거래와 관련하여 적용 가능한 회계처리 및 과세 문제를 살펴보았다. 탄소배출권 제도와 관련한 회계처리에 대해 유럽에서 오랜 기간 논의해왔으나 국제회계기준위원회(IASB)에서는 아직 탄소배출권의 회계처리와 관련된 기준을 확정하지 못하고 있다. 이에 한국회계기준위원회에서 제정한 일반기업회계기준 '온실가스 배출권과 배출부채'를 기반으로 탄소배출권의 회계적 대응 방안을 소개하였다.

세제상 측면에서도 탄소배출권 거래와 관련한 규정의 미비로 다양한 세무적 문제를 해결하기에 부족함이 많은 실정이며, 관련 제도의 도입 및 보완이 필요한 상황이다. 본 장에서는 현행 세법 규정을 바탕으로 탄소배출권의 거래 과정에서 발생하는 부가가치세 과세 문제와 탄소배출권으로 인한 소득과세인 법인세 및 소득세 과세 문제로 나누어 탄소배출권제도와 관련한 세무처리를 살펴보았다.

탄소배출권 회계처리에 대한 주요 결론은 다음과 같다.

첫째, 탄소배출권을 최초 측정하는 경우 무상할당 배출권은 영(0)으로 측정하고, 외부로부터 매입한 배출권은 매입원가에 취득에 직접 관련되어 발생한 원가를 더해 인식한다.

둘째, 탄소배출권을 보유 목적에 따라 '이행모형'과 '매매모형'으로 분류한다. 탄소배출권의 후속측정을 하는 경우 '이행모형'에서는 최초 인식 후 원가에서 손상차손누계액을 차감한 금액으로 인식하고, '매매모형'에서는 공정가치로 측정 후 공정가치 변동분과 처분손익을 당기손익으로 인식한다.

셋째, 탄소배출부채는 정부에 제출할 해당 이행연도 분으로 보유한 배출권의 장부금액과 정부에 제출할 해당 이행연도 분을 초과하는 배출량에 대해 해당 의무를 이행하는 데 소요되는 지출에 대한 보고기간 말 현재 최선의 추정치를 더해 인식한다.

넷째, 탄소배출권의 표시와 관련하여 '이행모형'에서의 탄소배출권은 무형자산으로 분류하고, 유동성과 비유동성 구분의 일반 원칙에 따라 보고기간 말로부터 1년 이내 정부에 제출할 분에 대해서는 유동자산으로 분류한다. '매매모형'에서의 탄소배출권은 유동자산으로 분류한다. 한편, 탄소배출부채는 보고기간 말로부터 1년 이내 결제될 부분은 유동부채로, 그 밖의 부분은 비유동부채로 분류하여 표시한다.

앞서 살펴본 탄소배출권의 과세상 문제에 대한 결론은 다음과 같다.

첫째, 부가가치세 과세 측면에서 국가가 탄소배출권을 기업에 원시 배정하는 경우에는 면세를 적용한다. 기타 탄소배출권을 양도하거나 사용하는 경우에는 부가가치세의 과세대상에서 제외되므로 현행 세법상 탄소배출권 거래 시 부가가치세 과세 문제는 발생하지 않는다.

둘째, 법인세 과세 측면에서 탄소배출권의 취득가액은 무상할당 받은 경우 영(0)원으로 측정하고 유상 취득한 경우에는 매입가액에 부대비용을 가산한 금액으로 산정한다. 자가창설, 취득한 경우에는 제작원가에 부대비용을 더한 금액으로 인식한다. 탄소배출권은 법인세법상 감가상각 및 평가 대상에 해당하지 않으므로 후속측정하지 않는다. 한편, 정부에 탄소배출권을 제출하는 경우에는 감소하는 탄소배출권 보유량만큼 손금에 산입하고, 외부에 양도하는 경우에는 양도가액을 익금에 산입하고 장부가액은 손금에 산입한다.

셋째, 향후 자발적 배출권 시장이 도입되어 개인들의 시장 참여가 활성화되었을 경우, 소득세 과세 측면에서 탄소배출권의 매매가 일시적·우발적으로 이루어진다면 그 매매로 인한 소득금액을 기타소득으로 분류하고 타 소득과 합산하여 종합과세(기타소득금액이 연 300만 원 이하이면서 원천징수된 경우에는 분리과세 선택 가능)한다. 그러나 개인의 탄소배출권 매매가 사업성을 나타낸다면 탄소배출권의 매매로 인한 소득금액을 사업소득으로 분류하고 타 소득과 합산하여 종합과세한다.

PART 8.
자발적 탄소크레딧 시장 대응 전략

김태선

탄소배출권 시장은 규제적 탄소시장과 자발적 탄소시장으로 구분된다. 자발적 탄소시장은 민간 차원에서 규제기관의 감독 없이 자발적 탄소크레딧을 발행, 유통, 상쇄, 소각의 과정을 거치면서 온실가스 감축 및 이행, ESG 등의 지속가능 경영활동을 지원하는 시장이다.

파리협약 제6조는 시장 및 비시장적 접근방법을 통한 국가 간 협력을 강조하고 있다. 특히 제6조 제2항과 제6조 제4항에 의거, 자발적 탄소크레딧에 대한 관심이 고조되고 있다.

파리협약에서 자발적 탄소크레딧은 국가 온실가스 감축 목표(NDC, Nationally Determined Contribution) 달성, 국제항공기구(ICAO)의 CORSIA 상쇄 프로그램, 자발적 이행, 탄소배출권거래제(ETS, Emission Trading System), 성과기반 자금 지원(RBF, Result Based Financing) 분야에 탄소크레딧 활용이 가능하다.

PART 8에서는 자발적 탄소크레딧 확보에 앞서 온실가스 감축 프로젝트들에 대한 다양한 분석방법을 소개하고 있다. 특히 투자 여부를 결정짓는 재무분석과 동시에 한계감축비용에 대한 구체적인 분석과정을 기술하고 있다.

자발적 탄소크레딧 시장구조와 가격결정

1. 시장구조

규제적 탄소시장(Compliance Carbon Market, CCM)은 국가, 지역 또는 제도에 의해 제한된 온실가스 총량 범위 내에서 할당 배출권(Allowance)을 거래하는 시장이다. 한편 자발적 탄소시장(Voluntary Carbon Market, VCM)은 온실가스 감축 프로젝트를 통해 확보한 자발적 탄소크레딧을 거래하는 시장이다.

[자료 8-1] 자발적 탄소시장과 규제적 탄소시장 비교

구분	자발적 탄소시장	규제적 탄소시장
운영 주체	민간 주도	정부 주도
시장 형태	온실가스 감축 프로젝트 기반	할당량 기반
인증서 유형	탄소크레딧	탄소배출권

출처 : 저자 작성

자발적 탄소시장에서 발행되는 크레딧은 기술기반과 자연기반으로 분류한 뒤 각각 제거와 회피로 재분류된다. 기술기반 회피 크레딧 프로젝트는 태양광,

풍력사업이 해당된다. 기술기반 제거 크레딧 프로젝트는 탄소포집(CCUS, DAC)가 포함된다.

자연기반 회피 크레딧 프로젝트는 조림, 재조림이 해당되며, 자연기반 제거 크레딧 프로젝트는 블루카본, 토양카본 프로젝트 등이 있다. 다양한 감축 프로젝트를 통해 발행된 것을 탄소크레딧(Carbon Credit)이라고 하며 이 크레딧이 유통시장을 통해 활용되어 탄소 감축 실적으로 이용되는 경우를 탄소상쇄(Carbon Offset)라고 한다.

인증기관(Registries)

인증기관은 자발적 탄소시장에서 탄소상쇄를 통해 감축한 배출량 감축분을 거래할 수 있도록 탄소크레딧을 발행 및 관리하는 업무를 담당한다. 감축 프로젝트 개발자는 배출량 감축분을 제3의 검증기관(Verification and Validation Bodies)에 입증받고 확인서를 발급받아 인증기관에 탄소크레딧 발행을 요청하게 된다.

인증기관은 탄소 감축 프로젝트 시행 전과 후의 배출량 비교과정을 거쳐 배출량 감소가 검증되면 탄소크레딧을 발행하고 이후 탄소크레딧 소각 업무까지 담당한다. 탄소크레딧에 고유한 일련번호를 부여해 소유권 이동을 파악하고, 크레딧을 구매한 기업 등이 배출량 소각을 요청하면 크레딧을 재판매할 수 없도록 고유 일련번호를 영구 폐기하는 업무를 수행한다.

오픈마켓(Marketplaces)

오픈마켓(Marketplaces)은 온라인 거래 플랫폼을 이용해 매수자와 매도자 간 직접적인 거래가 이루어진다. 경쟁 매매보다는 매도자가 탄소크레딧 가격을 지정하는 형태의 지정가 거래가 대부분을 이루고 있다.

오픈마켓의 경우 대규모 매수자보다 탄소 중립목표 달성을 위한 소규모 크레딧 거래가 대부분이다. 또한 경매 거래의 복잡성을 회피할 수 있는 대안으로 오픈마켓(Marketplaces)을 이용한다.

거래소(Exchange Platforms)

자발적 탄소시장에서 거래소(Exchange Platforms)는 탄소크레딧을 거래할 수 있는 가장 일반적인 플랫폼으로 프로젝트 개발자가 가격을 제시하고, 매수자가 입찰하는 경매방식으로 대부분의 거래가 이루어지고 있다. 탄소크레딧은 발행된 후 폐기되기 전까지 거래소 등을 통해 매매가 가능하다.

Verra, Gold Standard, American Carbon Registry, Climate Action Reserve에서 인증을 받은 개별 프로젝트에 대한 탄소크레딧의 현물 및 다양한 파생상품(선도, 선물, 스왑, 옵션, 레포 등) 거래가 가능하다.

평가기관(Rating Agencies)

자발적 탄소시장에서 평가기관은 매우 중요하다. 평가기관(Rating Agencies)은 발행한 탄소크레딧의 품질을 평가하는 기관으로 자발적 탄소시장의 효율적 운영과 시스템 전반의 안정성을 보장하는 역할을 수행한다.

평가기관에서는 크레딧의 신뢰성을 담보를 위해 탄소크레딧 품질을 진단, 평가, 모니터링 하는 서비스 업무를 제공한다. 특히 탄소크레딧에 대해서 추가성(Additionality), 이중계산 방지(No Double Counting), 영구성(Permanence)을 주요 평가지표로 삼고 있다.

무결성 이니셔티브(Integrity Initiatives)

무결성 이니셔티브(Integrity Initiatives)는 자발적 탄소시장의 투명성을 개선하고, 탄소크레딧의 품질을 향상시키기 위한 목적으로 구성된 민간 주도의 이니셔티브가 운영되고 있다.

탄소크레딧의 품질에 대한 기준과 평가방법을 수립하는 것이 가장 핵심적인
목표이며, 매수자들이 탄소크레딧에 대해 신뢰할 수 있게 함으로써 자발적 탄
소시장의 활성화를 도모하는 활동을 한다.

[자료 8-2] 자발적 탄소크레딧 시장구조

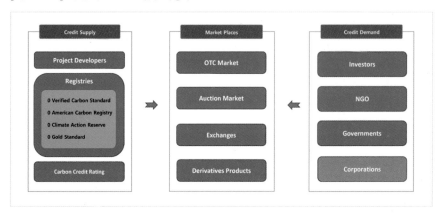

출처 : NAMU EnR 금융공학 & 리서치센터

2. 가격 결정

수요 vs 공급

탄소배출권 시장도 여타 시장과 마찬가지로 수요요인과 공급요인에 의해서
가격이 결정된다. 규제적 탄소시장의 경우 할당량에 해당하는 공급곡선은 가격
에 대해서 비탄력적인 수직선에 가까운 공급곡선의 형태를 띠게 된다. 수요곡선
은 가격수준에 대해 탄력적인 우하향의 형태를 보이게 된다.

한편 자발적 탄소시장에서는 공급곡선, 수요곡선 모두 가격에 대해 탄력적인
움직임을 보인다. 공급곡선의 경우 가격이 높게 형성되면 더 많은 크레딧을 공

급하고 반대로 가격이 낮으면 크레딧을 적게 공급한다. 수요곡선의 경우 우하향하는 형태로 가격과 배출량 간의 반비례 관계가 형성되면서 탄력적인 움직임을 보인다.

[자료 8-3] 규제적 탄소시장 vs 자발적 탄소시장 간 가격결정

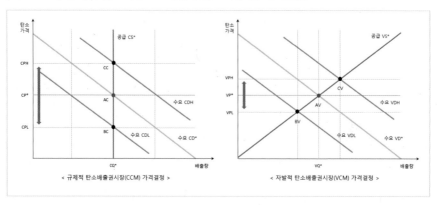

출처 : NAMU EnR 금융공학 & 리서치센터

시장 간 연계

교토메커니즘하에서는 유럽 탄소배출권 시장의 경우 청정개발체제(CDM, Clean Development Mechanism) 사업을 통해 얻게 되는 CER 크레딧을 13.5% 사용할 수 있도록 했다. 국내 탄소배출권 시장도 외부사업을 통해 외부사업 인증실적(KOC, Korean Offset Credit)을 확보한 뒤 이행을 위한 상쇄배출권(KCU, Korean Credit Unit)으로 전환 후 인증량의 5.0% 범위에서 사용할 수 있다.

외부사업으로 발생한 상쇄배출권(KCU)은 배출권 시장에 추가적인 유동성을 제공한다. 또한 규제적 탄소시장의 배출권 가격이 상승하게 되면 온실가스 감축사업 촉진과 더불어 외부사업 인증실적과 상쇄배출권의 공급이 증가하게 된다.

[자료 8-4] 규제적 탄소시장 vs 자발적 탄소시장

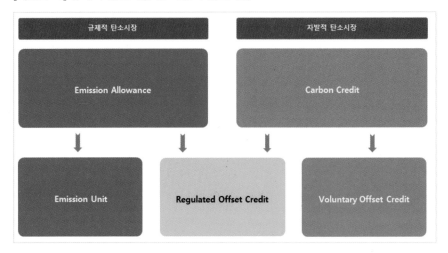

출처 : NAMU EnR 금융공학 & 리서치센터

프로젝트 유형

온실가스 감축 프로젝트들은 그 유형에 따라 매우 다양한 비용(한계감축비용)
구조를 보인다. 따라서 수익 극대화를 위해 탄소크레딧 확보 후 한계감축비용
보다 높은 시장가격에 매도해야 하는 만큼 프로젝트 개발자들은 경제성 분석을
수행해야 한다.

크레딧 발급연도

크레딧의 발급일이 많이 경과된 크레딧은 시장에서 할인되어 거래된다. 크레
딧의 잔존 유효기간이 짧은 관계로 프리미엄을 기대할 수 없어 낮은 가격으로
매매가 이루어진다. 결국 잔존이 짧을수록 리스크에 대한 노출은 작게 되고 최
근 발급된 크레딧은 리스크 노출이 큰 만큼, 높은 가격대에서 거래되면서 높은
가격 변동성을 보인다.

제거 크레딧 vs 회피 크레딧

자발적 크레딧 시장에서 제거 크레딧 가격은 회피 크레딧 가격 대비 높은 가격에서 거래된다. 구조적으로 제거 크레딧은 감축 원가인 한계감축비용(MAC)이 고가이고 이에 따른 공급 부족은 프리미엄 형성과 함께 높은 가격대에서 거래된다.

그동안 자발적 탄소시장에서는 상대적으로 공급이 많고 가격이 저렴한 회피 크레딧에 대한 매수세가 많았으나, 최근 들어 붉어진 그린워싱(크레딧 품질) 문제가 부각되면서 약세 움직임을 보였다. 한편 그린워싱의 문제로부터 자유로운 제거 크레딧 가격은 상승세를 보이고 있다.

[자료 8-5] 자발적 탄소 옵셋 크레딧 종류

출처 : NAMU EnR 금융공학 & 리서치센터

지속가능 발전 관련 인증서

CCB(Climate, Community & Biodiversity) 또는 SDVista(Sustainable Development Verified Impact Standard)와 같은 지속가능 발전 프로젝트 인증서는 탄소 감축뿐만 아니라 사회 환경적 측면에서 긍정적인 효과로 프리미엄이 형성된다.

따라서 다른 자발적 탄소크레딧 가격보다 상대적으로 높은 가격대에서 거래된다. CCB 프로그램은 농업, 임업, 토지 이용(Agriculture, Forestry and Other Land Use, AFOLU) 프로젝트가 해당되며 SDVista는 지속가능한 개발 목표에 대한 기여한 프로젝트들이 해당된다.

프로젝트 품질 및 개발자 평판

온실가스 감축 프로젝트 개발자는 자발적 크레딧에 대한 발행자로 재무적인 안정성과 함께 명성, 평판이 매우 중요하다. 또한 프로젝트에 대한 품질과 함께 진행과 관련해 프로젝트 완성도 요인 등도 크레딧 가격에 영향을 미친다.

대부분의 감축 프로젝트들의 중장기 투자 기간인 점을 고려할 때 프로젝트 개발자에 대한 신뢰성은 프로젝트의 성공 여부를 결정짓는 매우 중요한 요인이 된다. 양질의 신용과 평판은 높은 가격을 요구할 수 있다.

지역 및 국가

대부분의 온실가스 감축 투자는 개도국에서 진행됨에 따라 프로젝트에 대한 리스크 노출은 큰 상태이다. 동일한 온실가스 감축 프로젝트임에도 불구하고 개도국에서 발행되고 유통되는 크레딧은 리스크를 반영해 낮은 가격대에서 형성된다. 그러나 자발적 탄소크레딧이 규제적 탄소시장과 연계되어 있는 국가의 경우 양시장 간 가격 동조화는 강화된다.

도매가격 vs 소매가격

도매가격은 자발적 탄소시장 거래소 및 플랫폼(예 : CBL Xpansiv, Air Carbon 거래소)에서 실시간으로 반영된다. 대부분 은행, 대기업 및 기관에서 대량 거래(약 5,000tCO_2eq 이상)가 이루어진다. 반면, 소규모 거래은 거래 빈도가 낮은 관계로 도매가격 대비 높은 가격대에서 매매가 이루어진다.

자발적 탄소크레딧 시장에서 거래되는 크레딧 및 오프셋의 경우 프로젝트 개발자 및 중개업자들이 기존 매입량 혹은 계약된 물량을 초과해 추가 구매할 경우 발행 및 유통가격 대비 일정 폭 할인된 가격에서 매매된다.

주요 재무비율과
경제성 분석

1. 미래가치와 현재가치

　미래가치(Future Value)는 현재의 일정한 금액을 미래의 일정한 시점에서 평가한 가치를 의미한다. 이 과정에서 돈의 가격인 할인율(금리)을 이용해 미래가치를 평가하게 된다. 예를 들어 현재 은행의 예금 금리가 연간 10.0%고, 100만 원을 예금한 뒤 1년 후에 받을 미래가치는 110만 원이 된다(2년 후 100만 원의 미래가치 121만 원).

　현재가치(Present Value)는 미래에 발생할 일정금액을 현재 시점에서 평가한 가치를 의미한다. 일반적으로 미래가치를 현재의 할인율(금리)을 이용해 현재가치를 구하게 되는데 이를 통상 할인(Discount)한다고 일컫는다. 1년 후 받을 원금과 이자가 110만 원인 경우 할인율(금리)인 10.0%로 현재가치를 구하면 100만 원이 된다(2년 후 121만 원의 현재가치는 100만 원).

$$FV = PV \times (1+r)^t$$

$$PV = \frac{FV}{(1+r)^t}$$

$$PV = \frac{CF}{(1+r)^1} + \frac{CF}{(1+r)^2} + \frac{CF}{(1+r)^3} + \cdots\cdots + \frac{CF}{(1+r)^n} = \sum_{t=1}^{n} \frac{CF}{(1+r)^n}$$

FV : 미래가치(Future Value)

PV : 현재가치(Present Value)

r : 할인률(금리)

t : 기간

CF : 현금흐름(Cash Flow)

할인율(DR, Discount Rate)이란 미래의 가치와 현재의 가치를 같게 하는 비율로 통상 금리를 말한다. 통상 미래 현금흐름을 현재 시점에서 평가(현재가치화)할 경우 적용되는 금리 수준을 할인율이라고 한다.

$$Discount\,Rate = (\frac{FV}{PV})^{\frac{1}{t}} - 1$$

할인계수(DF, Discount Factor)는 미래 현금흐름의 현재가치를 구하기 위해 사용되는 값으로 0에서 1 사이의 값을 취하게 된다. 즉 미래의 현금흐름 1원을 할인율로 현재가치화(PV, Present Value)한 계수 값이다.

$$Discount\,Factor = \frac{1}{(1+r)^t}$$

구분	현금흐름	미래가치(FV)	현재가치(PV)	할인율(DR)	할인계수(DF)
0Y	−250	−250	−250	−	1.0000
1Y	100	105.0	100	5.00%	0.9523
2Y	100	110.3	100	5.00%	0.9070
3Y	100	115.8	100	5.00%	0.8638
4Y	100	121.6	100	5.00%	0.8227
5Y	100	127.6	100	5.00%	0.7835

출처 : NAMU EnR 금융공학 & 리서치센터

2. 순현재가치(NPV, Net Present Value)

프로젝트 초기 투자비용과 이후 발생되는 투자수익 간 차이인 순현금흐름을 할인율(금리)로 평가한 가치를 의미한다. 투자 시점에서 발생되는 비용과 미래시점에 발생이 예상되는 수익 간의 순현금흐름(수익-비용)을 계산한 후 평가 시점의 일정한 할인율(금리)로 현재가치화하는 과정이다.

$$NPV = \sum \frac{CR_t}{(1+r)^t} - \sum \frac{CI_t}{(1+r)^t}$$

NPV : 순현재가치

CR : 투자수익

CI : 투자비용

r : 할인율(금리)

t : 기간

순현재가치(NPV)를 평가한 값이 (+)인 양의 값으로 평가되면 투자를 집행하게 되고 반대로 (−)인 음의 값을 보이면 투자보다는 예금이 유리하다. 또한 순현재가치(NPV)가 (0)인 경우, 투자 수익률과 시중 금리가 동일한 관계로 투자와 예금에 있어 무차별하게 된다.

[자료 8-7] 현금흐름(CF)과 순현재가치(NPV)

Years	Cash Flows		Discount Rate	4.00%
	Inflow	Outflow	Net	NPV
0	0	−275,000	−275,000	−275,000
1	115,000	−150,000	−35,000	−33,654
2	200,000	−145,000	55,000	50,851
3	300,000	−125,000	175,000	155,574
4	450,000	−200,000	250,000	213,701
5	500,000	−150,000	350,000	287,674
6	430,000	−330,000	100,000	79,031
7	360,000	−260,000	100,000	75,992
8	425,000	−325,000	100,000	73,069
9	275,000	−175,000	100,000	70,259
10	215,000	−115,000	100,000	67,556
Total	3,270,000	−2,250,000	1,020,000	765,054

출처 : NAMU EnR 금융공학 & 리서치센터

[자료 8-7]은 투자 기간 10년에 걸친 프로젝트의 현금흐름(Inflow : 수익 vs Outflow : 비용) 보여주고 있다. 순현금에 대해 금리(4.0%)로 할인한 순현재가치의 합이 (+) 765,054원으로 평가됨에 따라 양호한 투자수익을 기대할 수 있다.

3. 내부수익률(IRR, Internal Rate of Return)

내부수익률(IRR)이란 프로젝트 기간 현금수익 흐름을 현재가치로 환산해 합한 값이 투자비용과 같아지도록 할인하는 금리를 말한다. 즉, 순현재가치(NPV)가 제로(0)가 되도록 하는 금리를 내부수익률이라고 한다.

따라서 내부수익율(IRR)과 시중 금리(할인율) 수준을 비교해 투자에 대한 의사 결정을 내리게 된다. 대부분의 투자는 기회비용 관점에서 이루어진다. 시중 금리(할인율)와 프로젝트의 내부수익율(IRR)을 비교해 투자 여부를 결정짓게 된다.

$$NPV = 0 = \sum \frac{CR_t}{(1+IRR)^t} - \sum \frac{CI_t}{(1+IRR)^t}$$

NPV : 순현재가치

CR : 투자수익

CI : 투자비용

IRR : 내부수익률

t : 기간

[자료 8-8] 순현재가치(NPV)와 내부수익률(IRR)

Years	Cash Flows		IRR	35.33%
	Inflow	Outflow	Net	NPV
0	0	−275,000	−275,000	−275,000
1	115,000	−150,000	−35,000	−25,862
2	200,000	−145,000	55,000	30,029
3	300,000	−125,000	175,000	70,602
4	450,000	−200,000	250,000	74,526
5	500,000	−150,000	350,000	77,096
6	430,000	−330,000	100,000	16,276
7	360,000	−260,000	100,000	12,027
8	425,000	−325,000	100,000	8,887
9	275,000	−175,000	100,000	6,566
10	215,000	−115,000	100,000	4,852
Total	3,270,000	−2,250,000	1,020,000	0.0000

출처 : NAMU EnR 금융공학 & 리서치센터

[자료 8-8]은 순현재가치(NPV)의 합이 영(0)이 되도록 하는 내부수익률(IRR)을 구한 결과다. 순현금흐름(Net) 데이터를 기준으로 내부수익률(IRR, 35.33%)을 구한 후 순현금흐름을 내부수익률로 할인한 순현재가치의 합은 영(0)이 된다.

4. 투자자본수익률(ROI, Return on Investment)

투자자본수익률(ROI)은 투자 효율성과 효과를 측정하는 지표로 투자비용 대비 투자수익 수익을 판단하는 지표다. ROI는 백분율로 표시되며 투자수익을 투자비용으로 나누어 계산한다. 투자자본수익률(ROI)이 높을수록 투자가 더 효율적인 투자가 된다. [자료 8-9]의 경우 투자자본수익률(ROI)은 41.24%로 분석되었다.

$$ROI = \frac{GR - COI}{COI} = \frac{NR}{COI}$$

ROI : 투자자본수익률

GR : 총수익(Gross Return)

COI : 투자비용(Cost of Investment)

NR : 순수익(총수익-투자비용

[자료 8-9] 투자자본수익률(ROI)

Years	ROI [Return on Investment]					
	NPV	Cum. NPV	Outflow PV	Cum. Outflow PV	ROI	Cum. ROI
0	−275,000	−275,000	−275,000	−275,000	−100.00%	−100.00%
1	−33,654	−308,654	−144,231	−419,231	−23.33%	−73.62%
2	50,851	−257,803	−134,061	−553,291	37.93%	−46.59%
3	155,574	−102,229	−111,125	−664,416	140.00%	−15.39%
4	213,701	111,472	−170,961	−835,377	125.00%	13.34%
5	287,674	399,147	−123,289	−958,666	233.33%	41.64%
6	79,031	478,178	−260,804	−1,219,470	30.30%	39.21%
7	75,992	554,170	−197,579	−1,417,048	38.46%	39.11%
8	73,069	627,239	−237,474	−1,654,523	30.77%	37.91%
9	70,259	697,498	−122,953	−1,777,475	57.14%	39.24%
10	67,556	765,054	−77,690	−1,855,165	86.96%	41.24%
Total	765,054	765,054	−1,855,165	−1,855,165	41.24%	41.24%

출처 : NAMU EnR 금융공학 & 리서치센터

5. 투자회수기간(PBP, Pay Back Period)

투자회수기간은 투자비용을 회수하는 시점을 분석하는 지표로 회수기간이 짧을수록 양호한 프로젝트가 된다. 투자회수기간 산정은 최초 양(+)의 누적 현재가치 직전 연도를 측정한 뒤 누적 현재가치의 흐름의 변화율을 반영해 측정하게 된다. [자료 8-10]에서는 투자회수기간(PBP)이 5.90년으로 분석되었다.

$$PBP = E + \frac{B}{C}$$

E : 최초 양(+)의 누적 현재가치 직전 연도
B : 최종 음(-)의 누적 현재가치
C : 최종 음(-)의 누적 현재가치-최초 양(+)의 누적 현재가치

[자료 8-10] 투자회수기간(PBP)

Years	PBP [Pay Back Period]					
	Inflow	Outflow	Net	Cum. Net	Cum. Cum. Net	PBP
0	0	−275,000	−275,000	−275,000	−275,000	0.00
1	110,577	−144,231	−33,654	−308,654	−583,654	0.00
2	184,911	−134,061	50,851	−257,803	−841,457	0.00
3	266,699	−111,125	155,574	−102,229	−943,686	0.00
4	384,662	−170,961	213,701	111,472	−832,214	0.00
5	410,964	−123,289	287,674	399,147	−433,067	0.00
6	339,835	−260,804	79,031	478,178	45,111	5.9057
7	273,570	−197,579	75,992	554,170	599,281	0.00
8	310,543	−237,474	73,069	627,239	1,226,520	0.00
9	193,211	−122,953	70,259	697,498	1,924,017	0.00
10	145,246	−77,690	67,556	765,054	2,689,071	0.00
Total	2,620,219	−1,855,165	765,054	2,689,071	5,378,142	0.00

출처 : NAMU EnR 금융공학 & 리서치센터

6. 편익 비용비율(BCR, Benefit Cost Ratio)

편익 비용비율은 편익을 비용으로 나눈 값으로 정의된다. 투자기간 동안 발생 예정인 미래의 수익과 비용에 대해서 할인율로 현재가치화한 수익합계를 현재가치화한 비용합계로 나누어 산정한다. 통상 편익비율이 '1'보다 크면 경제성이 있는 투자로 평가된다. 따라서 '1'보다 클수록 높은 수익을 기대할 수 있다. [자료 8-11]의 편익 비용비율분석 결과, 1.4124로 비용 대비 초과 수익확보가 가능한 것으로 나타났다.

$$B/C\,Ratio = \sum \frac{CR_t}{(1+r)^t} \Big/ \sum \frac{CI_t}{(1+r)^t}$$

B/C Ratio : 편익비용비율

CR : 투자수익

CI : 투자비용

r : 금리(할인율)

t : 기간

[자료 8-11] 편익 비용비율(BCR)

Years	BCR [Benefit Cost Ratio]					
	Inflow	Cum. Inflow	Outflow	Cum. Outflow	BCR	Cum. BCR
0	0	0	−275,000	−275,000	0.0000	0.0000
1	110,577	110,577	−144,231	−419,231	0.7667	0.2638
2	184,911	295,488	−134,061	−553,291	1.3793	0.5341
3	266,699	562,187	−111,125	−664,416	2.4000	0.8461
4	384,662	946,849	−170,961	−835,377	2.2500	1.1334
5	410,964	1,357,813	−123,289	−958,666	3.3333	1.4164
6	339,835	1,697,648	−260,804	−1,219,470	1.3030	1.3921
7	273,570	1,971,218	−197,579	−1,417,048	1.3846	1.3911
8	310,543	2,281,762	−237,474	−1,654,523	1.3077	1.3791
9	193,211	2,474,973	−122,953	−1,777,475	1.5714	1.3924
10	145,246	2,620,219	−77,690	−1,855,165	1.8696	1.4124
Total	2,620,219	5,240,438	−1,855,165	−3,710,330	1.4124	1.4124

출처 : NAMU EnR 금융공학 & 리서치센터

한계감축비용
개념 및 산정방법

1. 한계감축비용 개념

한계감축비용(Marginal Abatement Cost, MAC)이란 온실가스 1톤을 줄이는 데 소요되는 비용으로 온실가스 감축에 필요한 초기 투자비용 및 운영 유지비용으로 정의되며, 한계감축비용(MAC)에 대한 활용은 3가지로 요약된다.

첫째, 한계감축비용곡선(Marginal Abatement Cost Curve, MACC)은 한계감축비용을 연결한 곡선으로 온실가스를 경제적으로 감축시킬 수 있는 감축 프로젝트들의 비용구조와 원가 수준을 파악할 수 있다.

둘째, 온실가스 감축 프로젝트들에 대한 우선순위 선정 및 온실가스 감축량에 상응하는 감축원가 분석이 가능함에 따라 중장기적인 감축 전략 수립이 가능하다.

셋째, 순현금흐름(Net), 순현재가치(NPV), 내부수익률(IRR), 투자자본수익률(ROI), 투자회수기간(PBP), 편익수익비율(BCR) 등의 재무적, 경제성 분석으로 감축 프로젝트 투자(안)들의 객관적인 비교분석이 가능하다.

2. 한계감축비용(MAC) 산정방법

한계저감비용(MAC)는 온실가스 감축 투자비용, 투자수익, 금리(할인률), 온실가스 감축량 데이터를 이용해 산정하게 된다. 대부분의 감축 프로젝트들은 투자기간이 중장기적인 투자로 투자비용 및 투자수익에 대한 미래 현금흐름(미래가치)을 금리(할인률)로 할인하는 현재가치화 과정이 필요하다.

일반적인 프로젝트들의 현금흐름은 초반에 투자비용이 발생한 뒤 투자수익이 이어지는 현금흐름을 보이게 된다. 각 투자 시점별로 수익과 비용의 차이인 순현금흐름을 산정한 뒤 금리(할인률)로 할인한 현재가치의 합계를 온실가스 감축량으로 나누어 한 한계감축비용(MAC)을 산정하게 된다.

$$순현금흐름(KRW) = 프로젝트\ 총수익 - 프로젝트\ 총비용$$

$$순현재가치(KRW) = \frac{순현금흐름}{(1+금리)^{투자기간}}$$

$$한계감축비용(KRW/tCO_2eq) = \frac{-\ 순현재가치}{온실가스\ 감축\ 프로젝트를\ 통한\ 총\ 감축량}$$

한계감축비용(MAC) 산정은 감축 프로젝트와 관련된 현금흐름, 온실가스 감축량, 금리(할인율)에 의해 감축 비용 수준이 결정된다. 특히 미래에 발생되는 미래가치를 현재가치로 환산하는 과정에 있어 적용되는 할인율(금리) 종류에 따라 상이한 한계감축비용(MAC)을 보인다.

국가를 대상으로 한 한계감축비용 산정의 경우 국고채 금리를 적용하여 산정한다. 또한 신용도가 양호한 업체의 경우는 신용 등급별(AAA+) 회사채 수익률 혹은 가중평균자본비용(Weighted Average Cost of Capital, WACC)을 적용해 산정할 수 있다.

$$WACC = \frac{E}{E+D} \times Re + \frac{D}{E+D} \times Rd \times (1-t)$$

WACC : 가중평균자본비용
E : 자기자본
D : 타인자본
Re : 자기자본 비용
Rd : 타인자본 비용
t : 법인세

가중평균자본비용(WACC)은 총자본 중 자가지본 비중과 타인자본 비중에 대해 각각의 자본비용을 감안한 가중평균비용으로 중장기적 고정금리 성격의 자본조달비용이 다. 예를들어 자기자본 1,000억, 타인자본 200억, 자기자본 비용 12.0%, 타인자본 비용 5.0%, 법인세 30.0%인 경우, 가중평균자본비용(WACC)은 10.58%가 된다.

[자료 8-12]는 총 6개 온실가스(GHG) 감축 프로젝트들에 대한 각각의 한계감축비용(MAC)과 온실가스 감축량을 나타내고 있는 그래프로 감축비용이 저렴한 순서대로 평가한 한계감축비용곡선(MACC)을 보여주고 있다.

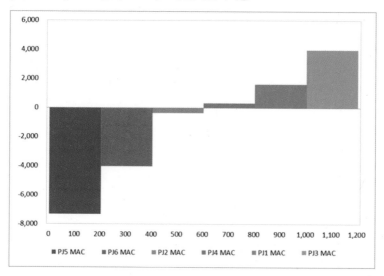

출처 : NAMU EnR 금융공학 & 리서치센터

Y축의 경우 GHG 감축 프로젝트들의 한계감축비용(MAC) 수준을 나타내고 있고 X축의 경우는 누적 GHG 감축량 수준을 보여주고 있다. Y축 값이 양(+)의 값을 보이면 감축을 위해 비용이 발생하는 프로젝트이다. 반면에 Y축이 음(−)의 값이면 수익이 발생하는 프로젝트를 의미한다. [자료 8-12]은 한계감축비용 분석에 있어 막대 그래프의 의미를 정리했다.

3. 한계감축비용곡선(MACC, Marginal Abatement Cost Curve)

한계감축비용곡선(MACC)을 유도하기 위해서 총 6개 프로젝트를 대상으로 투자비용과 투자수익의 현금흐름을 각각 산정했다. 감축량의 경우 동일한 온실가스 감축량을 가정했으며 순현금흐름(투자수익−투자비용)에 대한 할인율(금리)은 연간 5.0%를 적용해 순현재가치(NPV)를 분석했다.

GHG 감축 프로젝트 #1

- 순현재가치(NPV) : −324,711원　　· 한계감축비용(MAC) : 1,624원/tCO₂eq

Project #1	0Y	1Y	2Y	3Y	4Y	5Y	합계
투자 비용	−1,500,000	−1,500,000	−1,500,000	−1,500,000	−1,500,000	0	−7,500,000
투자 수익	0	1,500,000	1,500,000	1,500,000	1,500,000	1,500,000	7,500,000
순 현금 흐름	−1,500,000	0	0	0	0	1,500,000	0
순 현재 가치	−1,500,000	0	0	0	0	1,175,289	−324,711
온실가스 감축량 (tCO2eq)	−	40	40	40	40	40	200
한계감축비용 (원/tCO2eq)							1,624

GHG 감축 프로젝트 #2

- 순현재가치(NPV) : 72,891원　　　· 한계감축비용(MAC) : −364원/tCO₂eq

Project #2	0Y	1Y	2Y	3Y	4Y	5Y	합계
투자 비용	−250,000	−200,000	−150,000	0	0	0	−600,000
투자 수익	0	150,000	150,000	150,000	150,000	150,000	750,000
순 현금 흐름	−250,000	−50,000	0	150,000	150,000	150,000	150,000
순 현재 가치	−250,000	−47,619	0	129,576	123,405	117,529	72,891
온실가스 감축량 (tCO2eq)	−	40	40	40	40	40	200
한계감축비용(원/ tCO2eq)							−364

GHG 감축 프로젝트 #3

- 순현재가치(NPV) : −795,517원　　· 한계감축비용(MAC) : 3,978원/tCO₂eq

Project #3	0Y	1Y	2Y	3Y	4Y	5Y	합계
투자 비용	0	0	0	−1,500,000	−3,000,000	−4,500,000	−9,000,000
투자 수익	0	1,500,000	1,500,000	1,500,000	1,500,000	1,500,000	7,500,000
순 현금 흐름	0	1,500,000	1,500,000	0	−1,500,000	−3,000,000	−1,500,000
순 현재 가치	0	1,428,571	1,360,544	0	−1,234,054	−2,350,578	−795,517
온실가스 감축량 (tCO2eq)	−	40	40	40	40	40	200
한계감축비용(원/ tCO2eq)							3,978

GHG 감축 프로젝트 #4

- 순현재가치(NPV) : -64,917원
- 한계감축비용(MAC) : 325원/tCO₂eq

Project #4	0Y	1Y	2Y	3Y	4Y	5Y	합계
투자 비용	−250,000	−250,000	−250,000	−250,000	0	0	−1,000,000
투자 수익	0	200,000	200,000	200,000	200,000	200,000	1,000,000
순 현금 흐름	−250,000	−50,000	−50,000	−50,000	200,000	200,000	0
순 현재 가치	−250,000	−47,619	−45,351	−43,192	164,540	156,705	−64,917
온실가스 감축량 (tCO2eq)	–	40	40	40	40	40	200
한계감축비용(원/ tCO2eq)							325

GHG 감축 프로젝트 #5

- 순현재가치(NPV) : 1,465,317원
- 한계감축비용(MAC) : -7,327원/tCO₂eq

Project #5	0Y	1Y	2Y	3Y	4Y	5Y	합계
투자 비용	−50,000	0	0	0	0	0	−50,000
투자 수익	0	350,000	350,000	350,000	350,000	350,000	1,750,000
순 현금 흐름	−50,000	350,000	350,000	350,000	350,000	350,000	1,700,000
순 현재 가치	−50,000	333,333	317,460	302,343	287,946	274,234	1,465,317
온실가스 감축량 (tCO2eq)	–	40	40	40	40	40	200
한계감축비용(원/ tCO2eq)							−7,327

GHG 감축 프로젝트 #6

- 순현재가치(NPV) : 803,991원
- 한계감축비용(MAC) : -4,020원/tCO₂eq

Project #6	Y0	Y1	Y2	Y3	Y4	Y5	합계
투자 비용	−50,000	−12,500	0	0	0	0	−62,500
투자 수익	0	200,000	200,000	200,000	200,000	200,000	1,000,000
순 현금 흐름	−50,000	187,500	200,000	200,000	200,000	200,000	937,500
순 현재 가치	−50,000	178,571	181,406	172,768	164,540	156,705	803,991
온실가스 감축량 (tCO2eq)	–	40	40	40	40	40	200
한계감축비용(원/ tCO2eq)							−4,020

상기 온실가스 감축 프로젝트에 대해서 순현금흐름을 구성한 뒤 할인율 5.0%를 적용한 순현재가치와 감축량을 [자료 8-13]에서 보여주고 있다. 순현재가치(NPV, Net Present Value)를 감축량으로 나눈 한계감축비용이 저렴한 순서대로 정리한 자료다.

[자료 8-13] 온실가스 감축 프로젝트 분석

구분	순현재가치	감축량	한계감축비용
Project #5	803,991원	200tCO$_2$eq	−7,327원
Project #6	1,465,317원	200tCO$_2$eq	−4,020원
Project #2	72,891원	200tCO$_2$eq	−364원
Project #4	−64,917원	200tCO$_2$eq	+325원
Project #1	−324,711원	200tCO$_2$eq	+1,624원
Project #3	−795,517원	200tCO$_2$eq	+3,978원
합계	1,157,054원	1,200tCO$_2$eq	−964원

출처 : NAMU EnR 금융공학 & 리서치센터

[자료 8-14]는 프로젝트 #1~프로젝트 #6의 한계감축비용과 감축량 데이터를 이용해 감축 프로젝트들에 대한 온실가스 감축비용이 가장 저렴한 순서대로 비용을 분석한 결과다. 감축비용 분석결과, 프로젝트 #5, 프로젝트 #6, 프로젝트 #2, 프로젝트 #4, 프로젝트 #1, 프로젝트 #3의 순으로 감축비용이 저렴한 것으로 분석되었다. 이들 포트폴리오에 대한 가중평균단가는 톤당 −964원/tCO$_2$eq로 집계되었다.

[자료 8-14] 한계감축비용과 가중평균단가

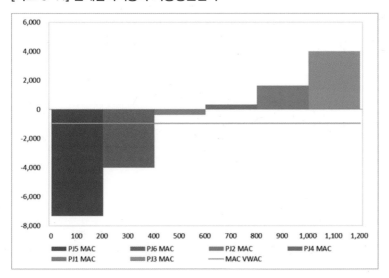

출처 : NAMU EnR 금융공학 & 리서치센터

[자료 8-15] 이행대응과 한계감축비용

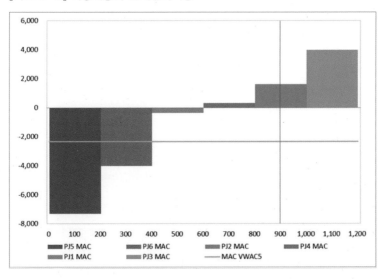

출처 : NAMU EnR 금융공학 & 리서치센터

[자료 8-15]는 탄소배출권거래제도(Emission Trading System, ETS) 대응에 있어 900톤이 필요한 경우 이행 대응 전략을 설명하고 있다. 감축 프로젝트 #5, #6, #2, #4, #1프로젝트를 추진할 경우, 총 감축량은 1,000톤에 달하게 된다. 실질 필요한 감축량은 900톤이므로 잉여분인 100톤의 경우는 외부사업 인증실적(KOC)을 상쇄배출권(KCU)으로 전환 후 이월대응 또는 매도전략이 유효하다. 900톤 감축에 해당하는 가중평균 누적단가는 톤당 -2,350원이다.

[자료 8-16]은 탄소배출권 시장가격과 감축 프로젝트의 한계감축비용을 비교한 그래프로 온실가스 감축 프로젝트 #1~#5 포트폴리오를 진행할 경우 총 감축량은 1,200톤에 해당하며, 감축을 위한 가중평균단가는 톤당 -964원으로 집계되었다. 특히 #5, #6, #2에 해당하는 프로젝트의 감축 원가는 (-)값으로 분석되었다.

이들 프로젝트들은 감축을 위한 비용 수반 없이 감축량을 확보할 수 있는 프로젝트에 해당된다. 한편 #4, #1, #3 프로젝트는 (+)의 감축비용이 발생하는 프로젝트에 해당된다. 따라서 한계감축비용이 낮은 순서대로 감축 프로젝트를 진행해야 한다.

상기 감축 포트폴리오의 감축단가가 톤당 -964원으로 탄소배출권 시장가격 대비 매우 저렴한 상태다. 시장 평균단가(고정가격)인 톤당 10,387원과 대비해 톤당 11,351원의 수익확보가 가능하다. 톤당 -964원에 배출권을 확보한 시장가격인 톤당 10,387원에 매도하면 톤당 11,351원의 차액을 확보할 수 있다. 탄소배출권 변동가격으로 대응 시 톤당 최대 15,564원에서 최소 8,164원까지 수익확보가 가능하다.

[자료 8-16] 탄소배출권 시장대응과 한계감축비용

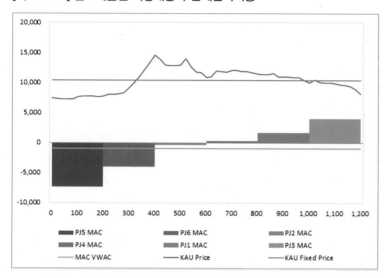

출처 : NAMU EnR 금융공학 & 리서치센터

참고자료

PART 1 교토의정서와 파리기후협약 _ 박동원

기후변화협약과 교토의정서, 산업자원부·에너지경제연구원, 2003

기후변화협약의 국내 산업구조 및 국제경쟁력 파급효과, NKIS, 에너지경제연구원, 2000

국제 탄소시장의 현황과 전망, 김은정, 한국법제연구원, 2012

IPCC 제6차 평가보고서를 기반으로 한 기후기술 정책 대응 연구, 국가녹색기술연구소, 2022. 12

IPCC 제6차 평가보고서 종합보고서 국문번역본, 기상청, 2023. 4

2022 국가 온실가스 인벤토리 보고서, 온실가스종합정보센터, 2022. 12

신기후체제하에서의 국제 탄소시장 활용방안, 대외경제정책연구원, 2016

신기후변화체제(파리협정)의 평가와 그 대응, 김홍균, 환경법연구 39권, 2016

국내 배출권거래제도 개선 방안: 관련 법령을 중심으로, 홍원경, 한국기후변화학회, 2016, Vol. 7

파리협정 제13조 투명성체계와 기술개발 및 이전 지원, 녹색기술센터, 2018

우리나라 온실가스 배출 정점 도달 시점 분석, 에너지경제연구원, 기본분석연구서 18-13, 2018

EU 배출권거래제 4기의 핵심 설계 변화 분석과 국내 배출권거래제 3기에의 시사점, 에너지경제연구원, 수시 연구보고서 20-02, 2020

파리협정의 주요 내용과 우리의 대응, 박덕영, 국제법평론, 2020. 10

2050 탄소중립과 배출권거래제의 활성화, 자본시장연구원, 2021

2030 국가 온실가스 감축 목표(NDC) 상향안, 대한민국 관계부처 합동, 2021

EU탄소국경조정제도, 삼일회계법인, 2021. 7

파리협정 함께 보기, 환경부, 2022

한국개발연구원 경제·인문사회연구회(NRC), GIB, 글로벌 기후변화 대응과 동향, 2022. 11

《탄소시장의 비밀》, 김태선, 경문사, 2012

《배출권 거래제의 국제적 연계》, 이창수, 경인문화사, 2012

《기후변화 시대의 새로운 이정표 2℃》, 김옥현, 산지니, 2018

《기후변화 데이터북》, 박훈, 사회평론아카데미, 2021

《탄소시장 인베스트》, 김태선, 두드림미디어, 2023

《기후변화》, Mark Maslin 저 신봉아 역, 교유서가, 2023

UNFCCC, United Nations Framework Convention on Climate Change: Handbook, 2006

European Commission, EU ETS Handbook, 2015

IPCC, SR1.5 Summary for Policymakers, 2018

Center for Climate and Energy Solutions (C2ES), Completing the Paris 'Rulebook': Key Article 6 Issues, 2019

Carbon Market Watch, Carbon markets 101, 2020. 7

ERCST, Article 6 rule book, A Post COP26 Assessment, 2021

Stellina Jolly & Abhishek Trivedi, Principle of CBDR-RC, Washington Journal of Environmental Law and Policy 309, 2021

ERCST, Wegener Center, Bloomberg NEF and Ecoact, 2021 State of the EU ETS Report, 2021. 4

European Commission JRC, CO2 emissions of all world countries, 2022

UNFCCC Standing Committee on Finanace, Fifth Biennial Assessment and Overview of Climate Finance Flows, 2022

International Carbon Action Partnership(ICAP), Emissions Trading Worldwide, Status Report 2022

Bain & Company, COP27 Key Takeaways and Implications, 2022. 12

CSIS, Voluntary Carbon Markets : A Review of Global Initiatives and Evolving Models, CSIS Review, 2023. 3

Centre for Science and Environment, FACT SHEET, Climate Finance, 2023

Climate Focus, Double Claiming and Corresponding Adjustments, 2023

ADB, National Strategies for Carbon Markets under the Paris Agreement, 2023. 11

IETA, Greenhouse Gas Market Report 2023

OECD, Climate Finance Provided and Mobilised by Developed Countries in 2013-2021

PART 2 에너지 및 산업 패러다임 변화와 수소경제 _ 채희근

2022 산업부문 에너지 사용 및 온실가스 배출량 통계, 한국에너지공단, 2022. 12

10차 전력수급기본계획 주요 내용, 산업통상부, 2023. 1

탄소중립·녹색성장 국가전략 및 제1차 국가 기본계획, 환경부, 2023. 4

제6차 수소경제위원회 보도자료, 대한민국 정책브리핑, 2023. 11

Which roadmap for energy transition?, Aspenia online, 2021. 12

New Energy Outlook 2021, BloombergNEF, 2021.10

New Energy Outlook 2022, BloombergNEF, 2022.10

World energy transition outlook 2023, IRENA, 2023.06

Net Zero Roadmap, 'A Global Pathway to Keep the 1.5 ℃ Goal in Reach, 2023 Update', IEA, 2023. 9

World Energy Outlook 2023, IEA, 2023. 10

Hydrogen Insights 2023 update, Hydrogen Council, 2023. 12

PART 3 자발적 탄소시장 동향 _ 김지영

제4차 배출권거래제 기본계획의 주요 쟁점과 개선 방안, 국회 기후위기그린뉴딜 연구회, 2023. 11. 24

Directive (EU) 2023/959 of the European Parliament and of the Council

The economics of climate change: no action not an option, Swiss Re, April 2021

Background information for the BUDG-CONT joint workshop on 'The Role of the EU Budget in International Climate Finance', European Parliament, January 2023

VCM 2022 in Review, Trove Research, 18 January 2023

Taskforce On Scaling Voluntary Carbon Markets, Final Report, January 2021

The State of Carbon Credits,Sylvera, 2023

GenZero Carbon Market 2.0, 2023. 12

Climate Focus VCM Dashboard; BCG Analysis

Innovating in Carbon Removals, Gold Standard, 2022

Cross-sectoral perspectives. IPCC AR6 WGIII 2022

2022/0394(COD) Union certification framework for carbon removals

Ecosystem Markets 2023

A blueprint for scaling voluntary carbon markets to meet the climate challenge, 2021

The voluntary carbon market 2022 insights and trends, 2023

Climate Focus 2023

State and Trends of Carbon Pricing, World Bank, 2023

MSCI Carbon Markets 2023

PART 4 CORSIA 제도 및 탄소배출권 활용 _ 최지선

항공온실가스 감축기술 이행 매뉴얼, 국토교통부, 한국교통안전공단, 2018

CORSIA 검증심사원 기술교육, 2021. 3

국제민간항공기구 국제항공탄소상쇄·감축제도(ICAO CORSIA) 양성과정, 국립환경과학원, 2023. 4

국제항공 탄소 배출량 관리에 관한 법률안, 국토교통위원회, 2023. 9

CORSIA Emissions Unit Eligibility Criteria, ICAO, 2019. 3

Environmental Technical Manual – Volume IV, ICAO, 2023

Introduction to SAF, ICAO, 2023. 5

Annex 16 – Environmental Protection – Volume IV, ICAO. 2023. 7

CORSIA Annual Sector's Growth Factor, ICAO, 2023. 10

CORSIA Eligible Emissions Units, ICAO, 2023. 11

UNFCCC, https://cdm.unfccc.int

ICAO, https://www.icao.int

PART 5 IMO 기후 대응 현황 _ 유종근

국제해운 관련 EU Fit for 55 규제 소개 및 파급영향 분석, 한국 선급 김진형, 대한조선학회지제58권 제2호 21-26pp, 2021

Ammonia-based Green Corridors for sustainable maritime transportation, Hanchu Wang, Prodromos Daoutidis, Qi Zhang, Digital Chemical Engineering, Volume 6, 2023

A Pre-Combustion Carbon Capture System Applied to a Modern LNG Carrier by Nikulainen et alABS/Rotoboost, Gastech 2023

Hydrogen From Renewable Power Technology Outlook For The Energy Transition: Full report" by IRENA, 2018

STUDY ON THE READINESS AND AVAILABILITY OF LOW- AND ZERO-CARBON SHIP TECHNOLOGY

AND MARINE FUELS: Full report" by Ricardo Energy & Environment, 2023 April(IMO FFT)

Onboard Carbon Capture Technology for Sustainability of LNG shipping by Samsung Heavy Industries, Lee et al., Gastech 2022,

WÄRTSILÄ TECHNICAL JOURNAL 2010. 2 by Wartsila 2010

Onboard Carbon Capture Technology for Sustainability of LNG shipping by Samsung Heavy Industries, Lee et al., Gastech 2022

PART 6 REDD+ 사업에 대한 이해와 참여 방안 _ 최수원

2023 쉽게 이해하는 REDD+ 설명집, 산림청, 2022. 12

산림과 탄소 이야기, 국립산림과학원, 2022. 4

산림부문 REDD+ 중장기 추진계획(2020~2024), 산림청, 2019. 12

2006 IPCC Guidelines for National Greenhouse Gas Inventories, IPCC, 2006. 12

대한민국 정책브리핑, 산림청, 2022. 11

Bayrak, M. M., & Marafa, L. M.(2016). Ten years of REDD+ : A critical review of the impact of REDD+ on forest-dependent communities. Sustainability, 8(7), 620

Corbera, E., & Schroeder, H.(2011). Governing and implementing REDD+. Environmental science & policy, 14(2), 89-99

PART 7 탄소배출권의 회계 및 세무 대응 방안 _ 김성욱

탄소배출권의 회계처리 및 과세제도에 관한 연구, 이준규·김문철·박상원, 한국조세연구원, 2010

온실가스 배출권 관련 세제 개선방안, 박경진, 한국조세연구포럼, 2017

Sigurd Naess-Schmidt, Ulrik Moller, Eske S. Hansen, Jonatan Tops, 'Tax Treatment of ETS Allowances', Copenhagen Economics, 2010

IMF/OECD, 'Tax Policy and Climate Change: IMF/OECD Report for the G20 Finance Ministers and Central Bang Governors, April 2021, Italy', www.oecd.org/tax/tax-policy/imf-oecd-g20-report-tax-policy-and-climate-change.htm, 2021

Colin Smith, 'The UK tax rules governing the trading of emissions allowances, April 2022', www.taxadvisermagazine.com/article/uk-tax-rules-governing-trading-emissions-allowances, 2022

Djohan Pinnarwan, Irfan Sulaiman, Raisa Lestari, 'Guidance on the carbon tax under the Harmonisation of Tax Regulations Law, Financial reporting considerations, June 2022'

www.pwc.com/id/en/publications/assurance/carbon-tax-hormonisation-law.pdf, 2022

국세청, http://www.nts.go.kr

국가법령정보센터, http://www.law.go.kr

한국회계기준원, http://www.kasb.or.kr

IFRS, http://www.ifrs.org

OECD, http://www.oecd.org

Publications Office of the European Union, http://op.europa.eu

CENTRE FOR CLIMATE ENGAGEMENT, http://www.climatehughes.org

IMF, http://www.imf.org

TAXADVISERMAGAZINE.COM, http://www.taxadvisermagazine.com

PART 8 자발적 탄소크레딧 시장 대응 전략 _ 김태선

《탄소시장 인베스트》, 김태선, 두드림미디어, 2023. 6

2023 한중일 탄소가격 포럼, 김태선, 환경부, 2023. 11

CCM 시장 이해와 VCM 시장구조 분석 II, 김태선, 중소벤처기업부, 2023. 9

자발적 탄소시장(VCM)의 동향과 시사점, 자본시장연구원, 하온누리, 2022-24

State and Trends of Carbon Pricing 2023, World Bank Group, 2023. 5

Marginal Abatement Cost Curve : A call for caution, Paul Ekins 외 2인, UCL Energy Ibstitute, 2011. 4

Commoditizing Carbon Offsets: Infrastructure and Players, BNEF, 2023. 5

https://www.greenbiz.com/article/carbon-crediting-bodies-explained

https://www.linkedin.com/pulse/understanding-voluntary-carbon-market-pricing-lara-hughes-allen-
ph-d-

https://icvcm.org/the-core-carbon-principles

https://ecosphere.plus/vintage-vintages

https://www.esgeconomy.com/news/articleView.html?idxno=3035

https://www.abatable.com/blog/carbon-credits-pricing

자발적 탄소크레딧 시장 101

제1판 1쇄 2024년 3월 4일

지은이   박동원, 채희근, 김지영, 최지선, 유종근, 최수원, 김성욱, 김태선
펴낸이   한성주
펴낸곳   ㈜두드림미디어
책임편집 이향선
디자인   얼앤똘비악(earl_tolbiac@naver.com)

㈜두드림미디어
등록   2015년 3월 25일(제2022-000009호)
주소   서울시 강서구 공항대로 219, 620호, 621호
전화   02)333-3577
팩스   02)6455-3477
이메일 dodreamedia@naver.com(원고 투고 및 출판 관련 문의)
카페   https://cafe.naver.com/dodreamedia

ISBN   979-11-93210-55-0 (03320)